Maria De Lu
Université Laval
Le 8 Septembre 90

D1387476

La famille
et l'homme à
délivrer du pouvoir

«Tous droits de traduction et d'adaptation, en totalité ou en partie, réservés pour tous les pays. La reproduction d'un extrait quelconque de ce livre, par quelque procédé que ce soit, tant électronique que mécanique, et en particulier par photocopie et par microfilm, est interdite sans l'autorisation écrite de l'auteur et de l'éditeur.»

ISBN 2-7609-3423-3

©Copyright Ottawa 1987 par les Éditions Leméac Inc.
Dépôt légal — Bibliothèque nationale du Québec
3ᵉ trimestre 1987

Imprimé au Canada

Illustration de la couverture: *Clémence Bergeron*. Deux des maisons illustrées sur la couverture sont de *Stephan*, 6 ans, et *Dany*, 9 ans, de Chicoutimi.

MAURICE CHAMPAGNE-GILBERT

La famille et l'homme à délivrer du pouvoir

ESSAI

LEMÉAC

NOTE DE L'ÉDITEUR

Vu le succès de la première édition de La famille et l'homme à délivrer du pouvoir *et considérant l'ampleur de l'œuvre originale, l'auteur a préparé une version remaniée pour cette édition de poche, de même que pour la traduction de l'ouvrage et pour sa diffusion européenne. La version européenne a déjà paru en France sous le titre* La famille enfin...

Cette version remaniée n'altère en rien l'édition originale, puisque les parties que l'auteur a retranchées constituaient les trois derniers des quinze chapitres originaux et portaient sur des compléments au sujet principal, le développement de la personne et de l'amour dans la famille. Les chapitres 13 et 14 traçaient un portrait synthèse des rôles hommes-femmes et le chapitre 15 présentait un questionnaire d'animation portant sur la praxis sociale des questions familiales. Les douze autres chapitres se trouvent enrichis de nombreuses retouches de l'auteur et la conclusion vient éclairer la vision de la condition masculine propre à Maurice Champagne-Gilbert, et qui fera l'objet de son prochain livre.

Le bonheur,
c'est
la conscience de croître.

ALEXANDER LOWEN

LETTRE AU LECTEUR

Comment vivre ensemble dans une famille pour être bien
avec soi-même et avec les autres ?
Un homme explore cette question et regarde la famille
telle qu'elle pourrait être vécue
si la civilisation mâle était transformée.

Le but de cette lettre est d'engager le contact le plus personnel possible avec le lecteur et de lui livrer l'essentiel de ce qu'il pourra retrouver dans l'ensemble de ce livre.

Il ne retrouvera d'abord qu'un être humain, confronté lui aussi au défi d'habiter le quotidien avec les êtres les plus proches de soi. Ce livre est profondément enraciné dans ma démarche personnelle . Je ne saurais la séparer de mon expérience professionnelle et de mon engagement public. J'accorde une grande importance au quotidien et à tout ce que le contact avec les êtres qui nous entourent nous demande d'attention, d'apprentissages, de cohérence entre ce que l'on voudrait vivre et ce que l'on est réellement avec les autres. Le quotidien nous fait. Mais on peut aussi faire le quotidien, le façonner par nos attitudes, et surtout, par l'importance que nous accordons aux êtres qui sont tout à côté de nous. Par la vie que nous créons du dedans de nous-mêmes, autour de nous.

C'est pourquoi la famille et les relations hommes-femmes ont un énorme impact sur notre croissance personnelle et sur la qualité de la vie en société. Les relations adultes-enfants et les relations hommes-femmes dont dépend l'expérience familiale, nous donnent la mesure de notre capacité de croissance et, par voie de conséquence, de notre capacité à entretenir des rapports sociaux sains. Rien n'est plus facile que d'aimer l'humanité à distance ! C'est comme de s'engager en paroles ou en théorie. L'interpellation des personnes qui sont le plus proches de nous, dans le quotidien, représente au contraire quelque chose de très difficile mais d'extraordinaire. On peut même y entrevoir le bonheur, difficile, que Lowen, cité en épigraphe à ce livre, définit comme : « La conscience de croître. »

Ce livre, je le remets au lecteur comme une quête d'amour à partager dans la passion des êtres. Il est possible à travers cette passion, sans utopie, sans idéalisme même, d'observer tout ce qui peut être vécu dans des familles, entre des femmes et des hommes, entre des enfants, des adolescents et des adultes. Il y a un POSSIBLE humain que la vie de famille et de couple peut dégager et dont nous avons besoin pour remplacer le vieux POUVOIR maladif qui domine partout et qui n'a pas épargné les relations entre hommes et femmes, entre adultes et jeunes. Il y a un possible humain qui, à partir de la simple attention aux besoins des personnes dans le vécu familial quotidien, est de nature à nous rendre au pouvoir de CAPACITÉ personnelle plutôt qu'au pouvoir de DOMINATION[1]. Y a-t-il quelque chose qui compte davantage pour être parents ou être amoureux (et libres en même temps), que cette stimulation, que cette provocation, dont chaque membre de la famille peut être responsable à l'égard de l'autre pour l'amener à manifester ses besoins, à être, à communiquer, à aller au bout de lui-même et à prendre sa place dans la société ?

Si j'ai parlé de quête d'amour, c'est aussi parce que les analyses, les aspects plus théoriques qu'existentiels, les observations de cas, que je veux partager avec le lecteur, sont à cette fin. Ils sont dans la ligne de ce possible, qui est plus qu'un thème. C'est un ton, une atmosphère, une espérance. Les analyses et les observations de comportements qu'il y a dans ce livre se situent d'ailleurs dans le contexte de ce que l'on désigne en psychologie aux Etats-Unis comme le courant de la Third Force. L'une des caractéristiques

---

1. A utiliser le mot pouvoir pour dénoncer les abus de pouvoir, on en est venu à oublier le premier sens du mot qui nous renvoie au contraire à ce qu'il y a de plus positif en nous : « avoir la possibilité de faire quelque chose », « être capable de », « avoir les moyens de », « avoir le droit de », « le fait de disposer de moyens naturels et occasionnels permettant une action », autant d'expressions qui figurent dans le dictionnaire. C'est pourquoi aussi j'ai une certaine préférence pour l'expression « possible humain », quand il s'agit de désigner le pouvoir des êtres au sens de potentiel, de capacités, de ressources qui, faute de stimuli pour les susciter, restent souvent inexplorées.

majeures de cette psychologie est la confiance en l'être humain. Elle part du constat que *les êtres humains, lorsqu'on répond à leurs besoins et qu'on les considère positivement comme des êtres en croissance, sont tout à fait capables d'un développement sain et positif*[1]. Plusieurs des représentants de cette psychologie insistent aussi pour montrer que *la société doit s'adapter aux besoins des individus* autant que l'inverse. Cela est fondamental quant à la manière d'aborder la problématique familiale, du point de vûe des supports sociaux, des aménagements collectifs et communautaires, et des choix politiques qui ont une influence sur la famille. Dans la plupart des sociétés occidentales, nous sommes ici à un carrefour de civilisation qui peut être décisif. La crise de la famille et du mariage nous confronte en particulier au défi de la jonction entre le privé et le public, entre l'individuel et le collectif. Jamais nous n'aurons été aussi forcés de clarifier le rôle de la famille comme charnière de cette jonction. Jamais nous n'aurons été aussi forcés de vérifier concrètement les beaux engagements verbaux et théoriques que tant de sociétés ont pris à l'endroit de l'institution familiale, alors que dans les faits on y a laissé les familles à elles-mêmes et à la merci d'un ensemble de réalités sociales, culturelles, économiques et politiques, trop souvent aliénantes.

Depuis un certain nombre d'années, nous assistons à une remise en question de la famille et du mariage qui prend le plus souvent la forme d'une dénonciation simpliste. On se plaît à proclamer « la mort de la famille », « l'aliénation du couple » et « la fin du mariage ». Il est évident que sous maints aspects la famille et le mariage, à toutes sortes d'époques, se sont révélés aliénants et porteurs de multiples formes de violence contre la personne. Mais pourquoi et comment ? A-t-on examiné la question au point de pouvoir justifier des jugements aussi définitifs ?

Est-ce la famille — pour n'énumérer que certains des facteurs sociaux qui l'ont atteinte — qui est responsable des tabous et de l'inculture sexuels, des rapports de dominants à dominés établis de façon quasi universelle entre les hommes et les femmes et entre les adultes et les jeunes, de l'absence d'éducation à la vie familiale et aux responsabilités parentales dans les écoles, des principes religieux

---

1. Parmi les œuvres les plus significatives de cette psychologie et les plus pertinentes aux thèmes abordés dans cet ouvrage, je souligne celles d'Abraham Maslow et de Carl Rogers. Voir Bibliographie.

en vertu desquels les familles se sont fait dicter des comportements souvent néfastes et inhumains, des transformations sociologiques brutales survenues récemment, des villes monstrueuses, des modèles de violence qui surgissent de partout notamment à la télévision, du pouvoir grandissant des professionnels et des bureaucrates qui rend les parents de plus en plus dépendants et insécurisés, de la subordination de la famille au monde du travail, de la production et de la consommation à tout rompre, de la discrimination systématique qui touche certains groupes sociaux en tête desquels on trouve les femmes, les personnes âgées et les jeunes, des problèmes de stress découlant de nombreuses formes collectives de vie effrénée, de l'insécurité économique, du sous-développement généralisé des relations humaines, et... encore et encore...

Le temps n'est pas à proclamer la mort de la famille, mais à lutter pour sa libération. Car elle est pour le moins aussi aliénée qu'elle n'aliène. Et souvent quand elle aliène, c'est que les individus y trouvent l'exutoire privilégié de leurs tensions et de leurs frustrations personnelles et sociales. Elle est le lieu privé par excellence des défoulements individuels. Que de masques on laisse tomber chez soi... là où l'on peut s'exploiter et s'abuser à loisir, même au nom de l'amour. La culture guerrière ne nous a-t-elle pas inculqué que l'amour voisine immanquablement avec la haine ? Et dans nos sociétés occidentales dites libérales, ne respecte-t-on pas l'individu au point de le laisser à lui-même pour le meilleur et pour le pire, sans mesurer l'impact qu'ont sur son développement personnel l'environnement collectif et les politiques sociales ?

C'est le temps surtout de mettre en cause le pouvoir social mâle qui, de l'Orient à l'Occident, dans une implacable continuité historique, gère foncièrement le monde de la même manière.

Il faut délivrer les hommes aussi bien que les femmes du pouvoir social mâle de domination [1].

1. Bien que ce pouvoir soit dénoncé par les femmes en général, il n'en fait pas moins autant de victimes chez les hommes que chez les femmes. Car c'est une caractéristique majeure du pouvoir social masculin d'établir des rapports dominants-dominé(e)s, dans des structures fortement hiérarchisées, en formes pyramidales, au sommet desquelles les chefs omnipotents et des groupes minoritaires contrôlent et soumettent les majorités (même dans les régimes dits démocratiques). Le fait que la plupart des hommes soient dominés par d'autres hommes est l'un des facteurs qui expliquent qu'ils exercent à leur tour la domination sur des femmes et des enfants.

Le cri des familles à libérer doit rejoindre le cri des femmes dans leur révolution, car cette révolution — qui se révélera peut-être la plus importante dans l'histoire de l'humanité — ne vise pas seulement la condition féminine, elle remet en cause la condition humaine et en particulier le statut social et humain de la PERSONNE.

Le monde masculin s'est étouffé à même le pouvoir qui l'assiège depuis les temps primitifs. Car ce pouvoir est la première conséquence de la séparation des rôles établie entre les hommes et les femmes depuis ces temps primitifs, les femmes étant assignées au nid familial pour protéger la vie, les hommes allant la risquer en se faisant pourvoyeurs et guerriers. Les hommes ont ainsi abandonné le plus important : être des pères pour assumer la continuité de la vie à l'intérieur du sexe masculin.

Ce n'est pas seulement la libération de la famille, mais celle de l'humanité même, qui doit passer dans le monde masculin adulte par la redécouverte du contact avec les enfants. Que les pourvoyeurs qu'on a fait de nous deviennent des pères enfin et qu'ils consentent à réapprendre la vie auprès des enfants et des adolescents. En confiant l'éducation des enfants aux femmes, le monde masculin s'est coupé de la source principale d'alimentation au POSSIBLE HUMAIN. Il s'est privé de la connaissance première du développement de la personne et a multiplié les sociétés fondées sur le pouvoir et l'avoir, où les objets, les systèmes, les idéologies comptent infiniment plus que les êtres humains.

Telle est la problématique qui oriente le contenu de ce livre. C'est au prix de changements profonds de société que la famille deviendra la force libératrice qu'elle doit être.

*

Conçu pour être un instrument de réflexion et de consultation à l'usage du plus grand nombre de citoyens possible, dont au premier chef les parents et les jeunes, puis les enseignants et les autres professionnels concernés par la famille, ce livre recouvre un ensemble de sujets qui peut être abordé comme ensemble ou par thèmes. Le lecteur peut donc aller facilement d'un chapitre à l'autre dans l'ordre où le conduisent ses centres d'intérêt.

L'objectif principal de la démarche est le suivant : observer les conditions du développement de la personne dans la famille, lorsque celle-ci répond à ses besoins fondamentaux. Cette réponse constitue, dans le quotidien, la tâche éducative du milieu familial. C'est sa fonction primordiale. Le développement de la personne et de la famille se confondent à partir du même but : la croissance de l'individu vu comme un être sain, capable d'être bien dans sa peau, d'entrer en relation positive avec autrui et d'éprouver son appartenance à la société. Cela signifie aussi que la famille peut être avant tout un monde d'amour et une expérience de tendresse où l'on prend soin de soi et des autres. Le pouvoir social mâle pourrait y refaire sa fausse virilité et la culture guerrière être changée en culture de tendresse. En fait, l'évolution de la famille nous convie aussi bien à une libération de la culture de l'amour qu'à une libération de la personne. D'où les deux parties de ce livre qui sont essentiellement complémentaires.

La première partie est consacrée à cette action libératrice que représente la réponse aux cinq besoins fondamentaux suivants. La *sécurité* est située d'abord comme le premier de tous les besoins de l'être humain ; le *vouloir-vivre*, comme l'expression de l'énergie et de la puissance de l'enfant ; *l'autonomie*, comme la capacité de se prendre en charge soi-même, dans un contexte où sa revendication par les femmes vient enrichir l'ensemble de la société aussi bien que le milieu familial ; *l'identité personnelle*, besoin primordial de l'adolescence, qui n'est pas tant l'âge de la « crise » que du « voyage » ; *l'appartenance sociale*, vers laquelle doivent converger les apprentissages familiaux [1].

La réponse à ces besoins a un commun dénominateur : la formation du moi. Elle part de ce principe, si massivement contrôlé dans le vécu, qui veut que l'être humain rejoigne ses semblables et soit capable d'entrer en relation positive avec eux dans la mesure où il se possède lui-même. En

---

1. Il existe une grande variété d'approches chez ceux qui se sont intéressés à la question des besoins, notamment en psychologie et en philosophie. L'une des principales variantes dans l'étude des besoins considérés comme fondamentaux et communs aux êtres humains tient à ce que les uns distinguent plusieurs besoins tandis que les autres insistent sur un en particulier, qui exprimerait l'essentiel des motivations de l'être humain.

Dans mon approche, je retiens, à l'instar de Maslow, un ensemble de besoins sur lequel j'apporterai un minimum d'explications théoriques au fur et à mesure des chapitres. Ce qui importe dans le cadre de ce livre, c'est l'expression existentielle de cette approche dans le contexte de l'expérience familiale et des stades de développement de la personne que l'on y franchit.

d'autres termes, il signifie que l'amour des autres repose en grande partie sur l'amour de soi.

La deuxième partie du livre est orientée vers l'amour des autres. Elle commence par une analyse de la culture guerrière à travers laquelle l'amour, le premier de tous, l'amour de la vie et de l'être humain, a été soumis à la violence et au pouvoir de domination. Le développement de la famille et du mariage n'a pas échappé à cette culture. Pourtant, il est des langages et des gestes de l'amour dans la famille et dans les diverses formes d'alliances entre hommes et femmes, qui sont porteurs d'une culture de tendresse et d'un *vouloir-aimer* qui vient nourrir notre vouloir-vivre. C'est ce que j'ai tenté d'évoquer dans le septième chapitre, pour aborder ensuite la difficile question de la fidélité, que la culture traditionnelle et le pouvoir mâle ont précisément orientée aux fins d'une réduction des langages de l'amour à la propriété sexuelle. Il y a ici encore autant de chemins de liberté que d'espaces de tendresse à ouvrir.

Le dernier chapitre est un lieu-dit d'échanges habité par la seule passion de l'être humain. Il ouvre sur d'autres besoins fondamentaux de la personne mais tournés ceux-là vers le partage de la vie avec les autres : complément naturel aux besoins qui nous font prendre possession de notre moi. Il faut le souligner car de nombreux facteurs révèlent une tendance très actuelle à passer d'un extrémisme culturel, où l'on devait (en principe) se sacrifier soi-même au profit d'autrui, à un nouvel extrémisme, où l'on se retranche derrière sa volonté autonomiste ou sa sécurité matérielle ou même sa thérapie personnelle, pour se comporter comme si les autres n'existaient pas. Les besoins que sont l'*interdépendance*, l'*admiration*, le *goût des êtres humains* et l'*égalité* sont donc situés en conséquence. Je n'ai pas voulu fausser leur signification et leur portée existentielle en les analysant de façon trop rationnelle. J'ai plutôt essayé de remonter à leur source affective, pour que le lecteur puisse les y saisir comme des états privilégiés du besoin d'aimer. Je souligne également que la réponse à ces besoins nous mène bien au-delà des familles individuelles. Elle nous mène aux sources et aux confins des familles individuelles, dans « LA » famille, la famille humaine où l'on est proche parent simplement parce qu'on est des êtres humains. C'est pourquoi aussi la parenté ne se vit pas seulement dans des *familles fermées*, mais dans des *familles ouvertes*, ouvertes sur des quartiers ouverts, dans des villes ouvertes, sur des pays ouverts...

*

Dans des pays ouverts ? Ouverts sur la vie ou sur la mort ? Sur le pouvoir de domination ou sur le partage ? Sur la violence ou sur la tendresse ? Sur la folie de l'armement et de la puissance nucléaire ou sur une révolution enfin humaine, pour la seule valeur que l'on puisse placer au-dessus de toutes les autres : l'être humain ?

Nous avons le choix. Collectivement. Individuellement. Quotidiennement.

Face à ce choix, la transformation de la condition masculine est une condition *sine qua non*, pour l'avenir des sociétés et pour l'avenir des familles. Le monde a besoin de pères pour que la continuité des premières valeurs de la vie sur la planète soit assurée, enfin, par les hommes et les femmes ensemble, dans tous les milieux où les individus et les sociétés se développent.

Comment définir la famille?

Il y a à peine un quart de siècle, dans la majorité des sociétés occidentales, quand on parlait de la famille on n'éprouvait pas le besoin de la justifier et de la définir. Quand vous parlez de la famille maintenant, on vous demande souvent et avec raison : « De quelle famille s'agit-il ? Quelles personnes faites-vous entrer dans la famille dont vous parlez ? Les fonctions que vous prêtez à la famille, êtes-vous bien sûr qu'elles ne peuvent pas être remplies autrement que par ce que vous considérez comme une famille ? Est-ce que vous distinguez famille et mariage ? » Sous chacune de ces interrogations il y a de nombreux phénomènes, qui ont en commun des remises en question de tels ou tels modèles familiaux et des types d'union entre hommes et femmes. Le phénomène majeur auquel nous assistons depuis deux décennies surtout, dans la majorité des sociétés occidentales, est celui de l'éclatement de la famille nucléaire et du mariage traditionnel. Il s'accompagne de la recherche de nouveaux modèles d'union et de formes de vie entre adultes, qui veulent néanmoins continuer à mettre des enfants au monde et à assurer leur éducation dans le cadre le plus approprié possible.

Que ce soit devant la diversité des modèles que l'on recherche actuellement ou même devant celle qui a toujours existé à partir des différences de cultures, on est donc amené à se demander s'il y a des critères que l'on peut mettre en commun pour en arriver à une définition de la famille qui puisse être largement partagée. Je crois que oui. Et avant de les formuler, je voudrais préciser ceci.

Premièrement, si je donne une définition dès le départ, c'est pour éviter au lecteur toute ambiguïté dans le contexte que je viens d'évoquer. Mais il est certain que c'est à la lecture de l'ensemble du livre que cette définition prendra son sens. Que je donne cette définition au départ est aussi dans la logique de ma démarche, qui est centrée sur le « comment vivre ensemble dans des familles libératrices ». Je ne me demande pas si la famille est possible. Je crois profondément qu'elle est non seulement possible mais nécessaire, pourvu qu'elle puisse se développer dans telles et telles conditions qui répondent à des exigences du développement de la personne et de la vie en société. C'est donc en prenant connaissance de ces exigences que l'on pourra vérifier la portée de cette définition.

Deuxièmement, je tiens à préciser que je pars de ce qui existe. On a beau remettre en question la famille telle qu'elle a existé depuis des générations, on ne peut tout de même pas faire comme si cela n'avait pas existé et témoigner d'un souverain mépris (intellectuel et théorique) à l'endroit des familles et des couples qui en ont tiré le meilleur. Il faut éviter les généralisations qui seraient totalement accablantes pour ce qui a été, et totalement libéralisantes quant à ce qui pourrait être. Ce n'est pas parce qu'il y a un pourcentage élevé d'échecs dans les mariages qu'on doit en conclure, comme plusieurs ont tendance à le faire, que la vie de couple est fatalement aliénante et qu'elle doit entraîner la mort de la famille dite nucléaire. Ce n'est pas non plus parce que nous procédons à l'évacuation des personnes âgées du milieu familial et que nous leur retirons en même temps le droit d'être utiles à leur société, que l'on doit en conclure telle ou telle chose sur les rapports entre grands-parents, parents et enfants. Ce qui importe avant tout est de se demander dans quelles conditions peuvent vivre ces regroupements de personnes qui se définissent comme des familles.

La famille dont je vais parler dans ce livre, c'est donc :

une unité de vie, intime et privée, mais ouverte sur un environnement communautaire, regroupant un ou des adultes prenant charge d'enfants,
dans une expérience quotidienne,
voulue comme durable et la plus permanente possible,
en vue du bien-être individuel de chacun, de l'apprentissage des relations positives avec autrui et de l'appartenance dynamique à une société.

Les cinq éléments qui entrent dans cette définition étant illustrés par la vision d'ensemble de ce livre, je me bornerai ici à souligner la portée générale de chacun.

Une unité de vie...

Une famille, c'est un « foyer » où l'on vit ensemble, dans un cadre intime et privé, mais ouvert sur un environnement communautaire où la famille peut trouver des supports sociaux en même temps qu'elle y apporte sa contribution comme regroupement de personnes qui partagent une expérience humaine et ont des intérêts de citoyens. L'équilibre entre l'individuel et le collectif, entre le privé et le public, est quelque chose de fondamental pour le milieu familial. Les parents, par exemple, peuvent répondre aux besoins de leurs enfants, dans la mesure où la société peut répondre aux besoins des parents.

Regroupant un ou des adultes...

Quels adultes et quels enfants ? Ce peut être un parent unique, un homme et une femme, des hommes ou des femmes ensemble qui ont découvert qu'ils pouvaient à la fois partager leur quotidien, leur habitat et prendre en charge des enfants. Ce peut être des enfants qui sont unis à leurs parents par les liens du sang ou par tous autres liens que les circonstances ont créés. Comment exclure au préalable tel ou tel regroupement de personnes qui ne présenterait pas « en soi » un modèle familial acceptable ? Faut-il privilégier un modèle plutôt qu'un autre ? La réponse sociale et politique à cette question doit tenir compte de ce qui existe, tout en favorisant le développement d'une pluralité de modèles qui est nécessaire, non seulement d'un point de vue de liberté, mais sur le plan des connaissances concrètes et existentielles que nous fournira une telle pluralité de modèles à l'intérieur d'une même société. C'est la diversité des expériences et leur mise en commun qui sont susceptibles de nous apprendre beaucoup plus que nous n'en savons sur la famille ou que nous ne voulons en savoir, tout en nous permettant de mieux évaluer ce que nous savons.

Dans une expérience quotidienne

La quotidienneté des relations humaines entre les membres d'une famille représente le défi numéro un. La lettre au lecteur indiquait dans quel sens et j'y reviendrai constamment. Une grande partie des difficultés de la vie de famille et de la vie de couple sont liées à cette dimension de « temps » qui, avec la dimension « lieu » et la dimension « mêmes personnes », forment un cadre tellement délimité que plusieurs le voient comme le facteur numéro un d'aliénation. Pourtant il peut aussi être une source d'enracinement et de stimulation pour les êtres. Il y a toute une écologie du développement de la personne et de l'apprentissage du social, qui en dépend.

Voulue comme durable...

Le critère de durée et de permanence est celui que la plupart des gens reconnaissent davantage et invoquent pour définir une « vraie » famille. Il est évidemment très lié au critère de la quotidienneté, mais il est différent. Si c'est celui qu'on reconnaît le plus facilement, c'est aussi celui qui est le plus durement mis à l'épreuve actuellement. Il est mis à l'épreuve par les séparations et les divorces, dont il faut préciser qu'ils ne sont pas toujours et automatiquement la rupture d'une famille parce qu'ils sont la rupture d'un couple. Il faut cesser de confondre le couple et la famille. Le critère de durée est mis à l'épreuve aussi, et de plus en plus, par une mentalité qui est en train de se transformer en principe et qui voudrait que l'on puisse mettre des enfants au monde selon son bon plaisir, sans s'engager à leur assurer dans toute la mesure du possible un cadre familial stable et durable. Au fond, on envisage de se départir des enfants et de les confier à l'Etat, comme on a entrepris de le faire avec les personnes âgées. Et, dans un monde où presque partout on nous conditionne à l'éphémère, à ce qui passe, à ce qui change, comment s'engager dans le durable et le permanent ?

En vue du bien-être individuel...

Il y a certes des différences marquées entre une famille nucléaire, une famille de type monoparental, une coopérative familiale et une commune, mais en deçà et au-delà de leurs différences, elles ont une même caractéristique : elles sont des unités ou des milieux de vie, dans lesquels il y a des personnes qui « croissent » et qui partagent cette croissance, pour leur bien-être individuel, pour pouvoir communiquer positivement ensemble et éprouver leur appartenance à une société et à la famille humaine.

C'est le fait de vivre ensemble pour croître comme personne et comme citoyen, en apprenant à être bien dans sa peau, à être bien avec les autres et à prendre sa place dans la société, qui me semble résumer l'essentiel de ce qui peut être partagé dans une famille.

Or pour être bien dans sa peau et rejoindre les autres, il faut être considéré, estimé, valorisé comme personne. La famille doit être sensible aux besoins des individus en tant que personnes. Un individu ne naît pas personne, il le devient, progressivement, à travers une vie qui rend possible le « projet humain » que chaque être incarne et pour lequel une famille peut être un support merveilleux ou une entrave... Une collectivité ne naît pas société, elle le devient à la mesure des projets individuels et collectifs qui la supportent ou qui lui font obstacle, qui la font ou la défont.

Qu'est-ce donc qu'une famille peut faire ? ou défaire ?

PREMIÈRE PARTIE

LA LIBÉRATION DE LA PERSONNE PAR LA FAMILLE

La sécurité: le premier besoin de l'être humain

La démarche que je vais suivre dans ce chapitre est largement inspirée de mon expérience de discussion sur la sécurité et l'insécurité avec des groupes et des individus. Elle part de l'observation de manifestations types de l'insécurité et vise à dégager progressivement des composantes de la sécurité et de l'insécurité pour montrer ensuite comment elles peuvent influencer le développement complet d'un individu. Elle tend surtout à situer un vécu, où la sécurité et l'insécurité sont présentes à des degrés divers, mais d'une façon tellement significative et lourde de conséquences pour soi et pour autrui, qu'elles y apparaissent comme un facteur majeur d'explication des comportements humains. Dans la formation de la personne dont la famille est responsable, la sécurité qui émane du comportement parental et qui doit entourer l'enfant, devient la plus essentielle des nourritures de la personne.

Etant donné l'extrême importance qu'il faut accorder à ce sujet et la confusion qui existe sur ce que l'on peut entendre par sécurité et insécurité dans nos sociétés, précisons d'abord pourquoi et comment la sécurité peut être considérée comme le premier de tous les besoins humains.

De quelle sécurité s'agit-il ?

La sécurité dont nous allons parler est bien distincte de la sécurité matérielle ou économique. Elle ne doit pas davantage être confondue avec cette revendication sociologique, de plus en plus répandue dans nos sociétés, et sous laquelle on fait entrer un mélange de besoin de confort, de protection par les pouvoirs publics et d'ordre, même au sens policier du terme. (Cette aspiration semble prendre une telle place qu'on peut se demander si elle n'est pas en train de se substituer aux revendications traditionnelles de liberté.)

Concrètement la sécurité, au sens où nous allons l'explorer dans ce chapitre, nous situe sur un tout autre plan : celui du développement de l'individu comme personne, dans sa démarche la plus vitale et la plus dynamique. Il s'agit en effet de voir comment la sécurité est une *force d'animation interne de la personne* qui nous stimule à prendre conscience de nos capacités propres et à les utiliser en conséquence. Elle est en quelque sorte ce qui nous *mobilise à vivre bien dans notre peau* et à affirmer nos autres besoins fondamentaux. Autant la sécurité peut être la résultante des autres besoins comme l'autonomie, l'identité personnelle, le contact positif avec autrui, autant elle est à la source de la satisfaction de ces besoins. La sécurité est sur le plan psychique et relationnel, ce que la santé est sur le plan physique.

Le premier de tous les besoins dans le temps

L'une des meilleures façons de se représenter la sécurité est de se rappeler son rôle au départ de la vie, en particulier dans la première année. Elle est nourriture, calme, sûreté, surtout à travers la façon dont les parents, ou ceux qui en tiennent lieu, prennent soin du nourrisson. La qualité de la « ration affective » et du lien relationnel dont on entoure le nourrisson devient le principal ingrédient de la sécurité, avec la ration alimentaire, le repos et le sommeil.

Par le contact peaucier, par la manipulation, par la façon dont on lui parle, dont on l'approche physiquement, le nourrisson vient en contact avec les parents à un niveau de sensibilité qui n'est pas que physique. Le propre de la vitalité extrême du nourrisson est d'être hypersensible à son entourage, pour à la fois communiquer ses besoins et percevoir les attitudes de ceux qui l'entourent. Il a tellement besoin de sécurité affective et relationnelle que ses besoins physiologiques, comme la faim et le sommeil, peuvent être troublés, non pas en raison seulement de sa constitution, mais de l'effet que l'insécurité, la tension, la brusquerie de ceux qui s'occupent de lui peuvent avoir sur lui.

Ainsi le nourrisson développe la sécurité à partir de la

satisfaction de ses besoins primaires, mais également à partir de la manière dont on répond à ces besoins, *dont on prend soin de lui pour l'aider à être.* Il en est de même de tout le développement de l'enfant et, combien largement, du développement de l'adolescent, de l'adulte, surtout dans le domaine des relations interpersonnelles. *C'est la manière dont on prend soin des besoins des autres, qui peut contribuer le plus à faire évoluer leurs besoins en capacités.* C'est ainsi que mûrit la sécurité et que mûrit une personne en même temps.

Je jette cette formule dans le vif de notre exploration à ce stade, en vue de la ressaisir vers la fin du chapitre pour élaborer cette définition fort simple de la sécurité, mais qui est tout un programme dans la formation de la personne : *la capacité de prendre soin de soi-même, de sa vie.*

Un besoin qui est un pouvoir pour la personne : s'il n'est pas satisfait, l'organisme humain le venge

L'organisme humain est fort, omnipotent. Les besoins fondamentaux de la personne représentent un pouvoir énergétique qui ne se laisse pas facilement détruire par un milieu, par autrui. En d'autres termes, des besoins comme la sécurité, le vouloir-vivre, l'autonomie, représentent une telle nécessité interne dans le développement de la personne, que l'organisme, à l'insu même de notre conscience, peut nous faire recourir subtilement à toutes sortes de moyens pour satisfaire coûte que coûte ces besoins, si le milieu ne nous permet pas de les satisfaire positivement et au grand jour[1].

Ces moyens sont aussi variés qu'illimités. Bon nombre d'entre eux font vivre le moi de l'exploitation d'autrui, dans des comportements le plus souvent masqués. La personne se déguise pour arracher à autrui ce qu'elle ne trouve pas en elle-même. Ainsi en est-il, par exemple, d'une crise chez un enfant qui veut que l'on s'occupe de lui, des bénéfices secondaires que retire un mal-aimé qui se fait malade ou victime pour qu'on s'occupe aussi de lui, de la domination dans les relations humaines à laquelle peut avoir recours celui qui se sent aliéné par son travail, de la passion incontrôlée du jeu chez celui qui a besoin de cette situation de risque

---

1. En 1971, j'ai consacré mon livre, *La Violence au pouvoir*, à décrire dans le détail ce fonctionnement.

pour s'affirmer, des multiples rôles et pouvoirs dont une foule d'individus se servent pour donner une dimension à leur vie, et jusqu'à combien de comportements de jalousie, de possession dans des relations amoureuses, dans des rapports de couple, dans les relations parents-enfants.

Aussi est-ce dans ce sens que j'aborderai l'envers de la sécurité, en cherchant à mettre en relief la manière dont l'organisme humain peut s'y prendre *pour compenser et venger la frustration de son besoin de sécurité*. Il y a dans cette exploration matière à expliquer bien des comportements qui contribuent à mettre en question la famille et qui en font effectivement l'un des lieux les plus violents de nos sociétés[1]. On prend sa sécurité là où l'on peut...

Ces remarques étant faites, nous pouvons nous engager dans la démarche que j'ai esquissée au départ, en observant des manifestations types de l'insécurité. Il s'agit de manifestations qui, dans le quotidien, abîment les familles et font violence aux personnes sous différentes formes. Cette violence est proportionnelle au degré de frustration qu'entraîne chez les individus la privation d'une sécurité qui leur était due autant que la nourriture l'est au nourrisson. A cet égard il est aussi facile de proclamer la mort de la famille sans examen, que de condamner les personnes qui ont des comportements violents en les accusant de méchanceté, d'égoïsme, de perversité. L'insécurité ne se juge pas, elle se comprend, en particulier à travers ce mécanisme compensatoire que les exemples qui suivent vont illustrer.

Des manifestations de l'insécurité comme cause de comportements destructeurs et violents

La caractéristique la plus marquante des comportements dominés par l'insécurité est qu'ils font vivre aux autres des

---

1. Contrairement à l'image que donne une certaine presse sensationnelle de la criminalité, la plupart des homicides sont commis entre parents, gens de même famille, individus qui se connaissent bien depuis des années. Nous ne sommes pas encore assez conscients de la place énorme que prennent dans la famille les individus battus et maltraités, à commencer par les enfants et les femmes, puis les adolescents et les hommes. Nous sommes encore moins conscients de la place que prend le suicide dans le monde de la famille. Cela fait dire à des spécialistes de la question « qu'un des lieux les plus dangereux de la société, c'est la famille ».
Dans plusieurs sociétés on s'est rendu compte au cours des dernières années que plus du tiers des femmes victimes d'homicides étaient des femmes battues par leur conjoint.

situations fausses. C'est la logique même du mécanisme compensatoire par lequel l'organisme humain se couvre de masques pour arracher ce qui lui est dû. Les individus vraiment en état d'insécurité recourent, à leur insu même, à toutes sortes de mensonges psychiques, de détournements, de subterfuges, de rôles, pour trouver à l'extérieur d'eux-mêmes la sécurité qu'ils n'éprouvent pas en eux.

L'insécurité prend alors le visage de la possessivité, de la jalousie, de la mesquinerie, du contrôle excessif de la conduite d'autrui. On ne vous fait pas confiance, on cherche à vous prendre en défaut plutôt qu'à apprécier vos qualités, on fait un usage abusif de son autorité de parent, de patron, de professionnel, de fonctionnaire, on se réfugie derrière sa fonction et son rôle, en ne voulant se sentir responsable de rien ni de personne. On a beaucoup de difficulté à s'abandonner à autrui ou à la vie dans son ensemble, tout en se rendant facilement dépendant d'autrui, ou encore, à l'extrême, on se fait dominateur, despote, tyran, dictateur, n'hésitant plus à recourir à la violence physique comme à une sorte d'aboutissement fatal du recours à la violence morale.

C'est la psychologie de l'animal traqué qui dicte les comportements de l'insécurité qui se venge. *L'individu se méfie et attaque parce qu'il a peur, peur de lui-même avant même d'avoir peur des autres.* L'animal traqué a peur de tout ce qu'il ne peut pas contrôler habituellement dans les limites de son territoire, de ce qui le prend par surprise, de ce qui est *différent* de l'habituel ou du normal. Or, on doit bien se rendre compte d'une chose ici : *l'autre, c'est par définition ce qui est différent de soi, ce qui peut déranger et surprendre.* Plus un individu est lui-même, plus il y a de chances qu'il soit très différent de soi et qu'il provoque l'insécurité chez autrui dans ce contexte [1].

Chaque enfant dans une famille est unique. Les deux adultes qui forment un couple sont uniques. C'est un des défis de la famille, parmi tant d'autres, de permettre à chacun de ses membres d'aller le plus loin possible dans son identité personnelle, dans sa singularité, dans son autonomie. Le défi est d'autant plus difficile que dans la culture qui régit encore la plupart des sociétés, l'autoritarisme et

---

1. Ce n'est pas par hasard que les régimes totalitaires, de même que les majorités silencieuses, ont si peur de l'individualité.

la supériorité dont s'investissent les parents en jouant des rôles, rendent très difficile la véritable rencontre avec les enfants en tant que personnes. Le manque de consistance dans le pseudo-libéralisme du laisser-aller peut conduire au même résultat. On n'est pas plus proche de ses enfants en les laissant tout faire qu'en les restreignant constamment. Et que dire des couples où les rôles traditionnels imposés aux hommes et aux femmes les amènent à vivre à partir de rapports de dominants à dominés, l'homme dominant ceci, la femme dominant cela, dans leurs univers séparés...

Alors qu'il faudrait une grande dose de sécurité, d'autonomie personnelle, de confiance en soi et de satisfaction de sa propre vie, pour respecter celle de son conjoint, de ses enfants ou de ses parents, c'est malheureusement le contraire qui se produit dans bien des familles. Des parents insatisfaits de leur propre vie, manquant de confiance en eux, compensent et vengent leurs limites personnelles en se faisant exigeants à l'extrême pour leurs enfants.

Le même mécanisme peut être observé dans les relations humaines en général et dans l'exercice de métiers, de fonctions, de professions : les êtres les plus dominateurs sont souvent les plus insécurisés en regard de leur propre personne. Et il devient « normal », si l'on se place du point de vue des besoins de l'organisme et de cette capacité extraordinaire de la personne à s'affirmer envers et contre tout obstacle, que *ces personnes cherchent à prendre le contrôle de la vie des autres, parce que précisément ils manquent de prise sur leur propre vie.* Ils sont privés d'une satisfaction intime, dynamisante, qui leur permettrait de moins attendre des autres pour se réaliser eux-mêmes, comme personnes.

De la même manière, on constatera que les êtres les plus possessifs, dans les relations amoureuses mêmes, manquent généralement de confiance en leur propre capacité d'aimer, et surtout en leur capacité de s'aimer eux-mêmes. On retrouve ici, dans toute sa lumière, le vieux principe disant que « charité bien ordonnée commence par soi-même », mais que les courants religieux ont souvent relégué dans l'ombre en faisant du don de soi un mythe. Car c'est bien entrer dans un mythe que de prétendre se donner aux autres, lorsqu'on leur demande tout et que l'on est à peine conscient de ce que l'on peut donner soi-même.

*d'où l'importance
d'un encadrement*

L'insécure [1] finit souvent par avoir raison de celui qui est en sécurité

Prendre le contrôle de la vie des autres parce qu'on manque de prise sur la sienne, peut se faire subtilement, en grugeant l'autre petit à petit, par les soupçons, par le contrôle, par les plaintes, par la soumission, par le don qui va jusqu'à l'avilissement de soi. N'est-ce pas ce qui se passe lorsqu'un conjoint, un parent ou un enfant s'accroche à vous, vous file, est toujours là aux aguets, pour voir si vous êtes vraiment là, de corps et d'esprit, si vous n'êtes pas menaçant, si vous pouvez rendre des comptes sur l'emploi complet de votre temps, en vous harcelant sur une foule de détails et en négligeant l'essentiel de ce qui le lie à vous. Car le propre de celui qui est dans l'insécurité alors, c'est de rapetisser la réalité aux dimensions de son insécurité ou de l'agrandir tellement qu'il ne puisse jamais y retrouver aucun point d'appui. « As-tu fait ceci ou cela ? — Es-tu bien sûr ? — Tu ne me mens pas ? — Tu es rentré à quelle heure ? — Où es-tu allé entre-temps ? — Tu es bien sûr que tu m'aimes ? — Pourquoi est-ce que tu lui dis ceci à elle (à lui) et que tu ne me dis jamais ça à moi ?... » Voilà un langage type.

A la limite, l'insécure réussit à gruger celui qui est davantage en sécurité dans un couple, entre parents et enfants, ou encore dans une relation de travail. Le faible finit à la longue par avoir raison du plus fort. La fameuse série télévisée (devenue par la suite un film) du cinéaste suédois Bergman, intitulée *Scènes de la vie conjugale*, en est une très bonne illustration. Elle met en scène un couple où l'homme est un insécure type, à peu près sur tous les plans de son existence, tandis que la femme est beaucoup plus autonome dans sa vie professionnelle et personnelle. Néanmoins, de conflit en conflit, de crise en crise et alors qu'il devient évident que les problèmes du couple — comme c'est généralement le cas — sont d'abord des problèmes d'individu, le personnage masculin finira ici par user les capacités de résistance de sa femme jusqu'à l'exaspération. Dans un

---

1. Le terme « insécure » n'est pas admis encore dans la langue française, mais voilà un autre cas où la langue devrait peut-être rattraper la réalité, car ce terme, sans faire offense à l'esprit de la langue française et à ses lois, exprime une réalité tout à fait différente de « insécurisé ».

autre film, qui est la suite logique de *Scènes de la vie conjugale, Face à face,* elle deviendra à peu près folle.

Ce qui se passe dans de tels cas a de quoi nous étonner, mais est pourtant d'une simplicité et d'une logique brutale. Ce qui distingue généralement celui qui est en sécurité de celui qui ne l'est pas, c'est que ce dernier surveille constamment ses arrières, son entourage, essaie par tous les moyens possibles de se rassurer sur lui-même et sur les autres, se protège à l'extrême, tandis que le premier fonctionne sans prendre les précautions de l'autre. Que de fois on observe cette situation dans les milieux de travail, dans des conflits qu'on ne veut pas qualifier autrement que de conflits de personnalité, mais qui, bien souvent, sont liés à l'insécurité des individus. On dira de celui qui avait raison sur le fond d'une question et qui s'affirmait sans détour : « Il avait raison, mais il n'a pas ménagé ses arrières comme l'autre », qui lui, avait tort sur le fond mais a mis en œuvre assez de combines et de stratégies pour l'emporter par la forme. Il arrive aussi que des spécialistes de la stratégie soient des individus très peu sûrs d'eux-mêmes quant aux contenus dont ils se font les propagandistes. Il y a des politiciens, des leaders sociaux, des administrateurs, qui sont de grands stratèges mais possèdent une compétence très limitée en regard des idéologies, des programmes, des contenus qu'ils doivent administrer. On peut ainsi faire tourner à vide une administration, mener à la guerre une population, éterniser des conflits sociaux et idéologiques, uniquement par des stratégies qui éliminent l'engagement sur les contenus.

Le même phénomène s'observe chez des individus dans un état de crise qui est provoqué par une insécurité résultant de la privation de quelque chose qui leur était essentiel pour être bien dans leur peau : la perte d'un emploi, la rivalité avec un collègue dont on craint la personnalité, la privation d'un jouet pour un enfant ou d'un bien quelconque estimé indispensable. Tout individu dans cette situation peut devenir assiégeant, au point que l'on entendra souventes fois ce cri de la part de ceux qui tenteront de s'en occuper : « Elle va me rendre fou ; il va me rendre folle. » Ceux qui ont vécu des crises conjugales, l'auront aussi entendu ou crié eux-mêmes. Et bien des fois, c'est le plus faible dans le couple qui l'aura emporté, si l'on peut parler ainsi...

D'autres exemples tirés de l'expérience commune peuvent faire saisir cet aspect, de même que les autres dimensions de l'insécurité évoquées jusqu'ici.

Les personnes âgées, insécurisées dans la mesure même où elles se savent ou se sentent rejetées par leur milieu, vont réagir à la manière d'enfants mal aimés en se mettant manifestement à la charge de leur milieu, jusqu'au harcèlement et d'une manière absolument infatigable. On rejoint ici l'extraordinaire énergie de l'enfant frustré, qui peut pleurer pendant des périodes interminables pour obtenir gain de cause.

La maladie, parce qu'elle est proprement la perte de la sécurité sur le plan physique, fournit aussi un bon laboratoire pour étudier l'insécurité. Quand on est malade, on devient vite fatigant et harassant pour les autres. Ne se supportant plus soi-même, on en vient à ne plus supporter les autres, même s'ils essaient de vous aider. On sait l'abus, dans ce contexte, que les malades, comme les mal-aimés, peuvent faire de ce qu'on appelle les bénéfices secondaires. Ce n'est pas un hasard si une partie de la clientèle des hôpitaux est presque stable. Nombre d'individus se rendent compte que la maladie est un moyen pour qu'on s'occupe d'eux, pour qu'on s'intéresse à leur personne. Le bénéfice secondaire qu'ils retirent de la maladie, du fait que l'on s'occupe d'eux, leur permet de venger positivement et négativement à la fois leur insécurité affective et relationnelle.

Dans le même sens, *on ne devra pas s'étonner de voir de plus en plus d'individus, placés en état d'insécurité par la société, par le chômage notamment, ou par une organisation du travail qui ne tient pas compte des besoins de la personne, se mettre à la charge de la société.*

Voilà donc un premier portrait de l'insécurité. Il ne fait voir à ce stade qu'un aspect de la privation de la sécurité, mais c'est l'aspect qui nous renvoie à une sorte de monnaie courante quotidienne. Il nous explique du même coup la présence de la violence et les risques d'exploitation subtile d'autrui qui découlent d'un manque de sensibilisation aux exigences du développement de la personne. Car là est pour moi le vrai problème et la première fonction de la famille pour engendrer une véritable qualité de vie.

Une notion fort concrète nous permettra de faire un pas de plus, en approfondissant à la fois ce qui peut développer la sécurité chez un individu et ce qui peut entraîner sa privation. C'est la notion de compétence.

Une bonne façon de comprendre la sécurité : appliquer la notion de compétence au développement de sa personne

J'ai constaté que la notion de compétence aidait autant la plupart des gens à comprendre l'importance de la sécurité, qu'elle m'avait aidé moi-même. Qu'est-ce qui, par exemple, donne le plus de sécurité dans un métier, que la compétence ? Et la compétence a ceci de rigoureusement comparable à la sécurité : elle est aussi rassurante pour les autres que pour soi-même. Dans une famille, on peut donc développer la compétence de chacun des membres de la famille, si chacun est amené à prendre conscience de ses capacités individuelles et à les utiliser en conséquence [1].

Le sens commun nous a depuis longtemps fait voir que les gens les plus compétents sont généralement les plus humbles quant à l'état de leurs connaissances et surtout, qu'ils peuvent allier à une grande sûreté le sens de l'inquiétude intellectuelle et de l'apprentissage. Les gens les plus compétents sont aussi des personnes ouvertes, la plupart du temps, à d'autres idées que les leurs, à d'autres convictions. *La confiance en soi entraîne la confiance en autrui.* Les manifestations de la sécurité nous présentent vraiment, là encore, le portrait inverse des manifestations de l'insécurité. Autant la violence et l'irrespect des autres sous diverses formes sont fréquemment l'expression de l'insécurité qui se venge, autant le respect d'autrui et les capacités d'échange positif sont les produits de la sécurité personnelle.

Quand on a beaucoup de connaissances sur un sujet, on est ouvert au dialogue et à la confrontation, on ne craint pas d'en parler. Dans les milieux d'enseignement, j'ai observé le même phénomène pendant quinze ans : ce sont les professeurs les plus compétents qui sont les moins jaloux de leur autorité et les plus disponibles pour répondre substantiellement aux questions des étudiants.

Les professeurs les plus insécures et les moins compé-

---

1. La notion de compétence est de plus en plus utilisée en psychologie de l'enfant. Un enfant est vu comme compétent à partir des apprentissages qui sont propres à tel ou tel stade de développement et qu'il réussit. Cette notion doit s'appliquer à l'adulte également, dans la mesure où l'on accepte de voir tous les apprentissages qui sont spécifiques au développement de l'adulte. Cela exige surtout que l'on cesse d'associer « maturité » et adulte. Il y a des enfants qui sont beaucoup plus matures que des adultes, parce qu'ils réussissent mieux les apprentissages qui sont propres à leur âge.

tents sont fréquemment comme les parents insécures, « jaloux » de leur titre, de leur fonction, de leur autorité. On aura évidemment observé le même phénomène dans des bureaucraties et des administrations de tous ordres. Les patrons et les fonctionnaires les plus insécures, comme personnes et dans le champ de leurs connaissances, s'accrochent à tout ce qui leur donne du pouvoir formel. Ils vont avec leurs titres et leurs diplômes quasi imprimés sur leur front, n'osent pas sortir des sentiers battus, frémissent devant des cas nouveaux et complexes, paniquent à l'annonce de tout changement, se réfugient derrière les pratiques longuement établies par les autres et ont une peur bleue de la discussion franche, de la confrontation en équipes et de la collégialité. J'ai vu un jour le président d'une haute administration, insécurisé par sa tâche et en conflit avec ses collègues qui lui reprochaient d'avoir peur de partager son pouvoir, écrire lui-même la définition de ses pouvoirs en s'appuyant sur le dictionnaire, pour essayer de convaincre ses collègues que la définition de ses fonctions dans le dictionnaire lui donnait une supériorité sur eux !

L'insuffisance de moyens sur le plan du langage amène des individus et des foules entières à recourir à des actions violentes, pour exprimer par le geste ce qu'ils ne peuvent pas dire par la parole. Le coup de poing sur la table et la série de jurons peuvent avoir cette signification. Une partie de la violence masculine provient directement de l'éducation des garçons à ne pas exprimer leurs sentiments, à retenir leurs émotions et à ne pas pleurer. *L'entraînement stéréotypé à la virilité mâle est à cet égard une éducation systématique à l'incompétence affective pour le monde masculin.* Que de larmes non versées par les hommes ne se sont-elles pas solidifiées en gestes violents contre les femmes et les enfants [1].

Dans les familles, au sein des couples, l'insuffisance du dialogue entraîne ainsi, dans d'innombrables cas, l'usage de la violence physique. C'est pourquoi l'habitude de la communication verbale, et non verbale, fondée sur une expérience sécurisante de confrontation, d'échange, d'évaluation de comportements, pourrait transformer nombre de familles

1. Mon observation n'est pas idéologique. Elle s'appuie simplement sur l'étude du fonctionnement asexué des glandes lacrymales ! A ne pas pleurer on brime son organisme, on s'aliène dans ses fonctions les plus naturelles, de la même façon qu'à force de ne pas sourire on finit par avoir l'air triste ou bête !

et de couples. Mais en général, on a peur des remises en question, des confrontations profondes sur le vécu de chacun.

A cet égard, l'un des signes incontestables du manque de sécurité des personnes dans les familles est la très grande difficulté que l'on rencontre, chez la plupart des couples et dans les relations parents-enfants, à pouvoir vivre positivement des conflits, des crises. On fait comme si on était « arrivé », « fixé » comme personne, comme couple, alors que dans les faits on est en plein cheminement.

Ce que les jeunes attendent, instinctivement d'ailleurs, de plus global comme de plus fondamental, de leurs parents, c'est de pouvoir compter sur eux comme sur des personnes, vraies, authentiques, réelles, en cheminement constant. Et est-ce que la même exigence n'est pas au cœur de l'expérience d'un couple ? Que peut-on exiger de plus essentiel et de minimum à la fois d'un conjoint, *qu'avec lui ou avec elle on devienne davantage soi-même, une personne qui s'aime elle-même de plus en plus, à force de vivre avec l'autre,* une personne qui soit de plus en plus fière de ce qu'elle devient dans un milieu auquel elle peut s'identifier positivement ?

Il y a plein de gens dans le monde qui sont fiers de dire qu'ils sont français, américains, suédois, anglais, québécois, qu'ils appartiennent à telle société et qui s'en réclament. Je ne pense pas qu'il soit démodé de souhaiter qu'à notre époque on puisse être fier de dire qu'on est le fils ou la fille « de », qu'on vit depuis tant d'années avec « elle » ou avec « lui ». La question de l'appartenance à une famille où l'on prend son envol comme personne, où l'on se fait chaque jour, est fondamentale. Elle met en cause la qualité de nos liens affectifs, de nos liens spirituels, de nos sources physiques, de l'histoire de notre corps.

La question de l'autorité des parents vis-à-vis des enfants, et aussi celle de la fidélité dans le couple, se poseraient d'une tout autre façon qu'elles se sont posées jusqu'ici, si les parents, si l'homme et la femme, étaient animateurs de leur propre existence et de celle de leur famille, s'ils apparaissaient d'abord comme des êtres à la recherche d'une compétence humaine en tant que personnes et s'ils partageaient ostensiblement une quête de croissance individuelle.

« Tu es mon père, mais je ne sais pas ce que ça veut dire. Et c'est pis que si tu étais un vrai étranger... tellement je ne te connais pas, tellement tu ne me connais pas. Pourquoi en sommes-nous arrivés là ?... »

« Tu es mon mari, un jour, tout au début de notre mariage, tu m'as dit que tu m'aimais plus que tout au monde, et tu ne me l'as presque plus dit. Et je ne sais plus, après dix ans, pourquoi tu vis avec moi. As-tu un peu besoin de moi, pour autre chose que les tâches domestiques ? Y a-t-il des choses que tu admires en moi ? Ça ne peut pas toujours être le même qui compte sur l'autre dans un couple... »

« Vous êtes nos parents, d'accord, vous nous parlez de confiance, de respect, d'amour, mais c'est toujours à votre façon. Pourquoi ne nous laissez-vous pas choisir nos amis ? Pourquoi contrôlez-vous toutes nos sorties ? Pourquoi est-ce qu'on ne se sent pas à l'aise avec vous pour parler de sexualité, pour savoir comment vous l'avez vécue vous, votre sexualité, quand vous aviez notre âge et après et maintenant ?... »

« Moi, depuis que mes parents ont ouvert mes lettres et sont allés jusqu'à lire mon journal, c'est fini. Je ne pourrai plus jamais leur parler de moi. Ils m'ont sorti de la famille en me faisant cela... et ils ont sorti la famille de ma vie en même temps... »

« Nous, on voudrait savoir ce que nos parents vivent vraiment. On les voit vivre, mais ça devient mécanique, on ne sait pas ce qui les tient ensemble, au fond d'eux-mêmes... »

« Et moi je suis heureux quand quelqu'un dont je suis proche me parle de lui, des choses qui sont difficiles pour lui autant que des choses faciles, de ses cheminements, de ce qui passe par en dedans... par en dedans... s'il vous plaît... le nucléaire ne m'intéresse pas... je veux seulement, je supplie, qu'on se connaisse pour vrai... [1]. »

Il faudrait écouter encore longtemps ces personnes parler — des jeunes surtout —, nous dire leurs besoins, se poser des questions essentielles sur leurs raisons de vivre, leur degré d'autonomie, de solidarité humaine, de sécurité, d'appartenance à une famille.

Ce genre de questions, et les dialogues auxquels elles peuvent donner lieu entre membres d'une même famille,

---

1. Extraits de rencontres de groupes rassemblant des jeunes, des parents, des couples, où la tâche à accomplir était d'aller le plus loin possible ensemble dans l'expression de ses besoins intimes, en regard des relations vécues dans la famille.

est-ce monnaie courante ? Est-ce là le genre de nourriture
d'où l'organisme familial peut tirer sa santé mentale et
affective ? Est-ce que la famille est le lieu de ces explo-
rations où, au sein d'un couple, entre parents et enfants,
on peut régulièrement parler de ce que l'on vit au-dedans
de soi, de ses cheminements comme personne, de la satisfaction ou de la frustration de ses besoins, de ses relations
avec les autres, de son corps, de ses passions, de ses inquié-
tudes, de ses angoisses, de l'état dans lequel se trouve
l'admiration qu'on peut se porter mutuellement au sein de
la même famille, de sa tendresse brimée, de la dernière
grande satisfaction qu'on a ressentie à être soi-même et pas
un autre...

Pour quantité d'individus, et je dirais même en règle générale, *le problème de l'insécurité est un problème de sous-
emploi ou de mal-emploi des personnes par le milieu.* D'où
l'immense responsabilité de la famille qui est le premier
« employeur de la personne ». (Le deuxième est l'école, le
troisième le milieu de travail.)

Qu'est-ce qu'une famille fait de la capacité de chacun de
ses membres ? Qu'est-ce qu'un conjoint fait du partage
quotidien des capacités de son conjoint ? « Qu'as-tu fait de
tes talents ? », demande-t-on dans l'Evangile. Il faudrait
poser la question aux familles : qu'avez-vous fait des talents
des personnes qui croissaient, qui se développaient dans la
famille ? Est-ce que la vie de couple, au long des jours,
est le moyen pour chacun des deux individus d'aller plus
loin dans la satisfaction de lui-même, dans la confiance
qu'il a d'être une personne possédant telles et telles capacités ?

La fonction de compétence est également porteuse d'une
DÉMOCRATISATION DE LA CULTURE ET DES RAPPORTS HUMAINS dont
on rêve de plus en plus, dans nos sociétés bureaucratisées
et dominées par le pouvoir des spécialistes et des professionnels. Très spécifiquement, cela signifie que *les parents
doivent pouvoir exercer leur métier de parents et vivre leur
aventure personnelle sans être placés, par nos sociétés, à la
merci d'un cortège de professionnels qui viennent leur dire
quoi faire et comment vivre.* Il y a des situations invraisem-
blables qu'on est en train de vivre sur ce plan-là, quand
on voit, par exemple, un jeune travailleur social de vingt
ans, tout frais émoulu de l'université, avec un petit diplôme
et sous son diplôme tous ses problèmes à lui de croissance
personnelle, venir dire à des gens de quarante ou cinquante

ans comment ils doivent vivre, au nom de telle idéologie ou de telle théorie actuellement à la mode dans le monde des sciences humaines. Il est clair que des professionnels de plusieurs disciplines peuvent rendre des services indispensables à la famille à notre époque, mais à la condition expresse que ces services aient pour objectif premier de faciliter aux gens leur prise en charge et leur auto-croissance.

Nos sociétés, nos Etats ont des choix déterminants à faire dans ce contexte, notamment quant à l'organisation de leurs services sociaux et aux politiques sur la famille. Allons-nous, dans trop de cas, refaire ici ce que nous avons fait avec la santé et l'école, en confiant nos corps et nos esprits à des médecins, à des enseignants et à des techniciens de tous ordres ? C'est toujours pitoyable de se retrouver dans un hôpital et de ne même pas pouvoir se faire expliquer par les professionnels de la santé, dans un langage accessible à tous, ce qui arrive à son corps. C'est aussi pitoyable que de confier une cause judiciaire à un avocat qui nous demande un chèque en blanc, une confiance aveugle en sa compétence, alors qu'il est incapable de nous dire comment fonctionne le droit, dans une langue accessible... Je ne reprendrai pas ici le discours d'Illich, qui est essentiel sur ces points, pour tous ceux qui ont soif d'une démocratie qui atteigne les personnes dans leurs besoins et leurs droits les plus fondamentaux.

On voit l'ampleur des enjeux en cause pour la qualité de la vie humaine et de la civilisation. Les grands techniciens de l'Etat et notamment ceux qui, dans certaines de nos sociétés, commencent à s'appeler « les travailleurs » de l'enseignement et de l'éducation, vont-ils enfin être capables de mettre en œuvre des politiques et des méthodes pédagogiques qui permettront aux personnes de se prendre en charge elles-mêmes, dans l'essentiel de leur développement personnel ? Peut-on collectivement équiper les familles, mettre à leur disposition des ressources, qui permettent aux membres de la famille d'assumer eux-mêmes le développement de la personne et de vivre davantage en fonction de cet objectif de croissance ? Parler de sécurité et de compétence des personnes dans ce premier chapitre, c'est nécessairement ouvrir la voie à des questions collectives et politiques. Que peuvent les personnes dans des sociétés qui n'existent pas pour elles ? Comment la famille peut-elle vivre au niveau du « développement » de la personne, si l'environnement collectif ne s'y intéresse pas et si on évalue strictement le « fonctionnement » des personnes en vue d'une rentabilité matérielle, fonctionnelle, productive ?

Ce n'est rien de facile puisque *l'idée même d'un développement organique de la personne dans nos sociétés est à semer*. Le prochain pas que nous allons franchir dans ce chapitre va l'illustrer en nous permettant de creuser cette notion de compétence de soi comme personne par l'examen de manifestations de l'insécurité qui peuvent tout à fait coexister chez un même individu avec la sécurité.

La fragilité de l'être humain ; se garder d'opposer systématiquement sécurité et insécurité

L'être humain est aussi fragile que puissant, par nature, par la difficulté de prendre en charge son existence personnelle et ses rapports avec autrui, et du fait que les individus trouvent en général bien peu de supports collectifs pour devenir des personnes. J'insiste sur cette vérité première, au cœur de ce chapitre, pour situer la sécurité et l'insécurité en conséquence et dire combien il faut rester réaliste dans la détermination à conquérir la sécurité, sans toutefois jamais renoncer à cette détermination.

Forts ici, les êtres humains trébuchent là. Celui qu'on prenait pour un surhomme hier, s'écroule aujourd'hui, tandis que celui qu'on prend pour un faible pourra se révéler demain un héros. Les situations extrêmes, comme la guerre et la résistance par exemple, révèlent ainsi nombre de personnes qui, sans une stimulation extraordinaire, seraient peut-être toujours restées obscures à leurs propres yeux et à leur entourage. Dominant ceux-ci, nous sommes dominés par ceux-là. Rien n'est plus rare que l'égalité réelle entre les êtres. La vie affective, le respect des différences entre les êtres, l'expérience de relations humaines positives soutenues, représentent des défis souvent insurmontables. Pensons qu'en 1984, des individus de plus en plus nombreux paient cher pour aller, dans des sessions de groupe ou dans des bureaux de thérapeutes, apprendre simplement à donner la main, à dire bonjour, à être capables de toucher et être touchés. En 1984 encore, la sexualité représente un potentiel à peine exploré, sur le strict plan des connaissances physiologiques aussi bien que dans les interactions de tous ordres qui caractérisent les relations sexuelles et qui touchent la totalité de la personne.

Problématique posée

On vit avec un corps dont on ignore presque tout. Deux milliards de cellules logent dans notre cerveau et nous avons exploré jusqu'à maintenant à peine 10 % de sa puissance. A cinq ans, l'intelligence d'un enfant est déjà développée à 50 % ; à vingt ans, ce développement sera presque complet. Dans un grand nombre de sociétés, en Occident toujours, plus de 30 % des jeunes n'ont pas tout ce qu'il faut pour être adaptés de façon minimale à l'existence, cette mésadaptation allant des tares génétiques à l'incapacité de réussir suffisamment à l'école, en passant par les multiples formes de mésadaptation physique, affective et sociale. Et c'est aux extrémités de la vie que nous réussissons le plus mal — peut-être parce que nous y investissons le moins — livrant les personnes âgées et les jeunes à toutes sortes de formes d'irrespect, d'exploitation et de discrimination. Nous célébrons la justice et les droits de l'homme en paroles, mais dans les faits nous trouvons les pires formes d'inégalité entre les deux moitiés de l'humanité que sont les hommes et les femmes. La plupart des individus sont, vis-à-vis des pouvoirs qui régissent nos sociétés, dans le même état de dépendance, dans le même statut psychologique de mineurs, que la plupart des enfants devant le pouvoir adulte.

Voilà la sorte de tableau qui illustre une problématique de civilisation bien réelle et devant laquelle les familles devraient se placer en groupes dans des démarches de discussion et de réflexion. C'est en tout cas devant un tel fond de scène que l'interaction de la sécurité et de l'insécurité des êtres se joue dans le concret.

Montrer l'importance de la sécurité n'est pas plaider pour une « assurance tous risques ». Le développement de chaque individu se fait dans l'interaction de ses forces et de ses faiblesses à soi, dans l'interaction avec celles des autres. *L'essentiel est de pouvoir en être conscient, de vivre à ce niveau de développement de la personne et de plaider pour un environnement collectif qui facilite cette prise de conscience et ce niveau de développement.* Que d'individus en arrivent à découvrir un réel bien-être, à réinventer leur propre vie, à partir du moment où ils peuvent identifier leurs zones de sécurité et d'insécurité, en particulier dans leurs relations avec autrui.

Il ne s'agit pas non plus d'opposer sécurité et insécurité d'une façon systématique et globale, comme si dans la société il y avait d'un côté des êtres en sécurité et de l'autre des êtres dans l'insécurité. La réalité est plus complexe et souvent médiane, dans le sens où, par exemple, un même individu a des comportements de sécurité dans telles circonstances et dans tels domaines, et des comportements d'insécurité dans d'autres dimensions de son existence.

Mais ainsi d'aucuns témoigneront d'une très grande sécurité dans des activités intellectuelles, dans des habiletés physiques, dans des domaines particuliers comme la création artistique, tout en se révélant d'une insécurité chronique à travers d'autres champs de comportement. Le cas type, extrêmement répandu, est celui d'individus qui sont sûrs d'eux-mêmes sur le plan intellectuel et dans des activités de leadership social, politique, administratif, technocratique, alors que sur le plan affectif et dans des activités qui font appel au sens des relations humaines ils sont moins développés que des enfants. Le monde masculin qui contrôle les sociétés d'un bout à l'autre de la planète regorge de ces individus... et je crois que cela explique bien des choses quant au sous-développement de l'humanité en matière de relations humaines, de vie affective et de respect des êtres.

Atteindre la sécurité comme un état global de satisfaction qui modèle l'ensemble de son développement personnel, représente une longue conquête, et surtout une très longue quête. Et cette quête requiert d'ailleurs la capacité de pouvoir vivre avec une certaine insécurité.

Chez une foule de gens néanmoins, les réponses que leurs comportements ont pu offrir à leur besoin de sécurité, dans leur enfance et leur adolescence surtout, ont progressivement modelé leur personnalité dans le sens de la sécurité ou de l'insécurité. On voit ainsi les enfants faire très jeunes des choix déterminants par rapport à ce qui les sécurise et les insécurise, se développant dans tel domaine, écartant tel autre. On constatera, par exemple, que Jacques fonctionne bien quand il s'arrange tout seul, tandis que Pierre recherche les situations de compétition pour s'affirmer à tout prix, que Paul aime bien s'entourer d'amis à la condition qu'il dirige leurs jeux, que Louise semble à l'aise quand on ne lui demande pas de prendre des initiatives, que Jeanne s'isole dès qu'il vient des visiteurs dans la famille, et ainsi de suite.

L'insécurité créatrice et la sécurité destructrice

L'insécurité peut être créatrice et la sécurité destructrice.

Sans l'ériger en règle comme d'aucuns y tendent souvent, il est clair que la privation, la souffrance, l'inquiétude, peuvent être sources de créativité [1]. Que de fois on aura vu des individus privés de toutes sortes de ressources dans leur milieu, en développer d'énormes à partir de leur vigueur interne. Les êtres qui « réussissent à aller loin » comme on dit, sont souvent des êtres qui n'ont pas été gâtés par la vie au départ. A l'inverse, des êtres gâtés par la vie se seront assis sur leur acquis dans une dépendance stérile à l'endroit, par exemple, de leurs ressources matérielles. C'est presque un lieu commun de rappeler que la vraie bourgeoisie n'est pas une affaire de biens matériels, mais l'expression d'une attitude de la personne qui fait qu'on se repose sur des acquis, qu'on se fixe avec une douce assurance, qu'on ne veut pas être confronté à d'autres valeurs que les siennes.

L'observation des milieux de délinquance juvénile est éclairante à cet égard, précisément sous l'angle des conditions de sécurité personnelle et de développement fort de la personnalité. On sait en effet la situation classique de nombreuses familles de milieux favorisés qui suscitent chez les enfants toutes sortes de pathologies ; certaines aboutissent à des comportements criminels dont le motif est de venger affectivement et socialement l'insécurité affective née de la relation avec les parents. Que de fois des adolescents commettent un délit ou un acte de violence pour attirer l'attention de leurs parents, du père bien souvent, occupé autrement qu'à ses tâches de père ou convaincu que lorsque l'on a abondance de pain, on n'a plus besoin pour vivre, d'autres rations, dont la ration affective... Que de fois des adolescents, des enfants même, vont jusqu'au suicide, pour rappeler cruellement à leur milieu familial et à leurs camarades qu'ils existaient et qu'ils avaient d'autres besoins que des besoins matériels. L'analyse des statistiques sur les suicides de jeunes montre même qu'il s'agit d'une caractéristique tragique de l'époque actuelle.

L'expérience des sociétés bien nanties et des collectivités de consommation que nous avons développées dans les der-

1. On pourrait évidemment citer ici l'exemple type des œuvres d'art, qui le plus souvent ont été produites dans des conditions d'insécurité matérielle, sociale, psychologique et autres encore. Mais cela est très particulier, car il faut distinguer la relation de l'artiste à son œuvre de sa relation à sa vie et à ceux qui l'entourent. Dans le premier cas, l'insécurité a un effet créateur, tandis que dans le second c'est souvent le contraire. Cette question extrêmement riche pour approfondir l'univers de la sécurité nécessiterait à elle seule plusieurs ouvrages.

nières décennies n'est pas moins éclairante. On y voit bien que si l'augmentation du niveau de vie n'est pas accompagnée d'autres ressources que les ressources économiques pour évoluer vers une vie plus humaine, cette vie plus humaine n'arrivera pas. On pourra surtout régresser. Le nombre de personnes inadaptées, dépendantes, dominées, insécurisées, ne cesse de s'accroître dans nos sociétés bien nanties.

Même là où par exemple, on a réussi à procurer à la majorité de la population le même revenu, le problème du développement de la personne et de la sécurité affective demeure entier.

Vivre avec l'insécurité

Le fait de ne pas savoir quelque chose, de se tromper même, comme le fait d'être privé de ceci ou de cela, peut être stimulant si l'on est capable d'en tirer profit. Qui n'a pas fait l'expérience de cette dynamique que l'on identifie comme le « savoir-oser ». Que de gens ne se risqueraient pas à faire telle chose, à produire, à créer, si précisément ils n'avaient pas un certain défi à relever ou quelque chose à apprendre en le faisant. Oser faire un nouveau métier, s'engager socialement alors qu'on n'avait pas l'habitude de s'impliquer, se prendre en charge sans être à la merci des spécialistes, acquérir des habiletés dans des domaines où l'on n'a pas nécessairement été préparé, voilà autant de formes de la dynamique du savoir-oser.

Il n'est pas de grand comédien qui n'ait connu l'expérience du trac et qui ne l'ait apprivoisé durant toute une carrière. Ceux qui ont vaincu leur bégaiement, par exemple, ou encore qui ont dominé des phobies, ont expérimenté le fait de vivre avec l'insécurité liée à leur bégaiement ou à leurs phobies.

Vivre avec l'insécurité, c'est par-dessus tout vivre avec les difficultés de sa croissance comme avec tout ce qui peut la faciliter. C'est vivre avec les difficultés de croissance du couple et de la famille dans son ensemble. Cela constitue l'un des comportements de maturité et d'adaptation à la réalité les plus nécessaires qui soient. On pourrait, pour cerner le phénomène de façon plus précise encore, évoquer la « capacité de tolérance à la frustration », qui conditionne tout processus de croissance et de partage avec autrui.

Mais voilà le problème, plaideront ici ceux qui prétendent avec raison d'ailleurs que, oui, l'insécurité peut être créatrice, mais à la condition d'avoir un minimum de sécurité pour pouvoir tirer profit de cette insécurité. En d'autres termes, l'insécurité est tolérable quand on a une certaine sécurité pour la tolérer.

Pour montrer l'importance de ce problème, représentons-nous un défi qui est constant dans la famille et dans l'expérience d'un couple. C'est le défi qui consiste, d'une part, à avoir assez de sécurité soi-même pour accepter les comportements d'autonomie de l'autre et, d'autre part, à vivre avec l'insécurité que provoque nécessairement chez presque tout le monde l'apprentissage de l'acceptation des comportements d'autonomie de l'autre. Deux situations types incarnent ce défi.

La première est celle à laquelle sont confrontés les parents quand ils ont à respecter l'exercice de l'autonomie chez leurs enfants dans le choix de leurs amis, dans le choix de leurs sorties (surtout si elles impliquent une absence prolongée du foyer), dans leurs relations amoureuses et jusque dans leurs comportements sexuels. Les parents les plus ouverts, les plus compréhensifs, les plus dynamiques — employons tous les termes que l'on voudra pour les caractériser positivement —, ces parents ressentiront de l'insécurité, aussi bien en fonction de l'intérêt de leurs enfants que de leurs propres intérêts et de leurs valeurs de vie à eux. C'est insécurisant de ne pas savoir ce que son enfant fera avec tels amis, dans telles circonstances. C'est d'autant plus insécurisant pour des parents qui, par exemple, peuvent avoir reçu une éducation systématiquement contraire à celle qu'ils tentent de donner à leurs enfants aujourd'hui. Or cela se produit fréquemment.

Le même défi est présent, avec plus d'acuité encore, à l'intérieur d'un couple, sous quelque forme d'union que ce soit. C'est insécurisant pour un conjoint de respecter les démarches d'autonomie de l'autre, en fonction de l'autre, en fonction de son autonomie à soi et de l'autonomie du couple comme couple. C'est insécurisant pour des couples de simplement concevoir que le conjoint puisse avoir sa vie à lui, ne pas mettre tous ses œufs dans « le panier couple et famille », ne pas rendre compte à l'autre de toutes ses allées et venues en dehors du foyer. Il faut voir comment le seul fait que des femmes de quarante ans décident de travailler ou de reprendre leurs études, insécurise des hommes, jusqu'à remettre en question leur vie de couple.

Si l'on va plus loin encore, dans quelque chose qui est capital pour l'avenir du mariage et de la famille, pensons à l'insécurité extrême que provoque chez la très grande majorité des individus vivant une expérience de couple, l'idée même que l'autre ait une amitié avec une personne du sexe opposé. Et que dire si l'on parle non plus d'une amitié mais de divers types de relations pouvant inclure les relations sexuelles de façon ouverte et avouée. La grande majorité des couples n'ont pas vécu encore l'insécurité que représente l'acceptation de ce fait, puisque cela demeure dans la plupart des cas un interdit. On préfère généralement le mensonge qui entoure les relations sexuelles extra-conjugales ; pourtant à la longue il n'est pas moins insécurisant que la liberté de vivre ces relations.

Il faut peut-être concevoir le renouvellement du mariage et de la famille en ne considérant plus les relations extra-conjugales comme un interdit ou un phénomène caché. Pour plusieurs, une telle évolution paraît invraisemblable. Mais je trouve plus invraisemblable encore de voir des couples qui ont partagé des choses essentielles pendant des années, s'effondrer parce que l'un des conjoints a un jour ce que l'on appelle une aventure. Quand on s'arrête à ces cas, on se rend compte bien souvent qu'ils sont liés à la survalori-sation culturelle de la notion de fidélité sexuelle, au détriment d'autres valeurs essentielles à un couple. *Il y a d'ailleurs une sécurité du couple qui se construit comme la sécurité personnelle.* C'est une question qu'il faut évidemment approfondir ; *c'est pourquoi* le chapitre 8 y est consacré.

Au-delà des dimensions qui touchent la sécurité et l'in-sécurité, les deux exemples que nous venons d'examiner sont parmi les plus stimulants que l'on puisse envisager, pour alimenter des réflexions et des discussions sur le type de famille et d'union durable entre hommes et femmes qu'il faut réinventer.

Les composantes de la sécurité et de l'insécurité

Résumons maintenant les principales composantes de la sécurité et de l'insécurité, en considérant que l'insécurité et la sécurité peuvent prendre assez de place dans une vie pour orienter l'ensemble des comportements d'une personne.

— L'identification positive à son moi

Cet état intérieur de la personne qu'est la sécurité, il semble qu'il se façonne au-dedans de nous comme une sorte de seconde ossature, invisible, comme une énergie qui circule, comme une animation qui stimule nos comportements dans un sens qui corresponde à la satisfaction de nos besoins les plus fondamentaux.

Les premières composantes de cette animation sont : *la confiance en soi, l'autonomie, le sens de l'identité personnelle et la connaissance concrète, active et souple, de ses capacités.* Ces attitudes, que l'on a souvent identifiées comme des qualités d'un individu, sont essentiellement complémentaires l'une de l'autre. Elles gravitent autour d'un même pôle, d'une même force d'animation, que l'on peut désigner comme « l'identification positive et large à son moi ».

Inversement, l'insécurité se constitue petit à petit d'un manque de confiance en soi, de doutes sur ses capacités, de comportements de dépendance à l'égard de ce qui est extérieur à soi, événements et personnes, quotidienneté même. Cela diminue le sens de l'identité personnelle, et la connaissance que l'on acquiert de soi se traduit dans des perceptions rigides et simplificatrices de son moi. Cette faible identification à son moi devient néanmoins une force d'animation interne de l'ensemble de sa personne. C'est une force qui joue à rebours, contre soi, mais elle est non moins agissante que ne le sont, par exemple, les forces de la maladie quand elles rongent un organisme.

L'insécurité est « mangeuse d'énergies ». Car *rien n'est plus propre à l'insécurité que d'amener un individu à se développer à contre-courant, contre ses propres ressources, qu'il ignore ou qu'il utilise à perte.* C'est pourquoi aussi l'une des grandes caractéristiques de la personnalité d'un insécure chronique est son « pouvoir de résistance » à la vie, alors que la grande ressource de celui qui est en sécurité lui vient de son « pouvoir d'adaptation » à la vie. Chacun peut se représenter ici, en faisant le tour de sa vie, le très grand nombre d'individus qui, faute de confiance en eux, en arrivent à vivre en deçà d'eux-mêmes, en dessous de leurs capacités et de ce qu'ils pourraient s'apporter à eux-mêmes et à la société. Que de jeunes, de personnes âgées, de conjoints, de parents, de travailleurs, ouvriers, fonctionnaires, professionnels, n'étant à peu près jamais valorisés, reconnus et encouragés pour ce qu'ils sont comme individus, n'auront pas éprouvé le sentiment d'être vraiment nécessaires à quelqu'un, à un milieu. Aussi, est-ce dans ce contexte que j'ai insisté dans ce qui précède sur cette valorisation compensatoire de ceux qui s'accrochent à leurs titres, à leurs fonctions, ou à leur autorité de parents, plutôt qu'à leur compétence comme personne et aux rôles de dominants que des conjoints se donnent pour affirmer l'un devant l'autre qu'ils sont quelqu'un.

Ne reconnaît-on pas ici également le déguisement de l'insécurité chez ceux qui, craignant de ne jamais être valorisés par autrui, prennent les devants et cherchent sans cesse à se mettre en valeur dans ce qu'ils font, à vanter leur produit. Ils se disent « bons en tout » et « capables de tout ». Ils deviennent les vendeurs de leur propre personne. L'orgueil, la suffisance, la vantardise constante, ne sont souvent que le subtil déguisement de l'insécurité, surtout chez des individus qui ont des moyens extérieurs (scolarisation, diplômes, titres, argent, rôle social et professions valorisés) de recourir à tel déguisement. D'autres, au contraire, qui auront trouvé peu de moyens de compenser et de masquer leur insécurité, la subiront, ostensiblement, et finiront par s'affirmer dans la négation de leurs possibilités. Des propos types illustrent ces simplifications de personnalités diminuées, lorsqu'ils sont constants, répétitifs : « Je ne peux pas... Demandez cela à d'autres... Je ne peux pas. Je me connais. »

La confiance en soi est évidemment l'attitude la plus génératrice de sécurité. Pour en mesurer la portée, chacun peut se demander s'il est en mesure d'attendre de lui-même ce qu'il attend d'autrui, lorsqu'il a confiance en quelqu'un. Ce quelqu'un, c'est généralement une personne qu'il connaît ou qui lui inspire confiance pour certaines raisons ou intuitions ; c'est quelqu'un qu'il respecte, à qui il peut confier des choses importantes de sa vie, de qui il attend la disponibilité, sur qui il peut s'appuyer, se reposer presque. Est-on capable de la même sûreté avec soi-même ? Avec chacun des membres de sa famille ?

La connaissance de soi est un complément indispensable de la confiance en soi, pour constituer cette compétence de soi comme personne, que j'ai proposée comme l'une des façons de se représenter globalement la sécurité. Plus on se connaît soi-même, plus on est en mesure d'avoir une confiance éclairée en soi. Or, autant la famille doit favoriser la confiance en soi, par divers moyens dont la valorisation de chacun de ses membres, autant elle doit permettre la connaissance de soi. Les moyens sont multiples, comme nous le verrons dans les chapitres qui suivent. Ils tiennent à la sensibilité d'une famille à assurer les apprentissages fondamentaux qui sont ceux de l'enfant, de l'adolescent, du métier de parents, de la vie de couple. Ils tiennent à la capacité de la famille à se communiquer ces apprentissages et à partager le vécu de chacun. C'est la qualité affective, cognitive, spirituelle, du dialogue familial qui est en cause alors. Comment vit-on ses démarches de croissance personnelle, ses tensions, ses échecs, ses luttes, ses méfiances, ses emballements, ses craintes, ses phobies, ses préférences dans tous les secteurs de son développement personnel ? *Peut-on vraiment se vider le cœur chaque fois qu'on en sent le besoin et dire à ses parents, à ses frères, à ses sœurs, à son conjoint, ce qu'on a envie de leur dire, pour les écouter à leur tour ensuite ?*

Si chaque adulte pouvait seulement situer l'histoire de ses apprentissages fondamentaux (marche, langage, propreté, tolérance à la frustration, partage avec les frères et sœurs, expression des sentiments, socialisation, développement intellectuel, prise de possession de son corps, sexualité, etc.), il aurait déjà à sa disposition un instrument majeur de connaissance et d'adaptation. Ainsi un jour, j'ai constaté qu'une sorte de « journal de bord », tenu par une femme dont le mari était la plupart du temps absent de la maison pour de longues périodes, permettait d'éclairer tout le cheminement de la famille et de chacun de ses membres. On pouvait se rendre compte comment les enfants avaient réagi à telle situation particulière, de l'influence que cela avait pu avoir sur leurs apprentissages, du type de relation que la mère avait développé avec eux, bref d'une foule de renseignements majeurs qui, bien qu'exprimés seulement par la mère, devenaient extrêmement précieux. Car, de tous les facteurs pouvant expliquer l'insécurité ou la sécurité, les difficultés et les réussites dans les apprentissages sont parmi les plus importants.

Que de drames familiaux, de difficultés et d'échecs personnels laissant des traces pour la vie, que de violences pourraient être évitées, si l'apprentissage de la condition humaine que représente la relation frères et sœurs, par exemple, était fait de façon plus lucide et plus critique. Ils sont innombrables les cas d'insécurité, de repliement sur soi, de jalousie, de méfiance, de domination, qui sont le prolongement d'une relation négative avec un frère ou une sœur, avec des frères ou des sœurs. Autant que la relation parents-enfants, la relation entre enfants structure la personnalité et la modèle de telle sorte que « l'autre », « les autres », seront vus au départ à travers le modèle de la relation initiale vécue entre enfants. Cela est d'autant plus marqué que des conflits non résolus empêchent de prendre ses distances intérieurement avec les membres de sa famille, pour pouvoir accueillir les autres comme des êtres humains distincts et vivre avec eux des contacts neufs, sans voir à travers eux le frère qui a réussi et qu'il faut vaincre, ou la sœur à dominer.

Est-ce que finalement la qualité du métier de parents, de l'expérience d'une vie de couple, de la relation entre enfants, ne tient pas dans une large mesure à cette capacité, qui peut être développée par chaque membre de la famille, de prendre en charge « lucidement » et de façon « critique » sa croissance personnelle et de la partager avec celle des autres ?

— « Prendre sa place au soleil » ou l'affirmation de soi

Les composantes suivantes sont à maints égards le résultat des premières. Elles caractérisent surtout la sécurité « agissante », tandis que les premières sont davantage nécessaires à sa formation.

Le défi type de l'insécurité est précisément « le passage à l'acte », car c'est l'acte qui engage vraiment le moi. Le passage à l'acte implique bien sûr une « prise de décision ». Il peut être fort instructif sur soi-même de voir dans quelle mesure, et selon les circonstances, le fait d'avoir à prendre une décision nous inquiète, nous insécurise, nous traumatise. Lorsque l'insécurité évolue vers des stades chroniques, elle s'accompagne de tensions, de peurs, de phobies, d'angoisse. Il n'est pas rare même que l'échéance d'une prise de décision entraîne des formes de paralysie et de dérangement de l'organisme, qui ne font alors qu'exprimer physiquement la paralysie et le dérangement psychique : douleurs dans le dos, à la colonne vertébrale fréquemment,

spasmes, tremblements, besoin d'uriner à répétition, diar-
rhées, migraines, changement du cycle menstruel et d'autres
encore[1]. Nombre d'enfants, et autant d'adultes, présentent
ces symptômes lorsque leur organisme enregistre leur insécurité et organise « la résistance » à une décision éventuelle
qui risque de les affecter, à un contact, à une sortie qu'ils
ne veulent pas faire. Que d'enfants qui veulent garder leurs
parents auprès d'eux développent subitement ces symptômes ! La peur du voyage se traduit par cette forme de
résistance ; ce n'est pas l'automobile ou l'autobus qui fait
vomir, c'est l'insécurité que représente le fait de voyager,
de quitter son « nid », de se trouver en milieu inconnu, de
ne pas vouloir partir pour telles et telles raisons, dont celle
d'avoir à quitter des amis pour aller avec ses parents.

La simple organisation de sa vie, le fait d'avoir à planifier
des choses, à prévoir, peuvent aussi devenir des choses
traumatisantes pour celui qui manque de sécurité. L'insécurité aime mieux « guérir » que « prévenir » ; guérir est dans
la ligne du pouvoir de résistance de l'organisme, prévenir
est dans la ligne du pouvoir de créer. Quand un individu,
un groupe, un milieu, se trouve dans l'insécurité, à l'occasion d'un conflit, ou d'une crise, c'est classique, il va généralement le laisser pourrir pour s'affirmer, d'une façon un
peu maladive, dans la résistance. Chez des couples en difficulté, il est d'usage courant que les individus les plus
insécurisés entretiennent le conflit et cherchent à le pousser
à la limite de l'autodestruction.

Dans la ligne de la sécurité, il est aussi de notoriété
publique et du sens commun qu'une caractéristique indispensable des vrais leaders, ceux à qui on reconnaît de façon
manifeste une force intérieure, une sûreté vis-à-vis d'eux-
mêmes, c'est la capacité de prendre des décisions et de les
prendre rapidement au besoin.

Le vrai problème que nous posons dans le cadre de ce
défi que représentent l'acte, la prise de décision, l'implication
de sa personne dans un milieu donné, et jusqu'à l'adaptation
aux changements, à l'inconnu, c'est le défi de l'affirmation
de soi. Il est exprimé par l'expression populaire « prendre
sa place au soleil ». Voilà bien l'enjeu concret, en même
temps que global, qui met notre sécurité ou notre insécurité
au défi.

---

1. L'asthme, qui est fort répandu, est souvent chez les enfants une
maladie type de l'insécurité, engendrée par les comportements d'insécurité des parents.

Cela entraîne pour les parents et pour tous les membres de la famille une responsabilité majeure dans l'apprentissage de la socialisation. Un des moments clés de cet apprentissage est l'entrée à l'école ; la place physique que l'enfant y prend, tout comme son bien-aise psychique, son ouverture aux autres, ses attitudes dégagées, sont extrêmement significatives et révélatrices de sa force et de sa détermination à se faire une place ou non dans la société. La vigilance et la délicatesse de la famille dans ce moment sont déterminantes.

C'est un moment qui se situe comme tant d'autres dans la chaîne des apprentissages fondamentaux. Quitter les genoux et les bras de ses parents pour se tenir soi-même assis, pour marcher, conquérir l'expression de soi par le langage, pouvoir dire des « non » de santé à son milieu qui signifient qu'on se dit oui à soi-même au moment de ce qu'on appelle l'âge du non et qui est en fait une grande période d'affirmation de soi[1], pouvoir s'identifier positivement à ses parents comme aux premiers symboles de « l'autre », pouvoir assumer la venue d'un frère ou d'une sœur, sont autant de moments à vivre positivement et de façon dynamique dans la petite enfance. L'entrée à l'école en sera d'autant facilitée ou rendue difficile. Que l'un ou l'autre de ces moments, de ces apprentissages, soit mal vécu, et c'est un maillon de la chaîne des temps de socialisation qui se rompt. Or, ces ruptures, la personne les enregistre, l'organisme les conserve. Notre personnalité se trouve structurée à même ces moments de rupture qui sont les fragments du temps que nous assimilons et qui façonnent notre devenir réel. On pourrait reprendre ici l'image de « l'ossature », dont nous avons parlé précédemment, pour situer l'insécurité comme pouvoir de structuration de la personnalité. Plus il intervient de ruptures dans le processus continu de formation de la personne, plus il y a risque que l'ossature soit faible et qu'il y ait « dépôt », « structuration » de l'insécurité. Nous sommes ainsi confrontés à ces phénomènes extraordinaires résultant de la rencontre qui s'opère dans la personne entre le physique et le psychique, entre le moi et le milieu, entre l'être et le temps même.

N'est-ce pas là des phénomènes assez vitaux, assez beaux, pour qu'on y sensibilise les familles et les personnes et

1. Il ne faut pas oublier qu'il y a également deux autres périodes sensibles qui s'apparentent à l'âge du non (situé vers la troisième année) : la puberté et la fin de l'adolescence.

qu'elles y déchiffrent progressivement l'image de la « famille humaine » ?

Il est clair que des phénomènes semblables s'opèrent dans le devenir du couple. Nous allons les observer en conséquence plus loin dans ce livre.

Pour terminer sur ce point, évoquons un dernier exemple qui touche la façon dont on peut se situer dans un groupe, à l'école, au travail, dans une assemblée publique. La place que nous y prenons, notre degré d'implication aussi bien pour participer à la vie du groupe que pour nous exprimer, peuvent être révélateurs de notre sûreté intérieure, de notre détermination à prendre notre place au soleil. C'est un fait notoire que seule une minorité de personnes s'expriment, s'impliquent, s'engagent, dans toutes sortes de groupes et de collectivités. De très nombreux facteurs peuvent expliquer ce phénomène parmi lesquels, par exemple : la dépendance des groupes à l'égard de leurs leaders, une sorte d'environnement collectif qui prédispose à la passivité et à la dépendance, l'habitude culturelle qui fait que l'on s'exprime davantage pour critiquer négativement, dénoncer, exploiter les scandales, que pour aider à construire des choses, et jusqu'à cette réalité complexe, mais fort significative pour notre propos, des majorités silencieuses.

Il entre certes dans la vie des majorités silencieuses une grande part d'insécurité collective et de dépendance, que nombre de nos systèmes sociaux entretiennent, à partir de la formation acquise à l'école et dans les familles. Si le milieu familial et le milieu scolaire étaient des milieux où les individus étaient vraiment formés à l'affirmation de soi, à l'expression de soi, à l'autonomie, nous développerions certainement d'autres types de personnes et de sociétés.

Quand on interroge des groupes de jeunes et d'adultes sur le fait que la majorité d'entre eux ne s'expriment pas ou peu, on obtient ce genre de réponses, qui mettent en cause un environnement collectif prédisposant à la passivité et à la dépendance. « Je n'ai pas l'habitude », répond-on, « d'autres ont dit ce que je pense mieux que je n'aurais pu le dire moi-même », « ce n'est pas important que les autres sachent ce que je pense », « je ne veux pas me prendre pour un autre ».

Que de fois, de la part d'individus que l'on sait pleins de capacités à peine utilisées et jamais exprimées, on voudrait plutôt entendre : « Je me prends pour moi ! » Entre l'une et l'autre formule, il y a une différence semblable à celle qui sépare « le bien, qui est l'absence du mal » et « le bien, qui est la production du bien »...

L'exploration de la qualité de la vie humaine et des ressources de la personne nous confronte fréquemment à des paradoxes qui en expriment le merveilleux. Ainsi, paradoxalement, *une des composantes types de la sécurité est la capacité d'être inquiet.* Ceci rejoint une vérité première dans l'expérience de la connaissance : plus on a de connaissances, plus on éprouve les limites de la connaissance à l'égard de tout ce qui est à connaître, et plus on développe le sens de l'inquiétude intellectuelle. C'est aussi une affaire d'authenticité dans le sens où, plus on en sait, plus on apprend à ne pas « se prendre pour un autre » et à ressentir le besoin du partage et de l'échange.

En revanche, l'état d'insécurité entraîne maintes fois une attitude d'autoprotection qui prend diverses formes, dont : le refus de remettre des choses en question, la crainte du changement, l'assurance d'un minimum de croyances qui devient l'équivalent d'une possession tranquille de la vérité. Beaucoup de jeunes vivent en état de rupture avec leurs parents, avec des enseignants, avec les adultes en général, parce qu'ils les sentent trop protectionnistes à l'égard des fragiles acquis qui forment leur expérience et pas suffisamment ouverts à des remises en question, à des cheminements culturels. Moins on en sait, plus on s'acharne à le défendre. La sécurité n'est pas un refuge, mais il peut être tentant d'en faire un refuge pour se protéger contre tout ce qui est susceptible d'amener des remises en question, des changements, une évolution nécessaire tout au long de sa croissance.

Enfin, dans la même optique, on constatera que l'insécurité peut entraîner une étroitesse dans la manière de se situer dans la réalité et de la comprendre, par exemple, sur les plans affectif et intellectuel. Que de professionnels et d'administrateurs peu sûrs d'eux-mêmes en tant que personnes, et souvent sous-développés en matière de relations humaines et d'attention délicate aux besoins des personnes, se réfugient dans le légalisme. Le légalisme est une arme type de l'insécure, parce que les limites de la lettre le sécurisent tandis que le champ de l'esprit le perd. De la même façon, nombre d'éducateurs et de parents, peu sûrs de leur personne et de leurs moyens d'éducateurs, se réfugient derrière une série de principes et de recettes toutes faites. Chacun sait par ailleurs, au fond de lui-même, et d'expérience, que la ressource la plus utile et la plus efficace en éducation est la capacité d'adaptation à une foule de situations des plus diversifiées. Or c'est la largeur d'esprit et la sécurité personnelle de l'éducateur qui lui permettront surtout de répondre à cette diversité et de ne pas prendre peur.

Que de fois la volonté de réussir à tout prix l'éducation de ses enfants, au mépris de leur personnalité propre et de leur liberté, est l'expression sournoise de la tentation, de la part de parents insatisfaits de leur propre vie, de racheter cette vie, de la venger, par celle de leurs enfants. Mais à quel prix de conflits, de déchirements quotidiens, de crises de croissance non avouées !

Que de conflits de valeurs étouffent les personnes dans les familles, parce que trop souvent les valeurs comme les rôles, les fonctions, les titres, les pouvoirs officiels, deviennent, avec les conflits qui éclatent à leur sujet, des occasions de s'affirmer soi-même. Comme le faisait remarquer un père de famille un jour, dans une discussion publique : « N'est-ce pas aussi misérable qu'insensé, quand on y pense, d'empoisonner des rapports humains aussi essentiels que ceux qui pourraient être vécus dans une famille, pour des questions de cheveux longs, de vêtements, d'horaires familiaux rigides, de sorties à faire ou à ne pas faire, de choix d'amis, à propos desquels nombre de parents bafouent hélas systématiquement l'autonomie de leurs enfants ? »

On aura observé le même phénomène dans des conflits de couples. Chez combien de couples le manque de sécurité et d'autonomie personnelle de l'un des deux le change en possesseur, en propriétaire de l'autre, quand ce ne sont pas les deux qui se détruisent réciproquement par manque de confiance et d'ouverture. Et l'insécurité entraînée par les conflits, par une crise, amène nombre de conjoints à s'enfermer dans une étroitesse de vue qui les fait s'accrocher à des détails, revenir constamment sur le même reproche à l'autre, par exemple. S'il y a une tierce personne dans le portrait, elle deviendra l'exutoire de tous les maux du couple. C'est la technique bien connue du bouc émissaire à laquelle recourent aussi des groupes et des collectivités tout entières, pour se détourner de l'analyse d'une situation complexe et difficile, au profit d'une simplification concentrée sur le bouc émissaire. Pourtant, bien des couples passeraient à travers des crises sans éclater, s'ils pouvaient précisément dépasser les détails avec lesquels ils s'empoisonnent, et se situer dans la confrontation de leurs itinéraires personnels ou évaluer comment telles carences en chacun des deux étouffent leur relation.

A la limite, l'étroitesse mentale et affective, la rigidité, sont dans la ligne des états chroniques, puisqu'elles sont la caractéristique majeure des névroses et des psychoses. On sait que chez le névrosé et le psychotique, la capacité de saisir et de percevoir la réalité pour s'y adapter cède le pas à un rétrécissement extrême de la personnalité.

D'ailleurs, dans cette même ligne, il se trouve que nombre de personnes en état d'insécurité chronique, sans être sous traitement dans des institutions, exercent des responsabilités importantes dans toutes sortes de secteurs, ont souvent le pouvoir entre leurs mains et commettent, sans que personne ne puisse protester, des ravages sur les personnes. («Ces malades qui nous gouvernent»! dit un bestseller récent.) C'est pourquoi la prévention et la connaissance en matière de développement de la personne sont si vitales et devraient être mises à la portée de chacun. Il suffit d'observer les différents milieux où se passe notre vie pour le mesurer...

Un état global de la personne

C'est finalement de l'«état de sécurité» chez un individu qu'il faut parler. Une définition de cet état ne peut que s'inscrire dans le phénomène de la croissance. La sécurité est un besoin si important, et sa satisfaction touche tellement l'ensemble de la personne, *qu'elle devient*, dans la croissance de chaque individu et à travers sa relation aux milieux et aux autres individus, *une disposition, une manière d'être, qui modèle notre développement, structure notre personnalité, détermine l'image (ou l'idée) que nous nous faisons de nous-même, oriente nos relations avec autrui et notre façon de nous situer dans la société.*

J'ai déjà qualifié cet état global, en insistant sur la notion de «compétence de soi-même» en tant que personne et en identifiant les principales composantes de cette compétence. L'expression «être bien dans sa peau» n'est pas moins révélatrice de l'expérience de la sécurité. C'est seulement par une prise de conscience de l'ensemble de son fonctionnement comme personne, que l'on peut identifier ses zones de sécurité et d'insécurité, et introduire dans sa vie plus de force et plus d'harmonie à la fois. C'est peut-être l'œuvre de civilisation par excellence. On peut y voir, sur ce plan individuel, le même type d'effort que font, sur le plan collectif, les sociétés pour « ordonner » au mieux la diversité de leurs ressources. Car, en définitive, quelle est la tâche première d'une société si ce n'est sa lutte pour gagner de plus en plus de sécurité, pour elle-même et pour la qualité de ses relations avec les autres sociétés ? Dans ce contexte, tous les modèles que les sociétés recherchent pour croître et se développer, deviennent extrêmement utiles pour éclairer le développement de la personne, en particulier sous l'angle de la recherche de cohérence, d'ordre et d'harmonie. Psychologues et sociologues, pour ne renvoyer qu'à ces deux disciplines, auraient beaucoup plus encore à partager qu'ils ne le font déjà, pour confronter des problématiques de développement des sociétés et de la personne.

L'image de l'arrimage entre soi et le monde

Complétons par une image notre perception de la sécurité. C'est une image qui exprime un phénomène extraordinaire dans l'ordre de la science et de la technologie et qui convient d'autant mieux pour faire voir la relation entre la personne et son milieu.

Cette image, c'est celle de l'arrimage entre un vaisseau spatial et un module lunaire. Qui n'a vu à la télévision ces moments fantastiques où le module lunaire, revenant de la Lune, arrime le vaisseau spatial, pour rentrer vers la Terre.

Eh bien, ce phénomène de l'arrimage exprime quasi parfaitement ce qui peut se passer quand un individu, par son état de sécurité, se trouve bien relié au monde, à la société, à la vie. *La sécurité est tout ce qui fait qu'il y a un bon arrimage entre soi et le monde, entre soi et la société, entre soi et la vie.*

On peut reprendre l'image « être bien dans sa peau » et l'ajouter à celle de l'arrimage, pour conjuguer le fait d'être bien dans sa peau et de pouvoir s'ajuster (arrimer) à celle des autres, à la « peau du monde ».

Une autre image, souvent utilisée en psychologie de l'enfant, rejoint celle de l'arrimage. C'est celle de « la mise au monde » ou de « l'être au monde ». On dira, par exemple, de l'enfant qui a eu une bonne ration de sécurité à l'âge du nourrisson et qui grandit bien, « qu'il est au monde », qu'il est bien inscrit dans le réel. On dirait, par opposition, du schizophrène, « qu'il n'est pas au monde », parce que n'étant pas dans une sécurité suffisante pour s'adapter à la réalité, le schizophrène s'invente un monde à lui (monde dit « autistique »).

Mais j'aime particulièrement la représentation de la sécurité à travers l'arrimage, car elle illustre surtout la dimension « relationnelle » de la sécurité. *C'est dans les relations inter-personnelles et sur le plan de la vie affective qu'on met le plus à l'épreuve notre potentiel de sécurité.* En définitive, la sécurité est ce qui nous procure davantage *la capacité de composer avec autrui, d'être relié à autrui, jusqu'à la solidarité, jusqu'à l'amour.*

Or, pour comprendre l'essentiel de ce que la sécurité signifie comme bien pour soi-même, il faut en quelque sorte raffiner cette dimension relationnelle et, l'appliquant à soi-même, se représenter la sécurité tout simplement comme *la capacité de prendre soin de soi-même et de sa vie avec les autres.*

Prendre soin de son corps, de ses sentiments, de ses émotions, de son esprit, de ses relations avec les autres, de son appartenance sociale. Autant de « sécurités » à façonner pour arriver progressivement à se sentir globalement dans un état de sécurité.

C'est un autre programme qui me paraît assez enthousiasmant pour croire que la famille peut vraiment être un milieu où l'on apprend à prendre soin de soi et des autres.

De la sécurité au vouloir-vivre

En passant maintenant à l'exploration du vouloir-vivre, nous entrerons dans l'interaction des besoins fondamentaux de la personne et dans leur développement d'ensemble. C'est un phénomène merveilleux qu'il faut voir à travers la succession des âges de la vie et surtout des multiples périodes de croissance que nous traversons, en particulier dans l'enfance et l'adolescence [1]. Il faut le voir dans la souplesse

---

1. Dans un diagramme qu'Erik Erikson a construit pour illustrer le cycle de la vie tel qu'il le voit, ce psychologue émérite qui a particulièrement scruté le domaine des besoins fondamentaux de la personne, distingue huit besoins dans la succession suivante : 1) la confiance (petite enfance) ; 2) l'autonomie (première enfance) ; 3) l'initiative (seconde enfance) ; 4) l'ingéniosité et la compétence (âge scolaire) ; 5) l'identité personnelle (l'adolescence) ; 6) la capacité

autant que dans la rigueur, en se gardant de tout esprit de système. Il s'agit avant tout d'observer des rapports de croissance et un certain ordre dans la manière dont nos besoins sont liés les uns aux autres. Ainsi, l'ordre selon lequel nous abordons les cinq besoins fondamentaux dans les cinq chapitres de la première partie de ce livre correspond à ce qui se passe dans la vie, que nous en soyons conscients ou non. Mais ce n'est pas un ordre figé ni irréversible et, par exemple, de nombreux apprentissages d'autonomie se font en même temps que les apprentissages de sécurité dans la première année de notre vie, tandis que d'autres se feront à des phases ultérieures de croissance et exigeront un bon fond de sécurité pour être acquis. Il y a en effet beaucoup de comportements d'autonomie que des adultes sont incapables d'acquérir parce qu'ils n'ont pas reçu dans leur enfance le bagage de sécurité dont ils avaient besoin.

Examiner ce qu'est le vouloir-vivre après la sécurité, c'est comme passer de la santé à l'énergie, du minimum vital au plus. Un plus qui est à la source de l'énergie de l'enfant et que l'on pourrait aussi décrire comme l'enthousiasme, la passion d'ÊTRE, la créativité, la spontanéité, l'initiative, l'ingéniosité. Avec le vouloir-vivre, le moi s'abandonne à la vie, il prend la vie et se laisse prendre par elle. Démarche qui est le propre de l'enfance, mais qui dépend constamment de l'acquisition de la sécurité et en particulier dans les premiers apprentissages de la période orale, de la marche, de la propreté et du langage. L'enfant a tout le temps besoin de sécurité pour réussir ses apprentissages et, progressivement, affirmer son vouloir-vivre. En accompagnant l'enfant dans cette démarche, les adultes peuvent être des stimuli ou des obstacles à la vie. Dans bien des cas les parents seront l'un ou l'autre selon qu'ils auront accepté ou non de réapprendre la vie en réapprenant l'enfance au contact de leurs enfants.

L'enfance n'est pas seulement un âge de la vie, avec lequel on croit pouvoir rompre devenu adolescent ou adulte. C'est aussi une façon de vivre la vie. *C'est une réserve de valeurs dont on a besoin pour toute la vie.* Si le monde adulte partageait viscéralement cette conviction, je crois

---

d'intimité (jeune adulte) ; 7) la générativité (adulte) ; 8) l'intégrité et l'acceptation de soi (maturité adulte et sociale).
    Cf. Erikson, *Enfance et Société* (Paris, Delachaux et Niestlé, 1959) et *Adolescence et Crise* (Paris, Flammarion, 1972).

que les relations parents-enfants, adultes-jeunes, seraient plus faciles à vivre, plus saines et moins empoisonnées par des conflits de pouvoir où le manque de raisonnabilité ne vient pas le plus souvent des enfants...

2.

Le vouloir-vivre et l'enfance à réapprendre

A l'occasion d'une recherche avec un groupe d'étudiants munis du baccalauréat et d'autres du même âge qui avaient abandonné leurs études, ces jeunes avaient manifesté le désir d'approfondir l'idée qu'ils se faisaient du vouloir-vivre, en limitant leurs observations au vécu familial.

La question principale qui était posée à une centaine de jeunes issus de familles fort diversifiées, sur le plan socio-économique notamment, était la suivante : « Qu'est-ce qui, dans votre milieu familial, vous semble le plus stimulant, ou le plus frustrant, quand vous voulez vivre en vous affirmant vous-même et en ayant une certaine prise sur la vie ? »

Chose assez significative, la grande majorité des réponses et des commentaires obtenus portaient sur l'attitude des parents devant la vie et sur l'influence que cette attitude avait dans leur évolution personnelle. Voici quelques réponses types exprimant cette opinion majoritaire et les attentes de ces jeunes quant à la satisfaction de ce besoin.

« Moi j'ai des parents éteignoirs. Ils vivent en passant leur temps à éteindre. Pour eux, il n'y a rien de bon dans la société, ils se méfient de tout le monde. Chose curieuse, on dirait qu'ils s'accrochent à la famille comme si la famille ne faisait pas partie de la société. Ils veulent nous faire croire à un paquet de valeurs et nous les imposer d'autorité. Ça doit être pour ça que chez les enfants, on se sent tiraillés, tendus, agressifs ; puis on a toujours envie de sortir de la maison. Finalement tout le monde s'engueule tout le temps. Et bravo pour le vouloir-vivre ! »

« Moi, mes parents sont des gens simples qui ont toujours vécu d'un petit commerce. On a grandi autant avec les gens qui viennent au magasin qu'avec nos parents. Mais ce sont nos parents qui font l'atmosphère du magasin. Un jour, on leur a demandé d'ailleurs ce qu'ils aimaient le plus dans la vie et ils nous ont répondu sans chercher une seconde : " la vie ". On dit ça pour les besoins de l'enquête, mais de fait on n'a pas besoin de le dire, ça se sent qu'ils aiment la vie. On a l'impression qu'ils seraient n'importe où, qu'ils feraient n'importe quoi, et qu'ils seraient les mêmes. Ils sont vivants et nous, ça nous pousse à faire plein de choses. »

« Moi, si seulement mes parents me demandaient quelquefois ce qui me rend bien, ce qui fait que j'ai envie de faire des choses, de m'exprimer, j'aurais peut-être envie de vivre avec eux... On dirait que pour eux tout est arrangé d'avance chaque jour et que tout recommence tout le temps de la même façon. Ça m'écrase. »

« Moi, je me sens vivant quand je peux affronter la vie par moi-même, quand je peux décider des choses, quand je ne me laisse pas avoir par tout ce qui est autour de moi. »

« Mon père, lui, quand il rentre à la maison, il ne veut entendre parler de rien, il veut avoir " la paix ", comme il dit. La paix, c'est la télévision ! »

« Nous, c'est quand on retrouve maman le soir dans notre chambre ou dans la sienne et qu'on a des grandes conversations sur tout et n'importe quoi, qu'on se sent bien et qu'on a envie de faire plein de choses. »

« En discutant de la chose avec mes parents, j'ai compris que ce que mon père disait nous influençait tous beaucoup. Ça se résume à ceci : " La vie, mon vieux, tu ne fais pas ce que tu veux avec mais ce que tu peux ! Les hommes proposent et Dieu dispose, dit-on, et Dieu c'est le gouvernement, les multinationales, les riches, les forts en gueule, tous ceux qui ont le pouvoir d'une façon ou d'une autre. " Je ne suis pas loin de penser que mon père a raison. »

« Nous, on dit que c'est une question de liberté et de combat. Il y a des individus qui arrivent à percer dans n'importe quel milieu, il y en a d'autres qui sont très influençables. Il y a des sociétés qui font plus de place à l'initiative individuelle, d'autres qui encadrent, qui programment. C'est comme les parents ; il y en a qui te laissent exprimer ce que tu as en toi, d'autres veulent juste te mouler sur ce qu'ils sont, eux. Faut-il changer la société ou les individus ? Nous, on dit : les deux. En tout cas, il faut vouloir faire quelque chose, parce que, si tu ne le fais pas, toi, d'autres vont le faire à ta place. »

La loi du vouloir-vivre et du pouvoir énergétique

Ce compte rendu n'apporte sans doute rien de révolutionnaire, mais je le trouve typique. On pourrait l'analyser dans le détail pour voir tout ce qu'il met en évidence, mais retenons seulement le point majeur sur lequel les jeunes et moi nous étions d'ailleurs facilement rejoints. Ce point se retrouve dans l'ensemble du compte rendu et la dernière phrase citée le résume parfaitement : « *En tout cas, il faut vouloir faire quelque chose, parce que, si tu ne le fais pas, toi, d'autres vont le faire à ta place.* » En d'autres termes, cette phrase met en relief le « vouloir » autant que le vivre et illustre le rôle clé joué par les « attitudes » que l'on adopte devant la vie pour prendre charge de sa vie de telle ou telle manière[1]. Nos attitudes devant la vie sont aussi importantes sinon plus que ce que la vie, à travers les circonstances, le milieu, autrui, nous présente et nous impose. Qui ne s'est pas rendu compte que, placées devant le même événement, le même paysage, quatre personnes le décriront de façon tout à fait différente, c'est-à-dire à partir de ce qu'elles sont chacune, autant sinon davantage qu'à partir de l'événement ou du paysage à décrire. Or, quand il s'agit de considérer le vouloir-vivre, ou la sécurité, et qu'on le fait en plus à travers l'éducation que transmettent les parents, on comprend jusqu'à quel point les attitudes des parents devant la vie peuvent être déterminantes, pour stimuler ou freiner le vouloir-vivre des jeunes. Elles sont effectivement un stimulus ou un frein, selon que les parents se montrent eux-mêmes dociles et perméables à l'influence que peut avoir

---

1. On sait l'importance que prend en psychologie le domaine des attitudes, que l'on assimilera aussi à l'occasion aux « traits », aux « dispositions personnelles », aux « types de caractères ». G.-W. Allport définit les attitudes comme « la clef de l'édifice de la personnalité » (chapitres XI, XIV et XV en particulier dans *Structure et développement de la personnalité*).

sur eux l'expression du vouloir-vivre de leurs enfants. Ce qui frappe le plus dans le compte rendu qui précède, c'est précisément la référence unilatérale à l'influence des parents sur les enfants. Il est tout à fait révélateur qu'aucun des cent jeunes qui ont pris part à l'enquête, n'ait dit quoi que ce soit de l'influence que les jeunes auraient pu avoir sur les comportements de leurs parents.

Malheureusement, il n'y a pas là un fait exceptionnel mais général. Et c'est en regard de ce fait qu'il faut insister sur l'orientation bilatérale de l'éducation au « oui à la vie » dans la famille, les parents et les enfants pouvant vraiment *s'éduquer réciproquement* au vouloir-vivre.

De tous les besoins fondamentaux, c'est sans contredit le vouloir-vivre qui, avec la sécurité, se trouve le plus exprimé par la jeunesse et surtout par l'enfance. *L'enfance est vouloir-vivre. L'enfance est énergie et croissance de façon maximale. C'est d'ailleurs le premier facteur qui explique l'extrême importance de cette période dans notre vie d'être humain.*

L'intensité énergétique de l'organisme humain dans l'enfance nous rend hypersensible, à la fois comme « émetteur » de vie et comme « récepteur ». Mais les enfants ont beau être des émetteurs extraordinaires de vie, la majorité des adultes sans nul doute les voient surtout comme des récepteurs, pour leur communiquer les messages adultes, pour les modeler à leur image (inconsciemment au moins), pour les graver comme on grave un disque. Car telle est l'influence parentale : elle grave les enfants ! Et à l'enfant émetteur de vie nous offrons bien souvent résistances et blocages. Tels sont, par exemple : le sentiment de supériorité adulte, l'autoritarisme (à ne pas confondre avec l'autorité), le rationalisme antiémotionnel, la rigidité, la passivité devant la routine, l'usure (par opposition à ce qu'on entend généralement par vieillissement), les tensions qui bloquent les élans de vie, une éducation moralisatrice manichéenne qui structure tout à partir du bien et du mal et qui ainsi sectionne, petit à petit, l'élan d'ÊTRE qui est propre à l'enfance. Ces résistances et ces blocages adultes jouent un rôle énorme, parce qu'ils peuvent précisément avoir raison du vouloir-vivre de l'enfant. Ils peuvent surtout l'orienter de telle sorte que les jeunes en arrivent à répéter de génération en génération les mêmes comportements, reçus des adultes. Et il faut voir ici comment peut s'exercer un véritable pouvoir de domination adulte sur l'enfant.

L'adulte tire ce pouvoir sur l'enfant du fait qu'il est culturellement, socialement et physiquement le plus fort, mais également du fait qu'il peut *profiter de la puissance énergétique exceptionnelle de l'enfant à assimiler les modèles de comportement et les contenus culturels à partir desquels on peut l'influencer.*

Au fond, même ce qui fait la grande force de l'enfant, soit l'affirmation de son vouloir-vivre, demeure soumis à la personnalité des adultes qui l'entourent et l'éduquent.

N'est-ce pas en cela que réside le plus terrible défi de l'éducation et surtout le défi d'être parents ?

Même les résistances et les blocages de l'adulte dont nous avons parlé précédemment peuvent être assimilés par le vouloir-vivre de l'enfant et l'orienter malgré lui, à rebours des forces vives de la vie, de sorte qu'il en arrive à se développer à contre-courant de son instinct fondamental de vie et de croissance. Nous rejoignons alors le phénomène observé dans la constitution de l'insécurité, lorsque les personnes en état d'insécurité orientent leur vouloir-vivre dans un pouvoir de résistance plutôt que dans une capacité d'adaptation à la vie. Ce phénomène est l'expression d'une loi fondamentale du développement de l'être humain.

L'organisme humain a besoin de vivre intensément, coûte que coûte. Si on le nourrit de résistance à la vie, de frustrations, de tensions, voire de souffrances, il fera de celles-ci les aiguillons de son vouloir-vivre. C'est ce qui explique que le masochiste en arrivera à se sentir vivre en souffrant et qu'il partagera la vie avec le sadique. Car telle est la loi du vouloir-vivre et du pouvoir énergétique que tout individu a absolument besoin d'éprouver, pour le meilleur ou pour le pire : *l'être humain vit autant à partir de ce qui peut le détruire que le construire, l'essentiel étant qu'il vive.*

Il n'est peut-être pas d'autre loi dans la nature qui mette autant à l'épreuve la responsabilité de l'être humain. Epreuve de responsabilité. Et d'amour ! Au fait, *seule une loi d'amour peut orienter le vouloir-vivre vers le meilleur de l'humain.* Et ce n'est rien de moins, ni rien d'autre, qui est attendu des familles libératrices, des parents libérateurs.

Mettre en disponibilité sa personnalité d'adulte, pour accueillir le vouloir-vivre de l'enfant et l'aider à prendre en charge sa propre personnalité, relève essentiellement de l'amour. Quels que soient nos théories et nos principes sur tel ou tel aspect de l'éducation, ce que l'environnement éducatif, parental ou scolaire peut offrir de plus substantiel aux besoins de développement d'un individu enfant, c'est un certain savoir de l'amour, que l'on apprend forcément dans la docilité aux exigences internes de la vie partagée avec autrui. LA VIE — PARTAGÉE — AVEC AUTRUI : l'apprentissage sans fin et le plus spécifiquement humain. Et l'enfant demeure l'incarnation la plus fragile d'autrui et de l'être humain.

Voyons maintenant à travers ce que j'appelle l'éducation au « oui à la vie » — réponse la plus attendue de notre organisme à son vouloir-vivre — comment les attitudes de l'adulte peuvent rejoindre et stimuler le vouloir-vivre de l'enfant.

L'éducation au oui à la vie

La liste des thèmes qui suivent n'est certes pas exhaustive. Elle indique seulement un choix de possibles pour le milieu familial, liés particulièrement au développement de l'enfant et visant à créer un climat de vie intense dans lequel chaque membre de la famille sente son vouloir-vivre stimulé.

1. L'entraînement à dire « oui », surtout à ce qui est nouveau et à ce qui change.

Il y a déjà tout un programme dans le simple fait de s'habituer à dire oui. Le oui en soi est abandon, spontanéité, risque, engagement. Quand on dit non à quelqu'un qui nous demande quelque chose de possible, on se prive souvent de vie. Avec un non, rien ne commence, ni acte ni contact. Avec un oui, tout peut commencer. Le oui peut être une porte d'entrée sur quelque chose de neuf, sur du changement. Chacun peut aisément constater, en s'observant lui-même et en observant les autres autour de lui, que les non que l'on dit, outre le fait qu'ils expriment fréquemment un refus ou une crainte de partager, sont des non au changement, au nouveau, à l'imprévu, en somme à ce qui fait que la vie se renouvelle et qu'on ne la laisse pas à la merci de la routine. Le nouveau et le changement sont particulièrement solliciteurs de oui à la vie. Pensons à cet égard à quatre agents solliciteurs de oui qui se présentent constamment dans le milieu familial : *les nouveaux aliments, les nouveaux lieux, les nouvelles personnes, les nouvelles valeurs.*

On ne se rend pas compte jusqu'à quel point on peut conditionner les enfants à dire non à la vie, au changement, au renouvellement, en les habituant à toujours manger la même chose, à presque tout vivre dans un même lieu. J'ai toujours été frappé de voir comment un très grand nombre de jeunes résistent et éprouvent même de l'insécurité à dormir ailleurs que chez leurs parents. Il faut dire qu'en cela précisément ils reproduisent les comportements de nombreux adultes qui ont à tout prix besoin de leur lit, de leur chambre, de leurs affaires, de leur environnement routinier pour se sentir bien. Il en est de même du régime alimentaire, notamment sous l'influence moderne et nord-américaine de la cuisine du tout-prêt, du « fast food », des préparations artificielles, des chaînes distributrices (dont on doit constater avec stupeur qu'elles recrutent le gros de leur clientèle dans les institutions d'enseignement !). On est littéralement en train de détruire le sens du goût chez les jeunes, en même temps qu'on les habitue à des régimes alimentaires extrêmement nocifs. Mais c'est le produit de la civilisation nouvelle qui fait que, aux Etats-Unis, par exemple, on constate que 50 % des maladies sont liées à la mauvaise alimentation. Eh bien, c'est là aussi que commence le oui à la vie, à la vie réelle et naturelle. L'entraînement des enfants à *manger des aliments variés et différents* est indispensable.

Il en va de même de l'entraînement à quitter le nid familial, d'autant plus que le fort instinct de propriété de l'enfant qui est très sain, doit néanmoins être équilibré par la fréquentation d'autres « territoires » que le sien. Pourtant, que de mères se vantent fréquemment de ne jamais laisser leurs enfants ! Il en va de même du contact avec de nouvelles personnes et de nouvelles valeurs, souvent liées aux nouvelles personnes. Plus un enfant vient en contact avec des personnes différentes, vivant selon des valeurs différentes, plus il a de chances de s'ouvrir aux autres et d'acquérir une formation au PLURALISME. L'étroitesse d'esprit et le racisme fondamental sont fréquemment le fait d'une éducation surprotégée, sursélective, et fermée sur un milieu restreint où l'on est toujours en contact avec le même genre de personnes. Il y a une foule de choses dans ce contexte qui sont du ressort de l'école, mais les parents ont un rôle prépondérant à jouer pour favoriser les contacts

de leurs enfants avec un grand nombre de camarades et
d'amis, en les accueillant chez eux et en facilitant les sorties
de leurs enfants dans les familles de leurs camarades. *Des
maisons vivantes sont des maisons en fréquents dérange-
ments.*

Nombre de parents mettent malheureusement toutes sortes de freins injustifiables aux sorties et aux contacts de
leurs enfants : horaires rigides, où l'on a prévu pour l'enfant qu'il ferait, par exemple, ses devoirs à telle heure,
alors que l'imprévu, la spontanéité de la vie l'appellerait à
partir avec des amis ; conventions de pseudo-politesse et
de pratiques du « chacun chez soi » qui font que l'on refuse
à l'enfant de rester manger ou coucher chez des amis ;
la visite d'un parent est mise en conflit avec la visite d'un
ami ou à un ami, et les parents décident pour l'enfant qu'il
sacrifiera le contact avec l'ami pour la visite du parent.
La liste serait longue si on la poursuivait, pour montrer
toutes ces situations, de détail bien souvent, mais qui, à
cause d'attitudes rigides, de manque de disponibilité à l'égard
de la vie, d'un refuge derrière des conventions et des principes théoriques, deviennent des situations d'empoisonne-
ment du quotidien. Nombre de familles, même à notre époque, vivent d'un ordre puritain refusant *un certain désordre,
qui est pourtant une loi de la vie et une raison d'être de
l'harmonie dans la nature.*

Je ne plaide pas ici pour l'éducation à tout vivre n'importe
quand, n'importe comment, sans contrôle et sans discipline.
Mais il y a un choix à faire face à des méthodes extrêmes.
Certains veulent surprotéger l'enfant, en limitant les occasions de vie et d'expériences pour réduire les risques de
non-contrôle et d'indiscipline. C'est comme s'ils disaient à
l'enfant : vis le moins possible et tu courras moins de risques de te tromper ! Il est possible au contraire de mettre
l'enfant en contact avec le plus grand nombre de stimuli
possibles (personnes, objets, milieux, valeurs), tout en développant chez lui des méthodes de contrôle, de discipline
personnelle et d'autonomie.

Les enfants gâtés ne sont pas gâtés parce qu'on les entoure trop, parce qu'on leur donne trop, mais parce qu'ils
ne sont pas entraînés au contrôle, à la responsabilité et à
la tolérance à la frustration. D'ailleurs, plus un enfant a
de chances de vivre beaucoup de choses, plus on a d'occasions de l'amener à se prendre en charge. Pour l'enfant
qui nous demande de différer telle obligation ou telle habi-

tude (devoir à faire, horaire à respecter), afin de vivre un plaisir imprévu qui se présente à lui, l'important est de l'aider à *pouvoir vivre les deux et non à sacrifier l'un au profit de l'autre.* En vivant les deux, il fera l'expérience de savoir réorganiser son temps, distribuer ses énergies, concilier plusieurs besoins. Qui n'a pas remarqué que, chez les adultes, ce sont toujours les individus les plus occupés à qui l'on peut demander le plus ? Les enfants ne sont pas différents sur ce point, ils vivent de la même énergie humaine, qui a besoin d'être employée généreusement...

2. Le oui à toutes ces formes de oui à la vie que sont l'abandon, la disponibilité, la spontanéité, la curiosité, l'exploration, l'initiative, la créativité.

Tous ces mouvements de l'être humain sont parmi les gestes et les attitudes les plus propres à la vie. Ils sont naturels à l'enfant. Même le nourrisson les connaît presque tous. Mais un grand nombre d'adultes, éduqués à refouler en eux les valeurs de spontanéité et d'emportement de l'enfance, sont devenus prisonniers de bonnes manières, de gestes de recul devant autrui, de calcul, de méfiance, de stratégies, de conventions, de modes, de styles, de masques. Il ne faut pas s'étonner alors que l'éducation devienne un véritable dressage, où l'enfant est à son tour soumis à devenir une réplique de l'adulte, plutôt que d'être entraîné à aller le plus loin possible dans ses mouvements d'enfant et d'individu unique.

C'est presque tout le développement de l'enfant qui est en cause dans ces mouvements que j'ai identifiés en sous-titre, mais une foule d'adultes répriment quotidiennement ces mouvements. Qui n'a pas vu dans des salles d'attente de médecins, par exemple, de ces tout-petits rabroués parce qu'ils portent à leur bouche leurs vêtements et tout ce qu'ils peuvent atteindre d'autre. Rien de plus normal pourtant que ces gestes d'enfant, puisqu'ils sont à la période orale et qu'ils prennent ainsi possession du monde et d'eux-mêmes par la bouche. Possession du monde par la bouche, par le regard, par le toucher qui vous saisit dans les premiers réflexes du nourrisson, qui s'empare ensuite des objets, pour toucher à tout, fouiller partout, explorer, manipuler, défaire, construire, redéfaire et reconstruire. Et ce que l'enfant fait vivre avec ses mains et ses jambes, il le fait revivre syllabe par syllabe, mot par mot, dans l'apprivoisement de lui-même et du monde par le langage. Son propre nom, quand il peut le prononcer, devient un point de référence autour duquel il s'amuse à tourner, pour bien marquer, du fond de lui-même, qu'il commence à se percevoir distinctement du milieu. Il se parle à la première, puis à la deuxième, puis à la troisième personne. Il découvre qu'il est tout et qu'il peut tout être. Et ce qu'il a fait revivre par le langage, l'enfant le fera revivre ensuite par la pensée, une pensée sans limites, où les objets deviennent des êtres, les êtres des objets, où le monde devient lui-même et où lui-même devient le monde. C'est la pensée magique, c'est l'âge magique qui occupe presque quatre années de la petite enfance, suivant immédiatement la période sensori-motrice des deux premières années.

Quel film extraordinaire que cette croissance de l'enfant ! Il est peu de choses que la vie nous donne à voir, qui soient aussi belles et aussi pleines. Mais le voyons-nous vraiment, surtout lorsque nous regardons à travers des barrières, des parcs à barreaux, des jouets qui reproduisent l'univers adulte et des H.L.M. qui ouvrent sur le vide et sur le béton ? Le plus invraisemblable est qu'en 1984, on puisse mettre des enfants au monde, dans des sociétés suréquipées technologiquement, sans avoir bénéficié, par exemple, de documents audiovisuels qui reproduisent ce film de la vie de l'enfant. L'explication la plus plausible de cette invraisemblance n'est-elle pas dans le fait que nos valeurs sont ailleurs ? A quelle sorte de vie disons-nous oui ? Quelles sont les préoccupations du pouvoir social mâle ?

3. Le oui aux enfants dans l'univers adulte et aux adultes dans l'univers des enfants.

C'est dans leur plus jeune âge que les enfants doivent être mêlés à la vie de leurs parents et, chose aussi importante pour plusieurs raisons, à la vie de leurs parents avec les amis de leurs parents. Je n'ai jamais compris, par exemple, cette habitude fort répandue qui consiste à faire manger les enfants séparément, lorsque leurs parents reçoivent des amis, ou encore à les envoyer au lit sous prétexte que les enfants doivent se coucher à « telle heure ». On peut certes vouloir se retrouver entre adultes à certains moments ; les mères en particulier, qui ont généralement à assumer les tâches ménagères et culinaires en s'occupant en même temps des enfants, peuvent vouloir se détendre, mais alors, que les pères prennent davantage leurs responsabilités et qu'on n'érige pas en règle générale ce genre d'exclusion systématique des enfants.

Le point principal que je veux faire ressortir ici est le suivant : *les enfants vont respecter l'univers adulte dans la mesure où ils vont s'y sentir intégrés.* L'exclusion dont nous venons de parler est du même type que le recours abusif aux barrières et aux parcs pour empêcher les enfants de toucher aux objets et de faire les tiroirs. Plus on leur cache les objets et plus on les empêche de les atteindre, plus ils ont le goût de s'en emparer. Cela est aussi bien connu que le phénomène des mauvais coups, que les enfants font pour attirer l'attention sur eux. On peut habituer l'enfant à prendre soin des beaux objets très, très jeune, comme on peut l'habituer à sortir sans être perturbé, à s'adapter aux divers moyens de transport (en ne prenant pas un siège d'automobile pour un cheval à ressort), à respecter le sommeil de ses parents le matin, à ne pas déranger une conversation entre ses parents, entre eux ou avec des amis. A quoi sert de coucher des enfants très tôt le soir quand on veille avec ses amis, s'ils vous rendent la monnaie le matin en faisant à leur tour leur grabuge et en vous réclamant pour la moindre chose ? Il est tout à fait normal qu'un enfant qui est allé au lit frustré de ne pas avoir pu passer de bons moments avec des gens qu'il aime, nous le fasse en quelque sorte payer en nous imposant l'univers séparé que nous aurons nous-même établi par des horaires rigides et des conventions artificielles.

Une majorité de parents se rendent esclaves de conditions qu'ils créent eux-mêmes et qu'ils imposent à leurs enfants, pour ensuite se plaindre que les enfants sont exigeants, impossibles, et je ne sais quoi encore. L'important est qu'un enfant ait sa ration de sommeil et non qu'il l'ait de telle heure du soir à telle heure du matin de façon immuable. Il dormira mieux d'ailleurs, et mangera mieux, s'il jouit d'une bonne ration sociale et affective en étant intégré positivement à la vie des adultes, ce qui suppose aussi que les amis des parents s'intéressent autant à leurs enfants qu'aux parents. Là-dessus les enfants ont un flair terrible ; ils repèrent spontanément ceux qui aiment vraiment les enfants, pour eux-mêmes, et dans ce cas, ils se mettent en disponibilité totale. Bref, les enfants retirent énormément du contact avec un grand nombre d'amis et de voisins, qui deviennent rapidement leurs amis et qui peuvent représenter dans leur vie une richesse irremplaçable du point de vue de leur perception du monde adulte et de la société. Ce peut être un monde de fêtes constamment renouvelé. La fête de la vie, où les enfants ont spontanément l'art d'être de bons convives.

La règle qui veut que les enfants respectent l'univers adulte dans la mesure où ils vont s'y sentir intégrés, a un complément qui requiert que les adultes s'intègrent également à l'univers des enfants. Dans notre culture, je devrais dire surtout que « les pères » s'intègrent à l'univers de leurs enfants. Il ne s'agit pas seulement de prendre du temps pour jouer avec ses enfants, par exemple, bien que jouer « avec » ses enfants, sans les transformer eux-mêmes en jouets que l'on prend et que l'on remet à sa place un peu à sa guise, représente déjà un apprentissage pour l'adulte. Ce que je vise ici, c'est l'esprit d'enfance de la part des adultes et qui fait qu'on peut accompagner l'enfant dans ses activités, en étant capable de se mettre à sa place, de valoriser ce que l'enfant valorise, de comprendre ce qu'il comprend. L'enfant doit pouvoir se rendre compte que son monde d'enfant est assez important pour que l'adulte éprouve lui aussi le besoin d'y vivre et d'en vivre.

Si l'on demande aux enfants de nous accompagner dans une foule de démarches et de rites adultes, n'est-il pas indispensable de pouvoir les accompagner, par exemple, dans leur période magique qui occupe quatre des années les plus importantes de leur vie quant à la formation de leur personne ? Accompagner son enfant dans la période magique, suppose qu'on soit sensible aux valeurs qui caractérisent cette période, par exemple, en allant au-delà des lectures de contes et d'histoires, pour partager ce que les enfants en ressentent, pour rendre vivant ce qui est inanimé, partager la vie d'une poupée ou d'un animal en peluche, devenir soi-même quelque chose ou quelqu'un d'autre, vivre les emportements, les peurs, les rêves d'un enfant, son besoin d'infinitude et d'absolu. *Pouvoir se mettre à la place d'un enfant est essentiel pour vivre avec les enfants,* surtout si l'on est un adulte qui a l'air d'être bien dans sa peau comme adulte. On constatera d'ailleurs que les enfants sont bien meilleurs imitateurs que nous et qu'en échange ils s'intégreront sans mal à l'univers adulte et le respecteront à leur tour, en faisant par contraste l'apprentissage du

relatif, du fait que les choses et les êtres ont des limites
mêlées à des possibilités, qu'ils se situent dans le temps et
dans l'espace. Pour l'apprentissage de l'adaptation à la vie,
rien n'est plus utile que l'échange poussé et constant de
l'univers de l'enfant et de l'adulte.

4. Le oui à la présence d'êtres vivants autres que les
humains dans la vie de l'enfant.

Il y a un moyen que je trouve fantastique pour créer un
milieu vivant à l'enfant. C'est la présence des animaux et
des plantes. Dans les villes dénaturées que notre siècle est
en voie de multiplier, je dirais même que nous avons presque l'obligation de resituer les enfants dans le règne végétal,
animal et humain. Le contact avec le règne minéral n'est
pas moins nécessaire aussi *pour que l'enfant prenne
conscience de l'écologie originelle de l'être humain.* Mais
cela est loin de justifier toutes les raisons que l'on peut
avoir d'utiliser ce moyen dans la vie des enfants. L'une
des principales raisons tient à ce que du point de vue de
l'apprentissage du contact avec autrui, les animaux en particulier peuvent devenir une sorte d'agent d'équilibre. Alors
que l'enfant peut éprouver un sentiment d'infériorité vis-
à-vis des adultes et de rivalité avec les autres enfants, ce
sont les animaux qui sont susceptibles de lui procurer la
relation la plus satisfaisante et la plus valorisante quant à
son besoin de s'affirmer. Bien sûr, il peut abuser de son
pouvoir sur l'animal, et on le voit effectivement souvent,
mais alors, l'occasion est excellente pour tous d'en prendre
conscience et de l'éveiller au soin des animaux et des plantes
et aux autres dimensions que cela peut révéler. L'enfant
apprend très vite en ce domaine et il s'occupe souvent
beaucoup mieux d'animaux, de plantes, d'insectes, que ne
le font les adultes. Il se renseigne sur leurs besoins spontanément et va au-delà de la connaissance et de la fréquentation des animaux domestiques d'usage comme les oiseaux,
les petits rongeurs, les chiens et les chats.
Le contact de l'enfant avec ces créatures et avec les plantes, devient une expérience de la vie affective, de la vie
sociale, de la responsabilité et de la discipline que requiè-
rent leurs soins. Quel champ de tendresse surtout et même
de thérapie naturelle ! Nos enfants, par exemple, ont fait
l'apprentissage du contact avec la mort en accompagnant

avec une infinie tendresse tous leurs petits animaux qui sont morts.

Mais, là encore, il faut que l'organisation sociale permette aux familles de répondre à ces besoins de la personne en prenant tous les moyens nécessaires dans les villes pour faciliter la présence des animaux et des plantes auprès des enfants. C'est un moyen d'autant plus important qu'il est accessible aux familles sur le *plan économique*.

5. Le oui à une vie sociale intense pour la famille.

Autant il est nécessaire pour la famille de disposer d'un cadre privé et intimiste, autant sa vitalité sociale et son insertion dynamique dans un milieu communautaire aux dimensions d'un quartier urbain, ou d'une unité de quartier, sont essentielles. Les relations des parents et des enfants avec leurs amis et avec des familles du voisinage constituent un support social privilégié au développement de l'enfant. Il nous faut retrouver dans des petites unités de vie communautaire, à l'intérieur des quartiers urbains, cette familiarité que l'on connaissait dans une certaine vie de village en milieu rural. On doit aller plus loin dans l'échange et le partage de ce que l'on peut vivre dans un groupe de familles, d'amis, de voisins. Les expériences de couple, l'éducation des enfants, l'éducation des parents, ça se partage. Nombre de biens matériels peuvent être partagés également : vêtements d'aînés d'une famille qui peuvent servir aux plus jeunes d'une autre famille, approvisionnement en nourriture par groupes de familles, échange de multiples objets d'usage courant (jeux, outils, etc.). N'est-il pas vain de fonder des espoirs de socialisation réelle des individus à travers des idéologies et des systèmes politiques, si l'expérience de cette socialisation ne commence pas dans l'enfance et sur le plan le plus contrôlable, celui du regroupement familial et communautaire ?

Au fond, on peut souhaiter une sorte de mariage entre la famille nucléaire et une vie communautaire organique au plan d'unités concentrées de populations, où les contacts entre individus et familles sont possibles et naturels au ras du quotidien. J'avoue nettement ma préférence pour une telle orientation plutôt que pour des communes où l'individuel et le privé disparaissent souvent au profit du

collectif et du public[1]. L'expérience des « coopératives familiales », qui marie souvent les avantages de la famille
nucléaire et ceux de la commune, est un moyen terme qu'il
faut observer de près. Evidemment, pour qu'une telle évolution soit possible, il ne faut pas seulement que la mentalité
individualiste change (mentalité qui se retrouve fréquemment au niveau du développement personnel et familial
chez des gens qui, pourtant, font profession de socialisme
au niveau de l'idéologie politique qu'ils pratiquent à distance...). Il faut des politiques sociales, par-dessus tout, un
urbanisme et un habitat qui le permettent. Il y a une écologie de l'habitation familiale sociale à mettre en œuvre
partout. Car ce n'est pas dans les H.L.M. que l'on connaît
dans le monde, ni dans les alignements de maisons unifami-
liales bien protégées de clôtures, que l'on va développer
une telle écologie. Une fois de plus, nous posons le problème
des supports collectifs aux familles. Le oui à la vie les exige :
rien de plus concret.

6. Le oui au corps et aux sens.

Vivre dans cet environnement qualitatif pourrait ne pas
produire ce que l'on peut en attendre, si l'éducation au oui
à la vie ne cherche pas à faire éclater la même richesse
et le même dynamisme, de l'intérieur des personnes, dans
la formation du moi. Et pour commencer par le commencement, dire oui à la vie, c'est dire oui au corps de l'enfant
et à la sensualité qu'il lui faut éprouver dans la relation
à son corps et à l'environnement. Entendons par sensualité
ce que cela signifie rigoureusement : le développement de
tous ses sens. Il faut dégager la sensualité de la connotation
sexualisante qu'on lui donne dans une culture de sous-
développement du corps et des sens. *L'Occident est malade
de l'insuffisance du contact avec le corps.* Malade à isoler
l'esprit de la chair, à désintégrer la sexualité de la sensualité
et d'une maîtrise d'ensemble de son corps, à rompre l'harmonie du corps avec la nature végétale et animale, à sous-
estimer l'éducation physique, à fabriquer des aliments
artificiels, à pousser les enfants à se pâmer pour des robots
plutôt qu'à s'émerveiller de leur propre corps.

1. Ceux qui, dans ce contexte, pensent à l'expérience très particulière
des kibboutz d'Israël, trouveront une matière extrêmement riche dans
le livre de Bettelheim, *Les Enfants du rêve* (Paris, Laffont, 1972).

La première éducation à donner aux enfants est le sens du contact avec leur corps. Mais comment y parvenir quand on a soi-même perdu contact avec son corps ?

L'enfant naît avec une histoire biologique, longue des neuf mois de vie fœtale et suivie immédiatement de cette phase prodigieuse des trois premières années de l'enfance, à laquelle vont succéder toutes les autres périodes de croissance de l'enfance et de l'adolescence.

Pour nous réinscrire dans la vie du corps et des sens avec nos enfants, nous pouvons avoir à notre disposition toute une gamme de moyens, d'occasions et de thèmes éducatifs à explorer dans le quotidien. En voici quelques exemples :

— Le contact physique chaud, chaleureux, enveloppant de l'enfant *à tous les âges*, de la part des parents, de la part des aînés à l'égard des plus jeunes. On ne s'embrassera et on ne se touchera jamais trop dans une famille.

— Nos réactions aux pleurs du nouveau-né et du nourrisson. Il ne s'agit pas d'empêcher absolument l'enfant de pleurer ni de le laisser pleurer jusqu'à ce qu'il s'épuise. Le juste milieu est très important ici.

— La valorisation de chaque apprentissage sensori-moteur par des références marquées à la capacité et à la puissance du corps. « Tu te tiens bien, tu marches bien, ton corps te permet d'aller partout, ton corps a besoin de repos, ton corps a besoin d'entraînement, d'air pur, de sport... »

— Les massages à l'enfant, à tout âge, sont un excellent moyen de lui faire connaître son corps, de le sensibiliser à ses besoins et d'identifier les points d'autocontrôle, d'apaisement, de sensibilité.

— L'éducation de chacun des sens. Apprendre à goûter, à sentir, à toucher, à écouter, à voir. Le régime alimentaire, le contact avec la nature, le soin des plantes et des animaux, nous fournissent des occasions quotidiennes.

— L'habitude de la communication non verbale. Il faut apprendre aux enfants de culture occidentale que c'est tout le corps qui est notre instrument de communication et pas seulement notre langage verbal.

— La sensibilisation au fait que notre caractère est dans notre corps, que les sentiments de l'enfant sont dans son corps. Il doit se rendre compte à partir de sa propre expérience que, comme tout le monde, il peut rougir de colère, pâlir de frayeur, avoir froid de solitude et de manque d'affection, éclater de joie, resplendir de bonheur. Il doit pouvoir apprécier cela.

— La dextérité manuelle, le savoir-construire avec ses mains, que facilitent de plus en plus les jeux de montage, d'assemblage, de construction.

— Les exercices de yoga, de méditation, de bioénergétique.

— Le tout sans distinction de sexe.

Mais dans ce domaine comme dans les autres, c'est l'expérience personnelle des parents, ce que l'enfant voit dans son milieu, à l'école autant que dans la famille, qui comptent plus encore que ce qu'on lui fait faire à lui. S'il est entouré de personnes qui prennent soin de leur corps, s'il grandit dans la familiarité et la dignité du nu, s'il est témoin chaque jour de gestes de tendresse, d'affection, de passion, il dira oui, non seulement à son corps, mais à la tendresse, à la dignité, à l'affection, à la passion, qu'il aura assimilées non pas dans des idéaux abstraits, mais dans son corps. Nous sommes comme les arbres, nous avons besoin de racines, il faut nous mettre en terre quelque part. *Or, cette terre et ces racines, l'enfant les trouve dans une intégration à l'environnement naturel, à l'environnement social et à son corps. C'est par cette intégration, beaucoup plus que par un contrôle rationnel et l'attachement à des vertus angéliques, que l'on peut maîtriser les forces vives que sont l'émotivité, le plaisir d'être et la passion des choses et des êtres.* Elle permet de prendre pied sans perdre pied !

7. Le oui à l'émotivité.

L'être humain qui se sent ainsi des racines dans son corps, dans son environnement naturel et social, peut prendre la vie pour pays, il peut s'abandonner à la vie, *se laisser prendre par la vie*. Telle est foncièrement l'émotivité : une disposition de l'organisme à se laisser prendre par la vie, à sortir de soi, à tenter de voir les choses et les êtres à travers eux plutôt qu'à travers soi seulement. Qui n'a pas expérimenté cette démarche dans l'amour, alors qu'on se sert de soi pour aller voir les choses à travers les yeux de celui ou de celle que l'on aime. L'émotivité est vraiment une forme de *co*-naissance, autant qu'elle est l'expérience de la vie dans ce qu'elle a de plus spécifique : *le mouvement*. Mounier, qui est l'un des penseurs de notre époque qui a sans doute le plus traité de l'émotivité, la situe d'une façon à laquelle j'adhère totalement lorsqu'il en parle comme d'une « générosité de l'organisme » et d'une « force psychique de base »[1]. On restreint le plus souvent l'émotivité en la liant strictement à l'affectivité. Or, elle est plutôt une disposition énergétique de l'organisme humain qui anime toutes nos ressources, de telle sorte qu'on a des émotions intellectuelles, affectives, sensuelles, sexuelles, physiques. On a bien tort en particulier de l'opposer à un prétendu « sérieux » rationnel. Les grands créateurs, qu'ils soient philosophes, artistes ou représentants de sciences dites exactes, se rejoignent sur le double terrain de la connaissance et de la création, par l'émotion et par le raisonnement intellectuel. L'intelligence créatrice est aussi chaude et aussi charnelle que l'émotion. C'est une intelligence à la Rostand, à la Schweitzer, à la Einstein.

C'est restreindre davantage encore l'émotion, et la dénaturer en fait, que de l'identifier aux excès, aux crises émotionnelles. Or, c'est malheureusement ce qui arrive dans notre culture cartésienne et mâle. Je veux dire une culture dominée par l'homme froid, l'homme statue, presque l'homme mausolée. Qui ne l'a pas rencontré un jour ou l'autre dans le bureau d'un grand administrateur, d'un grand technocrate, d'un fonctionnaire superbe, d'un être de pouvoir se défendant, par exemple, de se laisser aller à des considérations humanitaires, existentielles, au nom d'un rationalisme froid, ou de l'esprit de système... ? Lorsque, de façon péjorative dans cette culture, on dit de quelqu'un ou d'une attitude « c'est un émotif », « c'est émotif », ou bien on témoigne en cela de son mépris pour un mouvement de vie, ou bien on veut indiquer un excès ou un manque de contrôle de l'émotivité, et alors, il faudrait l'exprimer comme tel. Si notre culture n'était pas sous l'empire de la raison froide et que l'émotivité fût développée comme une force de la vie, on trouverait le même type de dénonciation à l'endroit de mouvements rationnels et intellectuels coupés de la vie, qu'on en trouve à l'endroit de comportements émotifs excessifs. On dirait plus souvent : « c'est de la raison froide », « ça ne colle pas à la vie ». Au fond, il se pose pour l'activité rationnelle un même problème de contrôle, de dosage, qu'il s'en pose pour l'activité émotionnelle. On peut tout autant perdre le contrôle de l'activité rationnelle que le contrôle

1. Emmanuel Mounier, *Traité du caractère*, Paris, Seuil, 1946.

de l'activité émotionnelle, de l'activité sexuelle, de l'activité alimentaire, ainsi de suite.

Aussi, n'est-il pas superflu, en faisant ce constat, de rappeler que *ce n'est pas la raison qui est le siège du contrôle de soi, de l'adaptation au réel, mais une façon de situer son moi dans la réalité qui tient de multiples facteurs, dont la sécurité, par exemple, le vouloir-vivre, l'autonomie.*

En disant aux enfants, pour faire appel à leur contrôle et à leur maîtrise d'eux-mêmes : « sois raisonnable », on les met sur une fausse piste, leur faisant croire que c'est la raison qui est leur centre de contrôle. C'est comme de leur dire : « Fais un homme de toi [1]. » On projette ainsi notre volonté d'en faire un adulte à notre image.

Il y a un véritable échange à réaliser entre adultes et enfants dans le développement de l'émotivité. Nous n'avons pas à inciter les enfants à l'émotivité puisqu'elle leur est naturelle. Nous avons plutôt à nous laisser pénétrer de leur expérience, d'autant plus que nous avons été en général éduqués nous-mêmes à retenir nos émotions, à les refouler (sauf dans les grandes circonstances comme les naissances, les mariages, les décès, les fêtes, les grandes ruptures). Pour les enfants au contraire une denrée quotidienne que de se laisser emporter, de s'émerveiller, de s'identifier à autrui de façon totale, dans les contes, par exemple, de rompre un contact aussi vivement qu'ils l'ont engagé, de vivre de grandes joies, de grandes peines, de grandes peurs. En somme, ils mettent leur énergie à la disposition de tout leur vécu. Ils « mordent la nature à nu », comme disait Gide. C'est fatigant. Cela rend vulnérable. Les enfants sont de ce point de vue aussi exposés que les adultes qui ont une densité émotionnelle excessive : ils vivent leur vie « aux aguets ».

Ce que les adultes peuvent apporter aux enfants alors, ce n'est pas une réduction de leur expérience émotionnelle, mais une capacité d'ancrage, d'enracinement, d'arrimage. Les adultes peuvent aider les enfants à rapatrier leur emportement émotionnel, à partir du sentiment qu'ils leur communiqueront « d'être bien dans la réalité », « d'être bien dans leur peau ». On ne refuse pas de prendre la mer, parce qu'elle peut nous emporter ; on s'équipe pour pouvoir être emporté par la mer. On peut ainsi équiper les enfants pour

---

1. Avez-vous remarqué qu'on dit rarement à une petite fille « fais une femme de toi » !

enraciner leurs émotions, dans la réalité de l'environnement qu'on leur crée.

Les Grecs nous ont montré qu'il y avait deux positions fondamentales de l'être humain dans son contact avec la vie. Il y a l'être qui se baigne dans le fleuve et celui qui regarde le fleuve couler mais qui a assez de consistance en lui-même pour pouvoir prendre le fleuve en lui, le penser, le recréer, l'imaginer, le comprendre, l'aimer. Laissons les enfants se baigner dans le fleuve et soyons de bons parents ayant leurs propres affaires sur la berge et l'œil ouvert vers le fleuve ; mais plongeons, nous aussi, dans le fleuve et laissons les enfants vaquer à leurs affaires sur la berge... ils auront à leur tour l'œil ouvert vers le fleuve.

8. Le oui au plaisir d'être et de croître.

L'un des plus grands torts que nous puissions causer aux enfants, pour eux-mêmes et pour la qualité de la société, est de les éduquer dans la tension. Je songe en particulier ici à la tension qui résulte d'un système d'éducation et d'une culture qui, au lieu d'être tournés vers des valeurs d'être et de croissance humaine, sont centrés sur la division de la vie entre le bien et le mal. On n'a de cesse partout de partager le monde entre bons et méchants, entre gens malades et bien-portants, entre anormaux et normaux, entre coupables et innocents. La famille est prisonnière de cette culture et de la morale primitive qui l'inspire depuis des siècles. L'école a suivi la même direction. Et l'une et l'autre ont en cela surtout subi l'influence des religions, notamment celle de la tradition catholique et chrétienne qui s'est imposée comme l'anti-incarnation. Au lieu de faire « prendre chair » à la vie humaine, de faire aimer la création, on célèbre l'Au-delà au mépris de la vie humaine.

La même pathologie caractérise hélas nombre de courants en psychologie et en psychanalyse qui s'inscrivent dans l'obédience freudienne. Autant nous devons à Freud, autant la survalorisation du pathologique qui caractérise son œuvre peut être nocive. Il y a bien peu de place dans son œuvre et dans celle de ses continuateurs, souvent, pour l'individu normal. On s'explique d'ailleurs qu'il ait écrit qu'il ne faut pas rechercher « les bons parents ».

Presque tout est ANGOISSE chez Freud. Le développement de l'enfant, il le voit dans une succession de situations angoissantes, dont la naissance est le point de départ. C'est extrêmement révélateur des différentes attitudes qui peuvent être adoptées pour observer un même phénomène. Pourquoi, par exemple, situer la naissance comme un traumatisme et percevoir le premier cri de l'enfant comme l'expression d'un déchirement ? Le premier cri de l'enfant est peut-être bien davantage l'expression de l'énergie extraordinaire qui le rend capable de quitter l'univers fœtal et de venir au monde. Dans presque toutes les analyses que Freud fait ensuite des grands moments de croissance de l'enfant, il met toujours en relief la difficulté d'avoir à quitter un stade initial et passé, plutôt que l'enthousiasme à franchir un nouveau stade, à croître et à devenir de plus en plus compétent et maître de ses apprentissages. Là est pourtant le PLAISIR DE CROÎTRE auquel nous rend sensible la psychologie de la santé et du développement. Le plaisir de croître et de devenir tout ce qu'il est possible de devenir à tel être humain, en tant qu'être humain mais surtout dans sa singularité propre, dans son individualité, comme être unique.

Les parents peuvent-ils vivre cela comme un véritable plaisir ? Il me semble que c'est plus qu'une question d'attitude, de tempérament, d'humeur : c'est *une question de fidélité à la vie.* A partir du moment où l'on a accepté, où l'on a choisi de mettre au monde un enfant, de le faire vivre, est-ce qu'alors on ne s'est pas soi-même marqué de la FOI EN LA VIE ? La foi en ce qui croît, qui progresse, selon son dynamisme propre, et non pas en vertu d'un système culturel qui divise et rompt ce dynamisme, en assignant des tendances bonnes et des tendances mauvaises aux êtres et en les classifiant en conséquence. Maslow a recours à une formule des plus appropriées quand il indique que la psychologie de la foi en l'être humain annonce un système de valeurs naturel qui représente « une instance d'appel pour la détermination du bien et du mal, du vrai et du faux »[1]. Si l'on pouvait voir à l'intérieur des êtres, on apercevrait cette rupture, cet écartèlement (ou cette crucifixion), qu'on fait subir aux êtres dans notre culture manichéenne où l'on range le bien d'un côté de la vie et le mal de l'autre. S'il y a des chrétiens qui parlent en ce moment, à propos de peuples opprimés, d'une « théologie de la libération », parlons ici à propos de la personne opprimée

1. *Vers une psychologie de l'être,* déjà cité, p. 1 à 10.

d'une « culture de la libération ». Les familles peuvent en
être les artisans, si on les aide, si elles s'aident et s'en-
traident.

Les familles ont besoin de se détendre en redécouvrant
le sens heureux de la personne, du plaisir de croître et de
la liberté d'être. *C'est la liberté d'être au maximum et de
tout vivre qui compte d'abord avec les enfants, et non la
liberté de choix.* Ils ont trop à vivre, à explorer, à découvrir,
à expérimenter, pour choisir. Bien des adultes, s'ils avaient
vécu leur enfance et leur adolescence pleinement, seraient
plus en mesure de faire les choix qui sont le propre de
la vie adulte.

Oui à l'enfant et à de nouveaux adultes

Ces diverses formes de oui à la vie que je viens d'esquisser
peuvent être rassemblées en une seule : le oui à l'enfant
et à de nouveaux adultes.
L'éducation des enfants est souvent dominée par cet
étrange phénomène qui fait qu'on a peur de gâter les enfants en leur faisant confiance. On a même peur de leur
témoigner trop d'affection et d'amour, sous prétexte de les
entraîner à la dureté de la vie. On craint qu'en leur reconnaissant « le droit d'être jeune », ils ne deviennent pas des
êtres de devoir, capables d'obligations envers autrui. Il me
semble de plus en plus certain que la principale explication
à cela est bioculturelle : on traite les enfants comme on est
soi-même traité en tant qu'adulte et comme on a été traité
enfant. Il est rare qu'on nous témoigne trop d'affection à
nous, les adultes, qu'on nous fasse vraiment confiance. On
nous a pétris de la morale du devoir et de l'obligation
envers autrui plutôt que de celle du droit à la vie et à la
responsabilité. Revendiquer des droits est souvent perçu
comme quelque chose de marginal, qui peut même avoir
l'allure de provocation au désordre et à l'immoralité publique. Aussi, la relation de l'adulte à son propre vouloir-
vivre se trouve-t-elle influencée par un environnement
culturel qui est bien davantage porteur de « non » à la vie
que de « oui » : les métiers souvent peu ou pas valorisants,
la dépendance exagérée à l'égard des pouvoirs technocrati-
ques et professionnels ; la crainte du changement et de la
nouveauté ; la peur puritaine du désordre ; les carcans des
conventions, modes, masques, stratégies, etc.

Il y a un monde qui sépare le vouloir-vivre des enfants et la manière dont les adultes pourraient eux-mêmes le satisfaire à travers ces limites culturelles qui se transmettent depuis des générations (il n'y a pas tellement d'âges d'or en arrière de nous...). Comment donc nous réconcilier comme adultes avec notre besoin de vie et d'affirmation dynamique de notre personne ? Comment surtout respecter le vouloir-vivre de l'enfant ? Ce sont les deux questions que j'ai voulu explorer en recherchant ces formes de oui à la vie. Elles sont autant de formes de oui à l'enfant et à un changement de valeurs du monde adulte.

Il faut nous tourner vers les enfants pour réapprendre à vivre. Vers les enfants, vers les femmes et vers les personnes âgées[1]. Vers ceux et celles qu'en cas de catastrophe on tente de sauver les premiers mais que dans le cours normal des choses, on oublie, sous-estime, discrimine, en les soumettant au pouvoir de la minorité des mâles-adultes-super-productifs et gestionnaires. Vers celles et ceux qui sont d'ailleurs les premières victimes des hommes violents ; les statistiques sur les homicides et sur la violence familiale le montrent avec un tragique éclat. Leur libération sera nécessairement au cœur de cet « appel » à la civilisation pour de nouvelles valeurs de vie dont parlent Maslow et tant d'autres, qui espèrent qu'il sera un jour possible sur cette planète de placer la valeur des êtres humains au-dessus de toutes les autres. Il ne saurait y avoir de libération authentique d'aucun groupe social, d'aucune société, d'aucune portion de l'humanité sans cette reconnaissance existentielle et quotidienne que chaque être humain est la valeur suprême de la vie. Et les familles ne sauraient être libératrices autrement.

Du vouloir-vivre à l'autonomie

En abordant l'autonomie au prochain chapitre, nous en venons à une étape différente du point de vue d'une certaine hiérarchisation dans l'ordre des besoins fondamentaux de la personne.

La sécurité et le vouloir-vivre expriment en quelque sorte

---

1. Je n'aime pas en soi ce rapprochement qui est aussi devenu un cliché, mais il est extrêmement révélateur d'une vaste hypocrisie culturelle.

la nécessité de « vivre pour vivre », pour retirer de la vie le maximum d'énergie et de force de croissance.

Par l'autonomie, cette énergie s'individualise, elle prend la forme du moi. Ce mouvement s'accentuera avec la recherche de l'identité personnelle.

En somme, on peut dire en recourant à l'image de l'enracinement de l'être que, par la sécurité et le vouloir-vivre, « le moi s'enracine dans la vie », tandis que par l'autonomie et l'identité personnelle, « la vie s'enracine dans le moi ».

Si nous considérons l'ensemble du cycle des cinq besoins que recouvrent les cinq premiers chapitres, on peut également résumer ce cycle de la manière suivante :

— L'enfant a d'abord besoin de vivre pour vivre (sécurité et vouloir-vivre) ;

— plus il vit intensément, plus son moi a de chances de prendre forme (autonomie et identité personnelle) ;

— et plus il pourra ensuite se situer positivement dans ses relations interpersonnelles et dans la société (appartenance sociale).

Ces trois éléments recoupent évidemment les trois objectifs que nous avons identifiés au départ en donnant une définition de la famille, à savoir que chaque famille existe en vue du bien-être individuel de chacun de ses membres, de l'apprentissage des relations positives avec autrui et de l'appartenance dynamique à une société.

Dans cet ensemble, l'autonomie agit comme une force majeure. Nous disposons de nombreux instruments pour la situer dans les apprentissages de l'enfant et de l'adolescent. Il n'en va pas de même pour l'adulte que l'on commence à peine à considérer sérieusement comme étant lui aussi en croissance, ayant pris pour acquis traditionnellement que l'adulte était quelqu'un « d'arrivé » dans sa croissance et ayant confondu maturité et période adulte. Par ailleurs les comportements de dépendance dans le monde adulte sont peut-être beaucoup plus fréquents que les comportements d'autonomie, en raison du fait surtout que l'univers adulte est largement structuré par des rapports de dominants à dominés. Aussi est-il révélateur que l'une des principales sources de connaissance de l'autonomie nous vienne, en ce moment précis de l'histoire, de la révolution féminine. On sait que l'un des points d'appui de cette révolution est la revendication de l'autonomie, pour les femmes certes, mais pour tous les êtres humains également et en vue de nous libérer tous des rapports de dominants à dominés que le pouvoir social masculin a généralisés.

Le chapitre qui suit est à la fois un compte rendu et une analyse de l'expérience de l'autonomie, telle que j'ai pu l'observer au cours des vingt dernières années en compilant les données fournies par des mouvements féminins, par des groupes de croissance et par des témoignages personnels. Pour une multitude de femmes, la conquête de l'autonomie demeure un combat permanent avec leur entourage... Plus ce combat trouvera d'adeptes chez les femmes et sera partagé par des hommes et par des jeunes, plus les familles et les sociétés pourront être libres et créatrices.

3.

L'autonomie et l'expression
de la révolution féminine

Pour une majorité de femmes, en 1984 encore, même dans des milieux économiquement favorisés, vivre son autonomie dans le cadre familial est bien souvent une source d'angoisse et de conflits avec l'entourage. Même si les politiques des gouvernements ont, dans plusieurs cas, évolué considérablement au cours des dernières années vers ce qu'on appelle l'égalité des chances pour les femmes et les hommes, la vieille mentalité qui sépare de façon rigide le rôle des femmes et le rôle des hommes dans la société n'évolue pas très vite, surtout du côté des hommes. Il faut reconnaître aussi qu'il y a un prix à payer dans toute évolution de cet ordre et les femmes elles-mêmes sont confrontées les unes aux autres selon qu'elles veulent ou non modifier les rôles traditionnels. D'une part, des femmes qui estiment pouvoir être autonomes dans un régime familial d'allure apparemment traditionnelle, se font dévaloriser par celles qui ne veulent plus entendre parler de mariage ou de famille et qui font comme si l'autonomie était uniquement liée à des situations et à des rôles, tel le travail à l'extérieur du foyer. D'autre part, des femmes qui travaillent à l'extérieur du foyer, elles, se font dévaloriser par d'autres qui les accusent de ne penser qu'à elles, de travailler pour leur confort et de confier leurs enfants aux garderies. Sans parler de toutes ces âmes prétendument vertueuses qui soutiennent que l'augmentation de la délinquance juvénile et même du chômage serait attribuable à la libération de la condition féminine traditionnelle. Il ne leur vient pas à l'idée que les hommes qui génèrent la vie pourraient se rendre aussi responsables que les femmes de la qualité de

cette vie en étant aussi présents qu'elles auprès des enfants.
Ce qui suppose alors, dans les familles où il y a un père et
une mère, la NÉGOCIATION par les deux de l'autonomie de
chacun.

On porte ainsi toutes sortes de jugements sans se représenter véritablement ce qu'implique l'exercice de l'autonomie, et surtout, sans départager ce qui dans cet exercice
dépend des conditions sociales et familiales d'une part, et
ce qui dépend des attitudes personnelles de chaque individu, d'autre part. Ainsi, des conditionnements subtils font
vivre des individus en contradiction avec leurs propres as-
pirations à l'autonomie, quand ils maintiennent, par exemple, la dépendance dans leur milieu. Nombre de femmes, y
inclus des militantes féministes, continuent à entretenir
chez leurs enfants et chez leurs conjoints des comportements qui les gardent prisonnières des rôles traditionnels :
elles font le lit de leur fils ou de leur fille de dix-sept ans,
elles se croient obligées de pourvoir elles-mêmes aux pro-
visions en alimentation, bref, n'exigeant pas le partage des
tâches domestiques à part égale entre tous les membres de
la famille, elles suppléent à tout ce que les autres ne font
pas et devraient faire.

Par ailleurs les conditionnements provenant de l'entourage immédiat sont énormes, *car il est aussi difficile d'apprendre à vivre pour favoriser l'autonomie des autres que
pour la vivre soi-même.* Que d'individus affichent des idées
de progressisme sur le plan idéologique, social et politique,
même face aux libertés individuelles, et se comportent à
l'inverse dans les faits avec les personnes qui les entourent...
Nombre de jeunes actuellement parlent d'autonomie et de
liberté en regard de la famille et des relations hommes-
femmes, sans mesurer ce que cela implique réellement.
Quand on envisage avec eux des situations concrètes, sur
la manière dont ils vont partager les tâches domestiques et
l'éducation des enfants, sur leur réaction au fait que leur
futur conjoint puisse maintenir des relations avec des personnes de l'autre sexe, sur le choix qu'ils feraient si la
carrière de la femme autant que celle de l'homme devait
requérir un changement de résidence, on saisit la fragilité
du discours théorique qu'ils tiennent sur l'autonomie. Plusieurs d'entre eux ont alors cette réaction spontanée : « Ah !
si c'est ça l'autonomie, je vais y repenser... »

Essayons de faciliter leur réflexion.

Qu'est-ce que l'autonomie ?

Il faut d'abord souligner que l'autonomie est une condition tellement indispensable à la liberté, qu'elle se définit essentiellement à travers la liberté.

La question principale consiste à distinguer deux niveaux dans la revendication et dans l'exercice de l'autonomie : le niveau de l'autonomie de « libération » et celui de l'autonomie de « liberté ».

L'autonomie de libération dépend d'abord de la conscience aiguë que la personne a de son besoin d'être autonome, mais aussi et surtout des conditions pouvant répondre à son besoin, ce qui relève autant de politiques sociales que des comportements des personnes constituant son environnement immédiat. Par exemple, des femmes individuellement auraient bien pu vouloir être autonomes, mais sans la contraception, sans les mêmes chances d'accès pour les filles et les garçons à la scolarisation, aux mêmes conditions de travail, aux mêmes possibilités de choix de carrières, de responsabilités publiques et de tâches parentales sans distinction de sexe, sans libération collective de la dépendance économique féminine, la très grande majorité des femmes n'auraient pas pu et ne pourraient pas être autonomes dans les faits. Et il n'est pas moins important que, face à la famille et au conjoint en particulier, la personne qui veut être autonome puisse se dire : « Je vais l'être dans des conditions telles que je me sente libre dans ma démarche, que non seulement on ne me fasse pas ressentir de culpabilité parce que je m'occupe de moi, mais qu'on m'encourage et qu'on facilite ma démarche, sans paternalisme (ou sans maternage), avec délicatesse et un souci normal de l'autre. » Une femme qui veut mener une carrière, pour elle et pour la société, mais qui ne peut pas compter sur l'appui de son conjoint, comme des légions d'hommes ont, depuis des siècles, compté sur l'appui et le sacrifice de leurs conjointes, peut certes être autonome, mais à quel prix ? Combien de femmes abandonnent une carrière à un moment donné parce qu'elles ne supportent plus d'être chaque jour tiraillées entre leur vie professionnelle, leurs obligations sociales et leurs responsabilités familiales et domestiques, qu'elles continuent d'assumer seules ? Nous pourrons vraiment parler de la valeur de l'autonomie dans ce contexte, quand les hommes auront

développé la même sensibilité et le même sens des responsabilités à l'égard du soin des enfants et des tâches domestiques. En fait, le jour où il y aura autant d'hommes qui se
sentent pères que de femmes qui se sentent mères, c'est
non seulement l'autonomie qui sera favorisée chez les
femmes et chez les hommes engagés dans des familles, mais
c'est la qualité humaine de la vie qui sera mieux partagée...

Au second niveau, l'autonomie de liberté dépend davantage des ressources personnelles intérieures et de la maturité de l'individu que des conditions sociales et des
comportements altruistes de ceux qui nous entourent.
Revendiquer l'autonomie est une chose, l'assumer en est une
autre. Cela nous renvoie à une foule de questions mettant
à l'épreuve la maturation personnelle. « Suis-je capable de
solitude ? ... Ai-je vraiment confiance en moi ? ... Suis-je assez en sécurité avec moi-même pour en arriver à ne compter
que sur moi dans certains gestes, dans certaines décisions ?...
Suis-je assez indépendant à l'égard des sentiments que les
autres ont à mon endroit et ai-je une image assez vive de
moi-même, pour pouvoir à la fois tenir compte des sentiments des autres et m'en distancier si je les trouve irrece-
vables eu égard à l'estime que j'ai de moi ?... Est-ce que je
confonds autonomie et indépendance ou au contraire est-ce
que je trouve parfaitement conciliable mon autonomie et
mon interdépendance avec les autres ? »

En somme, et comme je l'ai souligné au départ, il en va
tout à fait de l'autonomie comme de la liberté. C'est aussi
difficile de la maîtriser que de la rechercher. Et elle se
définit par la liberté, puisque l'autonomie en fait ce n'est
rien d'autre que « la liberté de se prendre en charge soi-
même comme personne ». Une formulation équivalente la
définit aussi comme la liberté de disposer de sa personne.
Mais je préfère la première. Elle permet de distinguer en
même temps les deux niveaux d'autonomie, considérant
l'autonomie de libération comme « la liberté de se prendre
en charge » et l'autonomie de liberté comme « la prise en
charge de cette liberté ».

La nuance est fondamentale. Elle éclaire la complexité
du sujet. Et pour mieux la cerner, il faut distinguer, pour
chacun des deux niveaux d'autonomie, des degrés. Examinons-les en conséquence, en rassemblant des conditions
concrètes qui reflètent ce vécu de femme sur lequel ce chapitre s'appuie.

Les degrés de l'autonomie de libération

Il s'agit d'abord d'exercer un pouvoir de décision quant à tout ce qu'implique la liberté de disposer de sa personne. Mais, pour pouvoir prendre toutes les décisions impliquées, il faut de véritables possibilités de choix et des conditions réelles de support dans l'exécution de ses décisions. Il faut aussi, considérant que l'on a jusqu'ici privilégié la dépendance plutôt que l'autonomie des personnes, notamment pour une multitude de secteurs touchant la vie des femmes, envisager en conséquence des conditions de libération à l'endroit de situations de dépendance. Enfin, il importe de bien se représenter la diversité de l'éventail des décisions impliquées ; décider qu'on va se réserver des moments de solitude pour ne pas se faire assimiler par sa vie de couple ou de famille, faire le choix d'aller ou de ne pas aller travailler à l'extérieur du foyer (si l'on a ce choix !) et interrompre une grossesse non voulue, appellent des conditions intérieures et extérieures à soi, fort différentes.

C'est pourquoi l'on peut distinguer au moins trois degrés dans l'expérience de l'autonomie de libération. A chaque degré le « je » se trouve placé dans telles ou telles conditions. En l'occurrence, le « je » est celui de femmes, mais il pourrait être le « je » de n'importe quel individu, si l'observation en cause visait un autre groupe social ou un autre milieu de vie que la famille.

Premier degré : *le fait de vouloir et de pouvoir décider de disposer de sa personne en se libérant de conditions de dépendance*

Un premier éventail de décisions l'illustre.

— Je peux décider des activités qui me touchent, sans avoir de permission à demander, sans me sentir obligée de rendre des comptes sur mes allées et venues, sans être contrôlée (« Où es-tu allée ? » ... « Qui as-tu vu aujourd'hui ? » ... « A quelle heure rentres-tu ? »).

— Je peux avoir mes amis et mes amies à moi, sans être limitée à des amis de couple ou des amis de famille ou même aux amis du conjoint. Que de personnes, parce qu'elles vivent une relation de couple, légale ou de fait, se sentent obligées — ou y sont contraintes —, de renoncer à leurs relations humaines propres ! Se pose ici en particulier, et de façon chronique pour la plupart des gens, le problème des relations avec des personnes de l'autre sexe, qu'il y ait relations sexuelles ou non.

— Je peux m'engager dans les groupes et les mouvements sociaux que je choisis pour mon propre épanouissement, à cause de mes convictions personnelles ou par pur plaisir. Il faut noter ici que, même en 1984 et chez des gens apparemment évolués sur d'autres plans, on trouve de multiples cas où des maris ne supportent pas que leur femme ou même leur conjointe de fait s'engage dans un mouvement féminin.

— Je peux m'absenter du lieu familial facilement et pas seulement pour des motifs de travail, mais pour mes loisirs, pour des vacances, pour des voyages. Il est étonnant de voir ici encore jusqu'à quel point des maris, et même des enfants, sont incapables de reconnaître à leur femme, à leur mère, le droit à des absences et à des congés qu'ils considèrent pourtant naturels pour eux-mêmes.

— Je peux être seule quand j'en éprouve le besoin et sans que cela soit perçu comme quelque chose d'étrange ou d'anormal du point de vue de la vie de couple et de la famille. Rien n'a souvent été plus difficile à des femmes dans les familles que de pouvoir être seules, les mères et les épouses étant définies comme « des êtres aux autres ». Et que de couples sont surpris quand on leur dit que l'une des conditions importantes de survie d'un couple est précisément la capacité des deux individus d'être seul. Faut-il rappeler à cet égard la distinction entre « solitude » et « isolement », la première relevant de la capacité de vivre avec soi, tandis que le second est souvent un geste de fuite d'autrui ?

Deuxième degré : *le fait de se sentir vraiment libre et supporté dans l'exécution de ses décisions*

C'est bien connu, il y a des gens qui ont l'art de vous dire que vous êtes tout à fait libre de vivre comme vous l'entendez, mais qui par ailleurs font tout ce qu'ils peuvent pour vous mettre des bâtons dans les roues quand vous exercez la liberté qu'ils vous reconnaissent en théorie. Sous cet angle seulement l'on pourrait reprendre tous les « possibles » affirmés précédemment et voir comment, dans les faits, ils correspondent à des situations qu'un grand nombre de femmes vivent très péniblement dans leur famille ou dans leur vie de couple.

Etant donné aussi la période de mutation des rôles entre les hommes et les femmes, entre les parents et les enfants, dans laquelle nous sommes entrés depuis quelques années seulement, et généralement à l'initiative des femmes, il est certain que vivre autonome requiert de ceux qui nous entourent de multiples apprentissages de support et de véritable partage des tâches dans la famille et dans la vie de couple.

C'est pourquoi l'énoncé qui suit sur d'autres formes du vécu de l'autonomie est sur le mode interrogatif...

— Puis-je décider des activités qui me touchent sans me sentir jugée, évaluée, culpabilisée ?

— Puis-je vivre un peu pour moi sans me le faire reprocher ?

— Puis-je faire le choix de travailler à l'extérieur du foyer ou de m'absenter pour vivre mes loisirs personnels, sans être pénalisée par les autres membres de la famille qui me laisseront sur le dos le poids des tâches domestiques et de la présence continue auprès des enfants ?

— Puis-je au fond être autonome sans que cela menace l'harmonie de ma vie de famille et de ma relation de couple ?

— Puis-je sentir de mon entourage que le fait de me garder du temps pour moi, n'est pas du temps que j'enlève aux autres et qui leur était dû ?

Troisième degré : *le fait de constater que son autonomie est aussi stimulante pour autrui que pour soi et que la société le reconnaît, le permet et le valorise*

L'autonomie personnelle ne saurait être vécue sans supports collectifs précis. Elle doit être reconnue et affirmée comme valeur sociale. La lutte des femmes le montre avec la même éloquence que la lutte des travailleurs pour la participation au développement des entreprises dans des conditions de dignité qui les empêchent d'être robotisés par quelque système ou quelque pouvoir de domination que ce soit.

— A ce titre il ne pouvait pas y avoir d'autonomie pour les femmes sans politique sociale de garderies, sans égalité de traitement pour les hommes et les femmes qui remplissent des travaux équivalents, sans programmes de recyclage pour les femmes qui veulent revenir sur le marché du travail ou poursuivre leurs études après s'être vouées à des tâches familiales, sans modification profonde des régimes et des horaires de travail pour permettre aux hommes comme aux femmes de concilier leur travail et leurs responsabilités familiales, sans programmes scolaires pour lutter contre le sexisme traditionnel, etc. Sans ces conditions, les choix personnels de développement humain et l'accès à l'égalité deviennent illusoires ou tellement difficiles qu'on ne saurait plus parler de choix réels ni d'égalité.

— Dans le même sens, la valorisation sociale de l'autonomie pour les femmes, implique qu'au lieu de valoriser la maternité au point où on l'a fait dans le passé, on valorise les fonctions parentales sans distinction de sexe et en mettant l'emphase sur le rôle du père, pour remédier au sous-développement de ce rôle dans le passé.

Les hommes individuellement vont se reconnaître comme pères, s'ils sont stimulés et sollicités pour cette tâche par l'ensemble de la société et, en particulier, par le leadership politique et par le leadership du monde du travail. L'autonomie des femmes qui acceptent de mettre des enfants au monde et qui veulent partager leur éducation avec un homme-père est soumise à cette condition sociale primordiale.

— Il en est de même pour le travail des femmes, pour leur carrière professionnelle, pour leur engagement social et leur carrière politique. Ils doivent être valorisés par la société et par ceux qui vivent dans l'entourage immédiat de ces femmes.

L'autonomie ne peut pas être une valeur purement individuelle et privée. Elle doit être sociale et publique. Et l'une des questions à se poser en ce moment à propos de l'autonomie des femmes, est de savoir si nous « tolérons » qu'elle soit sociale et publique, ou si nous le « valorisons ».

Au fait, si elle est valorisée, les femmes ressentiront que la société compte autant sur leur travail, leur carrière, leur engagement social et politique, qu'elle a compté jusqu'ici sur leurs maternités.

Cette reconnaissance sociale va de pair avec la reconnaissance plus intime et plus personnalisée que les familles doivent en avoir, pour chacun des membres de la famille d'ailleurs.

Que je sois enfant, adolescent, père, mère, grand-mère ou grand-père, je dois ressentir que, plus je suis une personne autonome, plus je deviens digne d'estime et d'admiration de la part des autres membres de la famille. Car l'autonomie est synonyme non seulement de liberté sur le plan existentiel, mais de richesse personnelle.

Par là encore, par là surtout peut-être, la famille a le choix de devenir une force sociale libératrice : en nous habituant à *rechercher les êtres autonomes et libres, plutôt que les êtres dépendants et soumis.* Il y a fort à parier toutefois que dans la plupart des sociétés encore et parmi les plus libres, en général et inconsciemment tout au moins, l'on préfère encore les êtres dépendants et soumis. Ainsi le pouvoir reste concentré entre les mains de quelques individus et de groupes minoritaires...

Les degrés de l'autonomie de liberté

En examinant maintenant les degrés de l'autonomie de liberté, nous ne pourrons que mesurer davantage l'importance de l'enjeu de civilisation que constitue le façonnement de cette autonomie dans le développement de la personne. C'est une démarche d'intériorisation, de prise de conscience de ses comportements, qu'il faudrait pouvoir contempler. Elle est synonyme de maîtrise de soi. Le tableau qui suit aide à le voir un peu en regroupant seulement les formulations utilisées pour décrire chacun des degrés d'autonomie : les trois degrés d'autonomie de liberté et les trois degrés d'autonomie de libération se complètent rigoureusement, à travers un même processus de croissance. Il n'en sera que plus facile après de suivre le « je » dans quelques opérations d'évaluation illustrant la prise en charge de l'autonomie de liberté à ses divers degrés.

Voici donc quelques formulations reprenant des témoignages de femmes pour dire leur maîtrise d'elles-mêmes par leur « je ». Nous les donnerons successivement en recouvrant les trois degrés de l'autonomie de libération pour montrer d'un trait le cheminement personnel qu'elles évoquent. Dans le vécu, un tel cheminement chez un même individu peut occuper bien des années...

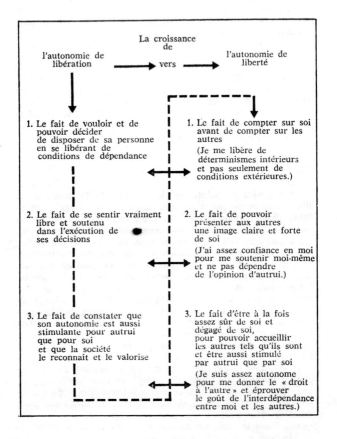

La croissance de

l'autonomie de libération → vers → l'autonomie de liberté

1. Le fait de vouloir et de pouvoir décider de disposer de sa personne en se libérant de conditions de dépendance

1. Le fait de compter sur soi avant de compter sur les autres

(Je me libère de déterminismes intérieurs et pas seulement de conditions extérieures.)

2. Le fait de se sentir vraiment libre et soutenu dans l'exécution de ses décisions

2. Le fait de pouvoir présenter aux autres une image claire et forte de soi

(J'ai assez confiance en moi pour me soutenir moi-même et ne pas dépendre de l'opinion d'autrui.)

3. Le fait de constater que son autonomie est aussi stimulante pour autrui que pour soi et que la société le reconnaît et le valorise

3. Le fait d'être à la fois assez sûr de soi et dégagé de soi, pour pouvoir accueillir les autres tels qu'ils sont et être aussi stimulé par autrui que par soi

(Je suis assez autonome pour me donner le « droit à l'autre » et éprouver le goût de l'interdépendance entre moi et les autres.)

Premier degré : *le fait de compter sur soi avant de compter sur les autres*

— Je commence à être vraiment consciente de ma capacité à ne pas dépendre des sentiments et des opinions d'autrui à mon endroit. Avant, je me laissais facilement démolir par une opinion négative ou emballer par une opinion flatteuse, parce que je n'étais pas assez sûre de moi et surtout parce que je n'étais pas assez en contact avec moi-même.

J'ai observé la même chose chez les autres. Par exemple, il m'est arrivé d'avoir la preuve que des gens qui s'étaient laissé influencer par ce que je disais d'eux étaient des personnes très dépendantes, qui ne croyaient pas beaucoup en elles-mêmes.

— Depuis que je connais mieux mes capacités, et mes limites, je ne crains pas de me montrer telle que je suis. Mon entourage sait ce que je veux et j'aime les gens qui savent ce qu'ils veulent et qui n'émettent pas de faux messages. Je dis mes convictions et je me laisse aller à mes émotions sans crainte d'être jugée, étiquetée.

— Depuis que je me sens forte et que je prends les moyens de l'être encore plus, je me rends compte que je ne m'accroche plus beaucoup à mes rôles : mon rôle de mère, mon rôle d'épouse, mon rôle de femme qui sait comment séduire et être séduite, etc. J'ai changé radicalement de comportement avec mes enfants et mon mari. Par exemple, j'ai insisté pour qu'ils se rendent compte de qui je suis, « moi », et qu'ils ne me considèrent pas toujours en fonction de mes tâches et de ce que je peux faire pour eux.

— Moi je viens de me rendre compte que j'aimais assez que les autres dépendent de moi. Je me croyais autonome à cause de cela. Or c'était tout le contraire. Il m'a fallu un grand choc pour découvrir cela et m'apercevoir que je ne m'étais à peu près jamais occupée de moi.

— C'est un combat pour moi. Surtout avec les gens que j'aime. C'est tellement facile de dépendre de quelqu'un que l'on aime. Ce qui me protège, c'est que je m'aime de plus en plus. A quarante ans, ce n'est pas trop tôt et ce n'est pas trop tard. J'essaie avec l'homme que j'aime de trouver l'équilibre : ne pas trop me protéger, car ce ne serait plus de l'autonomie mais de la peur d'aimer peut-être ; en revanche, rester vigilante pour être assez disponible à l'autre sans perdre ma vie avec moi-même...

Deuxième degré : *le fait de pouvoir présenter aux autres une image claire et forte de soi*

— J'ai compris ce que c'est d'être autonome, depuis que j'ai trouvé en moi les sources de la justification à mon existence. Je suis devenue assez motivée par ma propre personne pour trouver en moi mes raisons de vivre. Cela a complètement modifié mes attitudes vis-à-vis des autres. C'est comme si j'avais découvert l'amour et la liberté en même temps. J'ai cessé de dire à mes enfants que je vivais pour eux, que je me sacrifiais et le reste. Et je sens que depuis que je compte sur moi davantage, les autres comptent aussi sur moi davantage et tout est plus clair.

— Plus je compte sur moi, plus j'ai une image claire de ce que je suis et ma communication avec les autres est aussi plus claire.

— J'ai fait une grande découverte sur moi-même et sur la vie à travers ma lutte pour être de plus en plus autonome : c'est que plus je suis satisfaite de moi-même, moins j'essaie d'amener les autres à changer pour me plaire.

— Etre autonome, pour moi c'est : savoir ce que je veux, en le montrant clairement aux autres et en me faisant confiance à moi-même. Et depuis que j'ai appris à prendre des décisions en me faisant confiance, je suis devenue quelqu'un de plus décidé, cela dit sans aucun jeu de mots ; je veux surtout dire par là que je « me » reconnais de plus en plus à travers ce que je fais.

— Moi, l'indépendance économique que m'a procurée mon travail m'a beaucoup aidée à rester libre vis-à-vis de mon mari. Mais je crois que ce n'est pas cela d'abord qui m'a rendue autonome, comme je le ressens aujourd'hui. C'est le contact avec moi-même, le temps que j'ai appris à me réserver pour moi-même, le vécu avec mon corps, dans mon corps, que j'ai négligé pendant des années même si j'étais une femme, l'apprentissage de mon fonctionnement émotionnel, le retour sur le genre de sentiments que j'éprouvais à l'endroit de telle ou telle personne en telle circonstance, etc.

Troisième degré : *le fait d'être à la fois assez sûr de soi et dégagé de soi, pour pouvoir accueillir les autres tels qu'ils sont et être aussi stimulé par autrui que par soi*

— C'est paradoxal mais c'est vraiment cela : plus on compte sur soi, plus on est ouvert aux autres.

— Ce que j'expérimente d'extraordinaire : plus je suis proche de moi, plus j'en suis dégagée. On dirait que lorsqu'on ne se connaît pas soi-même et qu'on n'a pas trop confiance en soi, on s'accroche à soi et on s'agrippe aux autres, on cherche toujours des bouées et l'on devient terriblement fatigué...

— J'ai beaucoup choqué parce que le fait de vouloir être autonome et de l'exprimer est souvent perçu comme une démarche égoïste. Pourtant je ne me suis jamais sentie si proche des autres. J'ai perdu ma peur des autres, ma méfiance, depuis que je me trouve belle, fine, correcte...

— Pendant quinze ans, j'ai vécu avec un mari alcoolique et j'étais valorisée aux yeux de mes enfants et à mes propres yeux de supporter tout ce que cela entraînait de risques, d'insécurité et de violence pour la famille. Après la mort de mon mari, je me suis effondrée. Puis j'ai découvert, avec de l'aide, que pendant des années je m'étais valorisée en profitant de la dévalorisation de mon mari. Alors maintenant, à quarante-cinq ans, j'apprends à découvrir ce que je vaux par moi-même et c'est le seul moyen, je crois, qui puisse m'éviter de continuer à capitaliser sur la faiblesse d'autrui. Je n'en reviens pas d'avoir fait cette découverte sur moi.

— C'est à ma participation à des groupes que je dois mon cheminement. Dans des groupes, j'ai appris à m'exprimer, on m'a valorisée. J'y ai pris de l'oxygène pour avoir la force de m'affirmer vraiment dans mon milieu. Cela ne s'est pas fait sans douleur. Souvent mon mari m'accusait d'être « trop haute » ; il voulait dire « trop forte, trop sûre de moi ». Pourtant, moi, je commençais seulement à ressentir que je m'appartenais, que j'étais seulement à ma hauteur à moi. Lui, il commence à peine à reconnaître que je suis plus intéressante depuis que je suis plus libre, et cela, depuis que je sais mieux qui je suis et que je peux en faire profiter les autres.

Comme le disait l'une des participantes à un colloque où l'on entendait une partie de ces témoignages : « C'est beau, c'est vrai, ça donne de l'énergie et le goût de partager sa croissance avec d'autres. » Et elle ajoutait ce commentaire d'époque, de civilisation, qui nous ramène à l'essentiel : « C'EST ANTINUCLÉAIRE. Ça montre de quel côté il faut faire la révolution... »

Du côté des êtres. Du côté de la croissance de l'être humain.

Un énorme potentiel nous reste encore caché de ce côté. Et je crois que c'est le seul qui puisse nous faire vaincre le péril nucléaire, à long terme, si nous y parvenons.

Tous ces rassemblements, tous ces efforts individuels, de personnes et de groupes qui réapprennent à méditer, à redécouvrir le corps, à s'identifier les uns les autres dans des démarches de croissance (qu'elles soient bioénergétiques, psychanalytiques, behavioristes, monastiques, familiales, féministes...), tout cela n'est que la fine pointe de l'iceberg qu'il nous reste à découvrir pour nous emparer de ce potentiel.

Complétons dans cette perspective notre approche de l'autonomie, en observant quelques données fort simples, mais qui échappent bien souvent aux considérations intellectuelles hautaines, parce que précisément elles sont trop simples. Il s'agit de données sur les rapports de croissance et d'énergie entre l'individu et le milieu. La première est pour rappeler que la croissance de l'individu et celle de son environnement social sont indissociables ; la seconde, que la croissance individuelle est naturellement en expansion sociale.

La croissance de l'individu et celle de son environnement social sont indissociables

Un grand nombre de femmes résistent au fait de s'associer à une démarche féministe parce qu'elles se sentent non seulement dévalorisées, mais méprisées, quant aux sentiments qu'elles éprouvent à l'égard de leur vécu, lorsqu'on leur dit que pour être autonomes, elles devraient nécessairement sortir de leur foyer. C'est comme si on leur disait : « L'autonomie dépend exclusivement de telles conditions sociales et économiques, elle ne dépend pas de ce que vous êtes comme personne. » Or, une multitude de femmes ont maintenu la famille, ont contribué à protéger le développement de la personne, ont sauvé une immense part humaine de la civilisation, grâce à l'autonomie qu'elles ont réussi à développer en dépit des conditions sociales de dépendance dans lesquelles elles étaient placées. Le féminisme lui-même puise nombre de ses racines dans l'expérience individuelle de l'autonomie vécue à des degrés divers par les femmes dans la famille. Celles qu'on classe comme « les femmes au foyer » devraient se le faire dire davantage. La solidarité entre les femmes ne pourrait que s'en trouver agrandie. « Paroles de femmes » comme toutes paroles humaines, ont besoin de se respecter les unes les autres. A moins que l'on ne veuille passer des ghettos mâles aux ghettos femelles...

Dans ce contexte, l'injustice faite aux femmes doit être scrupuleusement identifiée du point de vue de l'inégalité des chances entre les femmes et les hommes, dans l'accès aux conditions de développement de la personne et de la société.

Cette inégalité se traduit d'abord dans le déséquilibre qui caractérise la séparation aux extrêmes, des rôles entre les hommes et les femmes. Celles-ci sont défavorisées par rapport aux hommes quant au choix de leurs activités et de leurs milieux de vie et, par voie de conséquence, quant au choix des formes de développement qui sont liées à la diversité des activités et des milieux de vie. Elles ont été contraintes à puiser presque toutes leurs ressources dans le milieu familial et sur le plan du développement des personnes. Or, vivre sur ce plan peut être extrêmement valorisant, plus valorisant que bien des situations vécues par les hommes en dehors du milieu familial. Mais cela devient au contraire opprimant pour beaucoup de femmes, parce que c'est excessif et concentrationnaire. C'est proprement la compression de l'environnement social et humain de la femme au foyer qui est, avec les formes d'exploitation qu'elle a entraînées, l'atteinte la plus fondamentale à la liberté de la femme et à son droit de choisir elle-même les formes de son développement personnel et social. Les autres membres de la famille en subissent souvent les effets, à des degrés divers, à travers ces comportements compensatoires que nous avons évoqués au premier chapitre : mainmise sur les enfants dans la possessivité et le pouvoir affectif, comportements de contrôle et de domination entre les conjoints, mutation de la « servante » du foyer en « reine du foyer », tensions de toutes sortes résultant du caractère concentrationnaire du milieu familial, etc.

En somme, les choses se sont passées jusqu'ici comme

si on demandait aux femmes de se concentrer exclusivement sur le développement de la personne (sans l'identifier
comme tel) dans le milieu familial, tout en limitant au
maximum leur environnement social et relationnel et le
choix de leurs activités.

Du côté des hommes, on a vécu l'excès systématiquement
contraire. Tout en comptant bien peu sur eux-mêmes et sur
leur gérance mâle pour assurer le développement de la personne, ils se sont par ailleurs donné le choix de tous les
rôles, de tous les milieux de vie et de toutes les activités
possibles.

Or, ce déséquilibre, il ne faut pas le voir seulement sur
le plan sociologique. *Il faut le situer à la source de notre
développement individuel et collectif à tous, sur le plan
ORGANISMIQUE. Il fausse notre rapport de croissance entre les conditions de vie qui dépendent des ressources individuelles et celles qui dépendent de l'environnement social
et humain.* Et en même temps il façonne culturellement les
hommes et les femmes dans une séparation des rôles qui
est contre nature, comme si la femme était un être personnel et l'homme un être social.

L'un des aspects majeurs de la révolution féminine est de
vouloir rompre ce déséquilibre culturel fondamental. En ce
sens, elle complète, tout en allant plus loin, les révolutions
antérieures, que ce soit la Révolution française, la révolution socialiste, la révolution freudienne.

Cette question du rapport de croissance entre l'individu
et son milieu est vitale pour l'avenir de la famille, des relations hommes-femmes et des relations adultes-enfants. Elle
est à la source de la dynamique des besoins, telle que nous
l'envisageons de chapitre en chapitre. Le rapport entre la
sécurité et l'enfant, le rapport entre le vouloir-vivre de l'enfant et le milieu adulte, le rapport de l'homme et de la femme aux rôles traditionnels, sont autant d'expressions de ce
rapport de croissance. C'est un rapport énergétique : plus
nos besoins fondamentaux sont satisfaits par un échange
dynamique entre nous et les milieux de vie où nous nous
développons, plus il circule d'énergie humaine en nous et
dans la société.

Dans cet ordre, un comportement d'autonomie, comme
tout comportement dynamisant, peut être défini de la façon
suivante :

a) Un comportement d'autonomie est une manifestation
d'énergie, de croissance, d'être.

b) Cette énergie est produite parce qu'il y a réponse à un besoin, rencontre d'un stimulus interne et d'un stimulus externe.

c) Cette réponse est d'autant plus productive et créatrice pour la personne et la société, qu'elle est le produit d'une croissance personnelle et d'une croissance de l'environnement convergeant vers une même qualité de vie.

On peut reprendre ce schéma et l'appliquer aux autres besoins en fonction des multiples rapports de croissance qu'ils mettent en cause.

La croissance individuelle est naturellement en expansion sociale

Si l'on était socialement plus convaincu que pour construire la société, il faut investir dans la croissance de la personne, on favoriserait sans doute davantage les démarches d'autonomie personnelle[1]. Car le trait le plus caractéristique des individus autonomes est leur tendance naturelle à composer avec autrui et à être utiles à leur milieu, sans la méfiance, sans le calcul, sans l'intérêt qu'accompagnent au contraire les comportements de dépendance ou d'indépendance farouche. Il nous faut dans ce contexte considérer un dernier aspect de la revendication d'autonomie par les femmes.

Cette revendication est aussi une revendication d'identité. Les femmes veulent être libérées des rôles sociaux et des stéréotypes traditionnels de « femmes-mères », de « servantes de l'humanité », de « femmes-objets », de « gardienne des valeurs » et de combien d'autres encore. Elles ne veulent pas d'autre IDENTITÉ que celle de FEMME, avec tous les possibles que cela implique pour leur personne et leur être social, et surtout, sans que la fonction de la maternité soit exploitée par la société pour limiter cette identité. (La maternité est un « plus » pour la société et pour la femme, c'est être bien primitif que d'en faire un « moins » quant à l'accès des femmes à d'autres fonctions !)

---

1. Il s'agit là d'une perspective à laquelle le dirigisme capitaliste et la dictature totalitaire résistent chacun à leur façon dans des voies extrêmes, mais qui ont en commun la même impuissance à conjuguer la croissance personnelle et la croissance collective. L'un des ouvrages éclairants sur cette question est *Société aliénée et société saine, du capitalisme au socialisme humaniste*, d'Erich Fromm (Paris, Le Courrier du Livre, 1971).

Or, *se dépouiller de rôles pour se considérer comme personne, apparaît à nombre d'individus une démarche extrêmement exigeante, voire angoissante.* Il est certain que les rôles ont une fonction sécurisante et ils garantissent telle ou telle identité à qui joue bien tel rôle. Mais la contrepartie de cela est qu'un rôle devient limitatif, voire même défigurant, parce qu'il ne représente qu'une partie de tous les possibles auxquels un être humain peut s'identifier. Dans un sens, un rôle est un support à qui veut être ceci ou cela, mais il peut devenir une limite à qui veut être davantage. Considérons par analogie le cas des grands comédiens. Ils nous diront tous les dangers d'être identifié à « un » rôle. L'ambition normale de tout comédien n'est-elle pas de pouvoir jouer plusieurs rôles et de n'avoir d'autre identité que celle de comédien. Un mot fameux de Jouvet éclaire cette analogie et distingue rôle et identité : « Tout homme a une âme plus grande que sa vie et c'est ce " plus " qui alimente le personnage [1]. » Eh bien, on peut dire de la même façon : *toute personne a un être plus grand que tous les rôles particuliers qu'on peut lui faire jouer dans sa vie, et c'est ce « plus » qui alimente la personne.* C'est ce plus qui est à la source de tout dépassement personnel et de cette expansion sociale que prend naturellement l'individu, quand on lui fait confiance et qu'on facilite son autonomie.

C'est ce plus également que les femmes revendiquent dans une recherche d'autonomie et d'identité qui les libère de rôles exclusifs, si valorisant que puisse être le rôle de mère et d'éducatrice.

Cette image du « plus » est utile également pour faire mieux comprendre la résistance, non seulement des hommes, mais aussi d'un grand nombre de femmes, à se dépouiller de rôles pour devenir, simplement et immensément, des personnes. La résistance sera d'autant plus poussée que les sociétés dépouilleront les individus de toute identité et les livreront à l'anonymat des multiples formes de totalitarisme modernes. Comment empêcher alors que des femmes préfèrent au moins garder une identité de mère, plutôt que de risquer de n'en plus avoir aucune dans un grand tout où les personnes sont sans visage ?

Là encore la révolution féminine suppose de nouvelles sociétés qui valorisent l'identité personnelle, de telle sorte

---

1. Louis Jouvet, *Le Comédien désincarné*, Paris, Flammarion, 1954, p. 131.

qu'à l'image de « comédiens de métier », hommes et femmes
puissent jouer tous les rôles possibles et devenir des « personnes de métier ».

4.

L'identité personnelle et l'adolescence, cet âge dit de « crise »

Il y a quelques années, j'ai été amené à intervenir dans une situation familiale marquée par la détérioration des relations entre un père et son fils de seize ans. Elle avait atteint un point culminant dans une tentative de suicide de ce dernier. Cette tentative a heureusement été l'occasion *in extremis* pour le père, le fils et les autres membres de la famille, de se redécouvrir et de réapprendre à vivre comme personnes. Dans les semaines qui suivirent la tentative de suicide, le père et le fils échangèrent des mots et des lettres, le tout à l'initiative du fils, dont la plupart des activités scolaires et parascolaires étaient centrées sur l'expression littéraire. L'un des messages du fils citait la fameuse *Lettre au père* de Kafka dont voici un extrait : « De mes premières années je ne me rappelle qu'un incident, peut-être t'en souvient-il aussi ? Une nuit, je ne cessai de pleurnicher, en réclamant de l'eau. Non pas, assurément, parce que j'avais soif, mais en partie, pour t'irriter ; en partie, pour me distraire. De violentes menaces, répétées plusieurs fois, étant restées sans effet, tu me sortis du lit, et me portas sur le balcon, et tu m'y laissas un moment, seul, en chemise, debout devant la porte fermée ! Je ne prétends pas que ce fut une erreur. Peut-être t'était-il impossible alors d'assurer le repos de tes nuits par un autre moyen. Je veux, simplement, en te le rappelant, caractériser tes méthodes d'éducation, et leur effet sur moi. Il est probable que cela a suffi à me rendre obéissant par la suite mais, intérieurement, cela m'a causé un préjudice. Conformément à ma nature, je n'ai jamais pu établir de relation exacte entre le fait tout naturel, pour moi, de demander de l'eau sans raison et celui particulièrement terrible d'être porté dehors. Bien des années après, je souffrais encore à la pensée douloureuse que cet homme gigantesque, mon père, l'ultime instance, pouvait presque sans motif, me sortir du lit, la nuit, pour me porter sur le balcon, prouvant par là à quel point j'étais nul à ses yeux. »

En réponse à ce message, qui intervenait à un moment clé de l'analyse de la situation dans laquelle le père s'était profondément engagé, le père adressa à son fils une lettre qui, elle, pose parfaitement le problème de l'identité que veut se voir reconnaître toute personne et à laquelle aspirent particulièrement les adolescents.

Voici le texte de cette lettre, que père et fils m'ont permis d'utiliser au besoin, si elle pouvait révéler des choses utiles pour d'autres.

« Je continue à beaucoup réfléchir. Sur *toi*. Sur moi. Sur ma relation avec tes deux sœurs et avec votre mère. Tu as seize ans, j'en ai cinquante, nous habitons ensemble depuis toutes ces années, et nous étions devenus des étrangers, pour ne pas dire plus. Je suis conscient que ton geste d'alarme est entré loin en moi, qu'il me remet en question en face de moi-même tout aussi bien qu'en face de toi. J'en porte la plus grande responsabilité, cela va de soi. Mais je ne me fais pas d'illusion sur tout ce qu'il va me falloir redécouvrir avec toi, pour te reconnaître *toi*.

« La citation de Kafka dans ton dernier mot m'a aidé à réfléchir. J'ai revu avec elle bien des scènes de ta jeunesse où je t'ai traité moi aussi comme un petit être " nul ". J'ai revu presque toute ma relation avec toi comme si je t'avais oublié sur un balcon pendant une longue nuit, qui n'a pas cessé jusqu'à ton geste.

« Tout semble s'éclairer maintenant et je comprends tous ces gestes de toi depuis des années pour me dire que tu étais *toi*, et rien d'autre que toi, seulement toi. Votre mère, qui, elle, s'était résignée, m'a fait comprendre la même chose, en réfléchissant avec moi sur la portée de ton geste.

« Je crois avoir vu une chose en clair : tu es *toi*, et quels que soient tes résultats scolaires, tes comportements qui diffèrent radicalement des miens à ton âge, tes valeurs, *tu es quelqu'un d'unique*, et tu aimerais que je te considère comme tel. Il est certain que tu es quelqu'un d'unique par ta passion pour les choses littéraires — dire que je n'ai à peu près pas porté attention à ce que tu écris —, par ton sens du silence qui n'est pas commun aux gens de ton âge à notre époque, par tant d'autres choses qu'il te faudra m'apprendre à voir. (Sans doute ai-je été déformé par l'habitude du microscope dans mes recherches médicales...)

« Je t'ai trouvé extrêmement généreux, après tout ce qui s'est passé, de me souligner que tu me considérais, moi, comme quelqu'un d'unique, et j'ai apprécié certains détails dont je ne m'étais même pas rendu compte chez moi. Comment te dire sans être trop gauche ? Cette générosité de ta part m'a fait l'effet d'une tendresse violente (dans le bon sens de se faire violence) qui m'a remué par en dedans comme une gifle. (Tu vois, à t'écrire, je retrouverais mes lettres !)

« Je ne voudrais pas devenir paternaliste, après avoir été un drôle de père, en te disant que je serai maintenant disponible, que j'apprendrai à voir qui tu es, qui tu deviens. Mais sache que je suis disposé à recevoir de *toi*, autant que je le suis à t'apporter ce que je peux. Ce ne sera pas facile, car ce que j'ai vécu avec toi, je l'ai vécu avec les autres, ta mère surtout. Aide-moi, mon fils. »

Cette lettre, comme les conversations entre le père et le fils auxquelles j'ai été mêlé, contient essentiellement ce que je voudrais faire ressortir sur le besoin d'identité personnelle : la nécessité pour chaque être humain d'être considéré par autrui dans son moi, pour tout ce que ce moi peut contenir et signifier d'unique. La découverte de ce père, c'est que son fils a une personnalité propre, incomparable à d'autres, quelles que soient les évaluations qu'il puisse faire de ses résultats scolaires, de ses comportements, de ses valeurs. D'où son insistance à revenir sur les « toi » et à les souligner. Et il a effectivement saisi l'importance qu'il y avait d'abord à reconnaître la personne de son fils et sa personnalité propre, pour pouvoir ensuite se situer par rapport à lui d'égal à égal et discuter, par exemple, de ses valeurs, de ses besoins. Si les parents en général vivaient d'une telle reconnaissance, la relation avec les adolescents serait substantiellement modifiée, n'en doutons pas. Et ainsi de toutes les relations humaines. Ce qui a énormément touché le père d'ailleurs, en deçà de tout sentiment de flatterie qu'il eût pu éprouver en d'autres circonstances, est de voir son fils le reconnaître, lui aussi, comme quelqu'un d'unique. Il s'est ainsi dressé un merveilleux pont entre les deux. Le père l'a emprunté sans hésiter, en rompant avec un orgueil assez marqué chez lui, pour aller à son fils d'égal à égal et lui demander de l'aide en vue de se redécouvrir lui-même comme personne. C'est ce qui m'a semblé le plus déterminant dans les nouvelles relations qui se sont établies entre le père et le fils.

Ces relations, à l'image du message du père dans la lettre, si on l'analyse dans le détail, ont été tournées vers de nouvelles valeurs attachées au respect réciproque de leur identité.

a) *Le père et le fils ne sont plus à la merci de rôles* de parent et d'enfant exercés dans un contexte qui était marqué par une supériorité et une autorité adulte, ayant pour effet de diminuer l'enfant et l'adolescent.

Avoir une identité comme personne, c'est précisément, comme cela a déjà été souligné à propos du besoin féminin d'identité, avoir une image assez claire et assez stimulante de sa personne, de son individualité, pour ne pas être à la merci de rôles. Il ne s'agit pas de supprimer les rôles, puisqu'ils sont des supports nécessaires de l'identité et des pôles d'orientation indispensables dans une organisation sociale qui assure un minimum de cohérence et de responsabilité partagée[1]. Mais il faut faire en sorte que le sens de la personne, que l'image qu'on se fait de soi-même soit assez sécurisante et dynamisante pour animer les rôles que l'on est appelé à jouer et ne pas se laisser dominer par eux, ne pas s'en servir pour compenser son manque d'identité personnelle.

b) *Le père et le fils sont devenus capables d'égalité.* Se reconnaître comme personnes, avant de se situer comme parents et enfants, comme femmes et hommes, comme jeunes et vieux, comme responsables de ceci ou de cela, est indispensable à la mise en place de rapports d'égalité.

Les rapports trop vécus en fonction des rôles, surtout dans une culture marquée par les multiples inégalités sociales attachées aux rôles (adultes-enfants, hommes-femmes, gens scolarisés et non scolarisés, etc.), vont presque fatalement être marqués par l'inégalité, dans des liens de dominants à dominés.

Un aspect majeur ressort de la lettre du père à cet égard :

1. Roger Mucchielli, dans un excellent ouvrage sur la délinquance, a particulièrement bien montré ce lien entre identité et rôles. *Comment ils deviennent délinquants*, Paris, e.s.f., 1968.

le père avoue qu'il a besoin de son fils pour se redécouvrir lui-même et se prendre en charge d'une nouvelle manière. Voilà un des principaux effets de l'égalité établie entre personnes. Appliqué à la relation parents-enfants, il signifie que les parents peuvent faire appel à leurs enfants pour croître, que ceux-ci peuvent leur apporter un support s'ils sont considérés vraiment comme des personnes. Il ne s'agit pas de faire appel « aux plus petits que soi », comme me le laissaient entendre un jour des parents, mais de se situer dans une réciprocité réelle de compétence rattachée à la qualité personnelle des individus aux différents stades de leur croissance.

c) *Le père et le fils ont défini leurs rapports dans la collaboration et non plus dans la rivalité.*
   « Tu es *toi.* Je suis *moi.* Tu as tes ressources et tes besoins propres. J'ai les miens. Tu as tes expériences. J'ai les miennes. Ce qu'il y a de neuf, de frais, de spontané, d'élan directement rattaché à ton dynamisme individuel, vient rencontrer ce qu'il y a d'acquis, d'appris, de conventionnel, de routinier, de figé chez moi, mais aussi d'assuré et de sain. Nous avons bien des échanges à faire entre nous », se sont dit le père et le fils.

d) *Le père et le fils, en se reconnaissant chacun dans son identité, se sont vus comme des êtres différents.*
   L'identité permet fondamentalement de dépasser un faux sens de l'égalité, que nous confondons souvent avec le nivellement des différences individuelles, pour accéder à l'égalité dans la différence, qui est complémentarité et richesse.
   La lettre du père est fort intéressante là-dessus également. Il comprend qu'il peut lui aussi se placer en situation d'apprentissage vis-à-vis de son fils. « Aide-moi, mon fils », lui dit-il finalement.

e) *Le père et le fils se sont rencontrés, parce qu'ils ont accepté de se voir comme deux êtres uniques.*
   Cette capacité de se voir comme des êtres uniques est devenue le support de leurs nouvelles relations.
   Ce que le sentiment d'une identité personnelle forte nous procure finalement, n'est rien d'autre qu'un VISAGE. Il est l'antidote à cet anonymat qui résulte, sous tant de formes, de l'assimilation de l'individu aux masses et aux régimes

de nivellement et de totalitarisme. Un visage pour mieux se voir soi-même, pour mieux être vu des autres, pour rendre la foule moins anonyme et plus riche. Nous revenons toujours aux premiers objectifs de croissance humaine.

Nous revenons également à cette idée qui m'est chère entre toutes, de *l'humanisation de notre énergie*. Car ce visage, il n'est que la reproduction de tout ce qu'un être humain peut devenir, de ce phénomène extraordinaire qui fait que parmi des millions de visages humains, il n'y en a pas deux qui soient exactement semblables.

Le besoin d'identité n'est au fond que le besoin de respecter notre biologie. *Notre caractère a besoin de devenir aussi unique que notre corps*[1]. Et la famille doit y être d'autant plus sensible que l'aspiration à conquérir l'identité personnelle est l'un des phénomènes continus dans la croissance de l'enfant et de l'adolescent[2]. Les occasions pour les parents de la favoriser sont constantes et les moyens multiples.

L'un des principaux objectifs de ce chapitre est de considérer une gamme de moyens qui ont en commun la valorisation du moi et la valorisation de l'adolescence comme âge extraordinaire de créativité pour la personne et pour la société. Il s'agit du même coup de prendre parti contre ce préjugé culturel en vertu duquel on particularise l'adolescence comme un âge de crise. Quel âge de la vie n'est pas un âge de crise[3] ? Nous distinguerons deux types de moyens, les premiers portant sur la valorisation de « l'indi-

---

1. Nous n'avons pas fini d'apprivoiser les rapports entre le culturel et le biologique. Je souligne là-dessus l'un des plus récents ouvrages du scientifique français Albert Jacquard, *Eloge de la différence, La génétique des hommes*, Paris, Seuil, 1978, p. 206.

2. Bien que nous nous limitions ici à l'adolescent, le développement de l'identité n'est pas moins vital chez l'enfant.

A presque tous les stades de développement de l'enfant et de l'adolescent correspond un aspect précis du façonnement de l'identité personnelle, qu'il s'agisse de l'état d'indistinction entre le moi et le milieu, qui marque la première année, de l'affirmation par l'opposition à autrui qui revient de façon cyclique pendant plusieurs années, des phases d'imitation, de la prise de conscience du schéma corporel qui n'intervient que vers la cinquième année, de l'action du moi rationnel, etc. La plupart des études sur le développement de l'enfant et de l'adolescent situent ces multiples aspects et moments.

3. Rien de plus relatif et de plus culturel que la fameuse vision de l'adolescence comme « période de crise », comme « l'âge difficile ». Nous y reviendrons plus loin. Mais je note ici l'existence de travaux, dont ceux de la regrettée Margaret Mead, qui ont montré que, dans telle culture, telle difficulté n'existait pas parce que tel tabou ou tel pouvoir adulte n'existait pas non plus.

vidu » comme tel, les seconds sur la valorisation de « l'adolescence ». Comme dans le cas du vouloir-vivre il s'agit de
moyens qui sont de l'ordre des attitudes et du climat que
les parents peuvent créer dans la famille. Ce sont des
moyens pour atteindre les valeurs que nous avons fait ressortir dans l'analyse de la lettre du père.

1. Le besoin d'être considéré comme un être distinct de
   tous les autres et d'être valorisé dans ce qui nous est
   propre et qui nous motive à nous affirmer.
2. Le droit sacré à la confidentialité, à la vie privée et à
   l'intimité.
3. Le lieu dit de l'identité : la vie intérieure.

Ces thèmes touchent davantage le moi, ceux qui suivent
visent plus l'adolescence comme âge qui a ses propres lois.

4. L'identification au VOYAGE ; l'adolescence, un « trip » ; le
   plaisir de croître, comme antidote de la tension.
5. Le choix de tout essayer, même d'être jeune.
6. POUVOIR d'être un support pour l'adulte.

**Le besoin d'être considéré comme un être distinct de tous
les autres et d'être valorisé dans ce qui nous est propre
et qui nous motive à nous affirmer.**

Ne devrions-nous pas tous avoir horreur que notre identité personnelle soit réduite à des étiquettes collectives, à
des généralisations, à des clichés, du genre de « On sait
bien, tu es un homme », « Les femmes sont comme ça »,
« Les jeunes sont comme ceci », « A ton âge, j'étais pareil »,
« Tu es comme tous les jeunes de ton âge ». Les adolescents
heureusement éprouvent cette horreur, même s'ils ne l'ex-
tériorisent pas toujours. Ils ne veulent pas être comparés
à tout le monde et ont le besoin aigu d'être considérés
comme des êtres distincts, particuliers, différents, uniques.
Ce qui les rend d'ailleurs hypersensibles aux jugements que
les autres peuvent porter sur eux. L'adolescent le plus sain
du monde se sent naturellement surveillé et évalué par son
entourage. A cet égard, il est plus fragile que l'enfant, surtout au moment de la puberté. Que de troubles on identifie
chez les adultes qui sont directement liés à des trauma-
tismes hérités de l'adolescence et provoqués par une simple
parole sur le physique ou le caractère d'un adolescent pu-
bère du genre de : « T'as bien grossi », « Ne me dis pas

que tu as fini de grandir », « T'as du chemin à faire avant de rejoindre ton père, hein ». Le langage stéréotypé que tiennent encore la plupart des parents, des enseignants et des orienteurs, aux garçons et aux filles, en leur disant qu'elles sont comme ceci parce qu'elles sont filles et qu'ils sont comme cela parce qu'ils sont garçons, a non seulement pour effet de porter atteinte à leur identité comme individu, mais les amène souvent à choisir des matières, des occupations, des métiers, des comportements sociaux qui les détournent de leur moi profond, au profit d'une socialisation superficielle et sexiste.

À cette réduction du personnel au général, nous ajoutons fréquemment des méthodes d'éducation inspirées de ce que j'appelle « la justice par le nivellement ». On veut traiter tous ses enfants de la même façon, de telle sorte, par exemple, que l'un porte le même genre de vêtements que l'autre, qu'il ait les mêmes jeux, que telle chose étiquetée « pour les filles » soit refusée à un garçon, que tel équipement plus dispendieux requis par telle activité soit refusé à celui qui le réclame sous prétexte qu'on ne pourrait pas donner l'équivalent à tout le monde. Autant il faut être juste, autant il faut tenir compte des besoins et des goûts particuliers de chacun, surtout à l'adolescence, où le choix des vêtements, de l'alimentation, des loisirs, d'un hobby, des relations humaines, des milieux de vie est, plus qu'à aucun autre moment de la vie, l'expression de l'être intime de chacun. Contrairement à l'adulte qui peut sentir un certain détachement vis-à-vis de choix semblables, l'adolescent, dans nombre de ces choix, éprouve *le sentiment aigu de se choisir lui-même*. Telle est d'ailleurs la ligne de force la plus caractéristique de l'adolescence : constamment choisir son moi à travers son vécu et ses relations à autrui. Même son appartenance à des groupes, l'adolescent la vit largement en fonction de la manière dont le groupe le perçoit. C'est comme si l'environnement lui servait à construire à l'extérieur de lui-même l'image de son moi. Il n'y a là ni égoïsme, ni maladie, ni crise, mais la saine évolution de la croissance du « je » qui, à mesure que s'approche la période adulte avec tous les choix qu'elle commande, met de plus en plus d'énergie à *s'assurer de lui-même*. De ce point de vue il a autant besoin de sécurité que l'enfant.

L'un des meilleurs moyens de lui donner cette assurance et cette sécurité, est de le valoriser comme individu. C'est encore tout un progamme.

Que soit valorisé ce qu'il fait, ce qu'il dit et ce qu'il pense, de plus personnel et de plus positif

Répétons-le, rares sont les personnes et les milieux qui nous précisent, adulte ou jeune, ce que nous faisons de bien et d'original. Pourtant, on est toujours là pour nous dire ce que nous ne faisons pas bien. Cette attitude assez généralisée n'épargne pas les adolescents, au contraire. On abuse avec eux de ce que Gordon appelle les « messages dévalorisants », genre « Tu veux attirer l'attention », « Tu ne sais pas ce que tu veux », « T'as pas réfléchi », « Tu ne penses pas aux autres », « Tu n'as pas de reconnaissance », « Tu ne sais pas t'y prendre »[1].

Que soit recherché et valorisé ce qui le motive le plus lui-même, ce qui le stimule à ses propres yeux

Quelqu'un dont j'ai oublié le nom a dit : « Nous sommes ce que nous aimons. » Les adolescents pourraient faire leur ce mot et le tenir bien haut devant leurs parents et leurs éducateurs. Chaque être s'accroche à quelque chose qui le motive, qui lui donne le goût d'être et de faire. Pour les uns, c'est la mécanique, la musique, le sport ; pour d'autres, ce sont les arts, la vie dans la nature, la camaraderie, le groupe. Il ne s'agit pas de limiter l'univers de quelqu'un seulement à ce qu'il aime et qui le motive, mais de *compter avec cela d'abord* pour pouvoir élargir les horizons et, bien souvent, faire accepter des responsabilités à l'égard de réalités moins motivantes, voire frustrantes. Partir du positif demeure une vieille règle qui fait ses preuves en thérapie comme en éducation.

Faire appel à ce qu'il y a de meilleur chez un être, selon

---

1. L'une des techniques intéressantes recommandées par Gordon, dans *Parents efficaces*, consiste à remplacer les messages « tu » (tu es comme ceci, tu es comme cela) par des messages « je ». Au lieu de dire au jeune « tu es insupportable », le parent dit « je suis embêté », « gêné » par ta façon de te comporter. Ainsi, l'identité de chacun est mieux située et l'enfant est amené à se voir dans une relation de réciprocité, pour négocier la qualité de la vie dans le milieu familial, plutôt que de se voir qualifié négativement comme personne. (Dr Thomas Gordon, *Parents efficaces*, Montréal, Editions du Jour, 1977.)

ce qu'il ressent lui-même et non selon ce que les autres décident à sa place, c'est le motiver à être meilleur encore à ses propres yeux et à en faire profiter les autres.

Mettre en valeur ce qui motive quelqu'un à être bien dans sa peau, c'est aussi lui faire exprimer ses besoins, pas seulement les besoins fondamentaux communs à tous mais les besoins particuliers à chaque individu [1].

Etre écouté. Etre consulté. Partager le pouvoir de décision

Le milieu familial est une communauté humaine, une micro-société, dont les enfants doivent se sentir responsables comme les parents, et non pas y être des personnes à charge, des pensionnés. La plupart des parents en sont encore à situer les enfants dans des régimes de dépendance, quant à l'organisation de la vie familiale et l'entretien de la maison, de telle sorte qu'ils se retrouvent avec des adolescents de seize ans qui ne peuvent pas entretenir leur chambre, critiquent leur mère si elle ne prépare pas les repas à l'heure et laissent tout en désordre dans la maison. Il n'y a aucune raison pour qu'à douze ans et même avant, un enfant ne soit pas assez autonome pour entretenir sa chambre, se faire à manger et contribuer au reste de l'organisation matérielle de la maison.

Jeter cette base organique et matérielle de partage des tâches est l'une des opérations clés du système familial. Elle est à la portée de tous et compte plus que bien des théories savantes et des recettes aux allures magiques en éducation.

D'une part, elle permet d'éviter une foule de conflits et de détails qui viennent empoisonner les relations parents-enfants lorsque les enfants n'exercent pas cette autonomie et cette responsabilité matérielle et physique. D'autre part, elle suppose un véritable régime de cogestion de l'unité de vie familiale. On ne saurait en effet compter sur les enfants pour des tâches de service commun dans la famille, sans du même coup les impliquer dans la discussion et la prise de décision sur l'ensemble des questions touchant la vie de famille : choix de l'alimentation, priorités de développe-

---

1. Il est certain que nombre de systèmes scolaires doivent être transformés dans le même sens. Faire faire la même chose à tout le monde en même temps à l'école et évaluer tout le monde de la même façon aboutit au nivellement de l'individualité. Il faut choisir entre la formation d'objets et celle de personnes.

ment économique de la famille, budget familial, loisirs, vacances, sélection des émissions de télévision, vie sociale de la famille, implication communautaire dans le quartier, engagement politique, idéologies. Les jeunes ont leur mot à dire sur ces questions et peuvent partager les décisions dans un régime de discussion démocratique.

Il est certain que les parents en maintes circonstances devront prendre des décisions, même à l'encontre du désir des enfants, mais l'important est que ces décisions soient motivées et qu'elles aient été soumises à la discussion.

Si j'aborde ce sujet dans ce cadre, c'est pour montrer combien l'identité doit s'enraciner dans l'environnement pour être bien réelle. *Elle se conquiert autant par rapport au milieu qu'en regard de soi-même.* Etre considéré pour soi, comme un être distinct, être valorisé dans ce qui nous motive, touche davantage la conquête de l'identité en regard de soi ; être écouté, être consulté, prendre part aux décisions, enracine dans le milieu. (L'un n'est évidemment pas exclusif de l'autre, ce qui est majeur vis-à-vis de soi dans un cas est mineur vis-à-vis du milieu, et inversement.)

Soulignons enfin que cette problématique ressemble fort à celle qu'on tente de développer en cherchant à renouveler des milieux de travail, où les ouvriers ne sont que de simples producteurs exécutants, exclus de la gestion de l'entreprise. Etre un simple exécutant, dans ce qui occupe la majeure partie d'une vie, ne confère pas d'identité personnelle. Cela ne confère pas davantage d'identité sociale. Il ne faut donc pas s'étonner que les populations d'exécutants que nous formons aussi bien dans la famille qu'à l'école et dans les milieux de travail soient grégaires et dépendantes.

Le rapport énergétique qui détermine la croissance de l'être humain demeure. La qualité et l'intensité personnelle, sont proportionnelles à la qualité et à l'intensité de conditions qui dépendent de l'individu et du milieu. Mais la responsabilité du milieu familial dans ce contexte est plus déterminante que celle des autres milieux, du fait que *la famille est à la fois milieu et agent de structuration du développement interne de l'individu* dans la formation de la personne. Si l'on ajoute à cela qu'elle est un agent de formation qui doit elle-même se transformer culturellement, tout en agissant sur la société qui l'a jusqu'ici déterminée, sa tâche apparaît d'une étonnante exigence.

Le droit sacré à la confidentialité, à la vie privée et à l'intimité

L'un des moyens privilégiés pour la famille d'alimenter le besoin d'identité dans des conditions qui rejoignent en même temps la personne et son environnement, est de respecter farouchement tout ce qui a trait à la confidentialité, à la vie privée et à l'intimité de l'adolescent. Les occasions sont multiples : communications et relations du jeune par courrier, par téléphone, communications entre l'école et les parents à son sujet, contacts avec des médecins, journaux intimes, confidences, secrets, intimité au domicile, allées et venues, sorties, fréquentations. Nous sommes devant quelque chose de sacré : choix de ses relations humaines, ses pensées et ses sentiments intimes sur lui-même et sur la vie, son intégrité physique, son corps, sa sexualité, ses amitiés et ses amours. Malheureusement, sous l'influence de nombreux facteurs sociaux et culturels, une foule de parents *violent* en cela la personnalité de leurs enfants. On joue au policier ou l'on se comporte comme si l'on était propriétaire de ses enfants et de leurs effets personnels. La hantise de la protection sexuelle amène les parents à négliger d'autres valeurs qui seraient précisément indispensables à une éducation sexuelle saine. L'autoritarisme et le paternalisme incitent à protéger le jeune « contre lui-même » et contre « la crise de l'adolescence »[1].

Un autre facteur joue un grand rôle dans notre culture : notre morale de la vie privée touche plus les biens et les immeubles que les personnes. Elle est aussi à l'image de la morale négativiste qui consiste à faire le bien en évitant le mal. Le leitmotiv du « je n'ai rien à cacher » l'exprime à lui seul.

L'envers de cette morale négative, est une forme de sensibilité aiguë au fait que toute personne a un monde à elle constitué d'une densité d'expériences, d'opinions, de convictions, qu'il est aussi nécessaire de protéger que de promouvoir selon les circonstances. Des parents, influencés par la morale du « je n'ai rien à cacher », ont souvent de la diffi-

---

1. Ne sont pas préférables les comportements extrêmes de parents et d'éducateurs, toutefois minoritaires, qui laissent tellement les jeunes à eux-mêmes qu'ils ne trouvent plus aucun point de référence sociale à leur identité. Les jeunes ont besoin de parler de ce qu'ils vivent, même de plus intime, à des adultes en qui ils ont confiance. Mais ils veulent choisir eux-mêmes ces personnes.

culté à admettre l'existence d'un univers intime qui soit partie intégrante de la personne du jeune. « Petit cachottier », « Pourquoi t'enfermes-tu dans ta chambre ? », « As-tu peur qu'on te voie », sont des formules types fort en usage dans les familles, pour incriminer des adolescents qui veulent tout simplement avoir un univers à eux. Que de jeunes se trouvent prisonniers chez eux, parce qu'ils ne sentent pas qu'à l'intérieur de la famille ils peuvent avoir un chez-soi personnel et intime (ce qui n'implique pas nécessairement qu'ils aient une chambre en exclusivité dans une maison bourgeoise). Mais il leur faut à tout prix un « coin » bien à eux. Ils n'ont pas moins besoin de sentir qu'ils possèdent des choses qui sont bien à eux. Ils n'aiment pas, par exemple, voir leurs parents décider que la robe de l'une peut être portée par l'autre, que la raquette de tennis de Claude est aussi à Jean, et ainsi de suite.

Ce n'est donc pas par des facteurs purement individuels que l'on peut expliquer que des parents se laissent aller à ouvrir le courrier de leurs enfants, qu'ils épient des communications téléphoniques, qu'ils s'arrêtent à scruter ce qu'ils trouvent « par hasard » dans des poches de chemises ou de pantalons à l'occasion de la lessive ou du nettoyage, qu'ils s'abaissent jusqu'à lire le journal intime d'un adolescent. Les lois protègent la violation de domicile, mais elles ne protègent pas les jeunes de la violation de leur personne.

Que de communications entre parents, d'une part, enseignants et administrateurs scolaires, d'autre part, se font par-dessus la tête du jeune ou à son insu, alors qu'il est le premier en cause. Fort heureusement, on voit de plus en plus d'enseignants faire en sorte que les communications avec les parents s'établissent par l'enfant et avec l'enfant. La même évolution semble se manifester dans le personnel médical, lorsqu'il s'agit de traiter des jeunes pour des infections vénériennes par exemple, ou de prescrire des produits contraceptifs sans le consentement des parents, mais les résistances à favoriser le respect de la vie privée du jeune demeurent nombreuses et les lois provoquent souvent ces résistances. Que de fois j'ai été témoin de la violation par des adultes de confidences d'adolescents, et non seulement de la violation, mais de l'utilisation de ces confidences à des fins de contrôle et de punition. On fait parler un enfant en lui disant qu'il doit pouvoir tout dire à ses parents et ensuite on le punit pour ce qu'il nous apprend. Ce sont des choses qui marquent un jeune pour la vie et qui ont des effets néfastes multiples : perte de confiance en l'adulte, perte de confiance en autrui, reproduction des mêmes comportements de sa part à l'endroit des autres, inspirés du constat que le respect de la confidentialité et de la vie privée n'est pas une valeur collective.

Les adolescents ne sont pas moins jaloux de leur intimité dans leur chambre, lorsqu'ils en ont une. Qu'on entre dans leur chambre sans frapper les indispose avec raison. S'ils n'ont pas de chambre en exclusivité, ils s'organisent donc leur coin bien à eux. Cela s'observe non seulement au domicile mais dans des camps de jeunes, par exemple. *Leur identité doit prendre une forme physique quelque part avec leurs effets personnels privilégiés : elle devient environnement.* Ce qui nous fait dire spontanément quand on voit comment notre fille ou notre fils s'est fabriqué un lieu : « C'est bien lui, c'est bien elle. » Ça ne change pas dans l'univers adulte : les lieux où nous vivons, la manière dont nous les aménageons, sont souvent (quand on les choisit) l'expression de notre personnalité. Le fait même d'accorder telle importance à un domicile ou de ne pas en accorder, est révélateur d'états dans lesquels on peut se trouver à différents moments d'une vie quant au sentiment que l'on a de son identité.

N'est-ce pas enfin dans le choix des sorties et des relations humaines, que la plupart des jeunes éprouvent avec leurs parents le plus de difficultés quant au respect de leur intimité, et aussi de leur autonomie, puisque l'une et l'autre sont indissociables sur ce plan ? Les filles le ressentent davantage que les garçons, étant donné la discrimination qui les atteint comme elle a atteint leurs mères ; d'autre part, les risques qu'elles courent sur le plan des relations sexuelles les obligent à des précautions contraceptives qu'elles sont généralement obligées d'improviser et de prendre en cachette. Mais la majorité d'entre elles ne les prennent pas, faute d'information et d'éducation. Il n'y a pas de recette pour déterminer comment respecter l'intimité et l'autonomie des adolescents, en exerçant un minimum de contrôle en dehors duquel les parents deviendraient irresponsables. Mais la question est largement liée au problème de l'éducation sexuelle, sur lequel je me limiterai à faire trois remarques.

C'est avant tout une question de climat et d'habitudes prises dans l'enfance. Un adolescent habitué à l'autonomie, à la responsabilité et à la communication avec ses parents, pendant l'enfance, en profitera à l'adolescence et en fera profiter ses parents. On saura se parler.

Deuxièmement, les jeunes ont besoin de sentir que leurs parents leur font confiance. Cela implique qu'on ne doit pas constamment leur demander de rendre compte de toutes leurs allées et venues. Que de parents s'épuisent et provoquent des conflits à contrôler et à surveiller, inutilement puisque, de toute façon, il y aura toujours nombre d'occasions où les jeunes pourront faire ce qu'ils veulent en l'absence de leurs parents. Les relations vécues au grand jour sont souvent beaucoup moins emprisonnantes, pour les jeunes eux-mêmes, que les relations qu'ils doivent vivre en cachette ou contre la volonté de leurs parents. On ne saurait croire jusqu'à quel point on rend mauvais service aux jeunes, en les amenant à vivre des relations amoureuses par opposition à leur milieu ou par compensation affective. Le risque est d'autant plus grand, qu'ils les survalorisent et qu'ils ne les vivent pas lucidement. Or, dans une foule de cas, leurs relations sexuelles sont l'occasion de combler un besoin de tendresse, d'affection, de confiance, qui est frustré par le milieu familial et le milieu scolaire. Que d'unions et de mariages prématurés sont ainsi provoqués et voués à l'échec. Des associations à des bandes aux activités louches sont aussi provoquées de la même façon.

Troisièmement, *la « hantise des relations sexuelles » occupe une place démesurée dans le contrôle que les parents exercent sur la vie de leurs enfants.* On a l'impression que si des parents avaient l'assurance que leurs enfants n'aient pas de relations sexuelles, ils auraient ainsi réussi leur éducation ! Or, s'ils avaient cette assurance, ce serait précisément l'occasion de s'occuper d'une foule de valeurs qu'ils négligent... à moins qu'on n'estime qu'un adolescent chaste a ce qu'il faut pour réussir sa vie et maîtriser ses relations avec autrui... Comme nous n'avons pas cette assurance — et que les systèmes d'éducation qui l'ont visée n'ont pas produit les meilleures personnes, ni les meilleurs parents, ni les meilleurs conjoints —, ne ferait-on pas mieux d'accorder autant d'importance à d'autres valeurs, tels : la connaissance de son corps, une qualité de vie spirituelle, la générosité, la passion d'être, la tendresse, la délicatesse, l'autonomie, la sécurité, le contrôle de soi, le goût du beau, le sens de la fête, le respect des différences. L'une des meilleures façons d'équiper les jeunes face à la sexualité est peut-être de les stimuler à ces valeurs, indispensables au développement d'une sexualité saine et intégrée à tout ce qui fait qu'un individu peut devenir une personne.

Cette problématique nous met au cœur même de l'identité. *En survalorisant la sexualité au détriment d'autres valeurs, et d'une façon négative, en visant l'abstention plutôt que l'éducation, ne limite-t-on pas les sources et les motivations d'identification du jeune à bien peu de chose ?*

En cela, les parents, dans l'éducation qu'ils donnent aux jeunes, reproduisent rigoureusement le système de valeurs qui domine dans le mariage traditionnel. L'époux ou l'épouse fidèle est avant tout celui ou celle qui n'a pas de relations sexuelles avec d'autres que son conjoint. Qu'advient-il des autres valeurs qui sont nécessaires pour constituer une fidélité vraiment humaine : la foi en quelqu'un qu'on admire pour ce qu'il est à travers les qualités qu'on a appris à voir en lui, la familiarité développée par le contact quotidien au long des années, la complémentarité des ressources et des tempéraments, la connaissance réciproque, les cheminements de la tendresse, la croissance partagée, la fidélité à soi [1].

Le lieu-dit de l'identité : la vie intérieure

Cette hantise d'une sexualité par ailleurs sous-développée, ne saurait être isolée d'une certaine pauvreté de la vie spirituelle. L'une des choses qui m'a toujours le plus frappé dans mes contacts avec les adolescents et leurs parents, est un problème de vie spirituelle. Disons plutôt, pour mieux le circonscrire, « un problème de capacité de vie intérieure ». C'est du même ordre que ce qu'un Saint-Exupéry met en question, lorsqu'il lance un appel pour que «l'Esprit souffle sur la glaise », ou que revivent sur la terre des hommes « les Mozarts assassinés ». Il s'agit de la capacité de réfléchir son vécu dans un milieu donné, à se prendre en charge par la conscience. «La conscience de croître », pour revenir à notre citation de départ sur le bonheur.

Je crois que l'une des principales questions sur lesquelles on devrait se pencher en éducation actuellement, tant à l'école que dans la famille, est de voir *comment on peut initier les jeunes à l'habitude de la vie intérieure.* L'adoles-

1. C'est le sujet des chapitres 7 et 8.

cence, notamment par la recherche d'identité qui la caractérise, est faite pour cela. On l'a aussi définie avec raison par cette formule devenue classique : « l'âge du qui suis-je ». La fin ultime de l'éducation de l'adolescent ne consiste-t-elle pas à le rendre capable de s'interroger sur lui-même et sur son vécu, pour qu'il se voie comme quelqu'un qui a telles ressources et telles limites, qui peut en conséquence commencer à faire certains des choix que nécessite la plongée dans l'univers adulte et planifier sa vie de telle façon ? Autant l'adolescent doit s'abandonner à la vie le plus intensément et le plus largement possible, autant on doit l'aider progressivement à pouvoir prendre ses distances vis-à-vis de ses expériences, pour les évaluer de l'intérieur. Là encore c'est un style d'éducation, une attitude des parents qui est le meilleur moyen d'y parvenir. J'appelle cela « *le style des parents-ressource* », *par opposition à un style de « parents-pouvoir »*.

Quand les parents agissent avec leurs enfants comme des parents-ressource, ils peuvent EXPLIQUER LE POURQUOI DE LEURS ATTENTES ET DE LEURS EXIGENCES à l'égard de leurs enfants. Si l'on veut que les enfants aient des comportements raisonnables, commençons par les traiter en êtres raisonnables. On ne mettra jamais trop de soin ni trop de temps à expliquer pourquoi on se comporte de telle manière dans les situations les plus quotidiennes : contrôle des émissions de télévision, partage des tâches dans l'entretien de la maison, questions d'horaires, alimentation, sorties, apprentissages scolaires, questions d'ordre, de ponctualité, de politesse, questions d'actualité sociale et politique, usage de la cigarette, de l'automobile familiale, et ainsi de suite. Dans toutes ces situations agir en parents-ressource, ce n'est pas seulement expliquer, c'est motiver plutôt qu'imposer d'autorité, c'est suggérer, persuader, conseiller, être consultant, écouter. Bien sûr il se présente toujours des cas où la persuasion ne suffit pas et où les parents doivent trancher en allant à l'encontre de ce que les enfants auraient souhaité. Mais le climat de motivation et de persuasion a d'autres effets que le climat de pouvoir et de rôles, où des parents décident, imposent, blâment, sanctionnent, parce qu'ils ont le « pouvoir » de le faire.

Les effets recherchés, et généralement atteints, par les comportements de parents-ressource, permettent de :

— créer une atmosphère raisonnable et intelligente, qui incite à d'autres comportements raisonnables, de libre discussion, d'échange, de négociation ; le raisonnable engendre le raisonnable ;

— exprimer son identité comme personne à travers le besoin de motiver ses comportements ; se faire connaître le plus possible ; faciliter une expérience de croissance pour chacun des membres de la famille à partir de cette connaissance ;

— habituer les jeunes à ne pas se restreindre à des rôles d'exécutants ou de révoltés occasionnels.

Cette qualité de vie raisonnable et démocratique est nécessaire pour permettre à l'adolescent de s'y appuyer et de la dépasser, en allant à la recherche de lui-même, avec lui-même. « Qui suis-je ? » « Qui est-ce que je deviens comme personne ? » « Est-ce que je commence à avoir une image de moi-même qui me satisfait et qui satisfait les autres ? » Que ce soit sous cette forme ou sous une autre, ou même qu'il ne les formule jamais en mots, l'adolescent se pose ces questions au plus profond de lui-même.

Être des parents-ressource, c'est être des parents compagnons. Compagnons d'adolescents qui sont assez motivés vis-à-vis de leur propre personne et de leur adolescence, pour éprouver le besoin d'aller jusqu'au bout d'eux-mêmes, sans craindre les autres et sans avoir envie de les dominer.

De l'adolescent à l'adolescence : L'identification au « voyage » ; l'adolescence, un « trip » ; le plaisir de croître comme antidote de la tension

Observons, en évitant dans un premier temps de les qualifier, un ensemble de caractéristiques de l'adolescence, en distinguant trois groupes : des caractéristiques de croissance, des caractéristiques liées à l'ambivalence du développement de l'adolescent, des caractéristiques psychosociales et culturelles.

a) *La croissance*

A la base, c'est un âge de transformation physiologique et énergétique de l'organisme, marqué par une multitude de phénomènes, dont la transformation de la stature par des changements considérables et souvent brusques de la taille et du poids.

Cette transformation physique a fréquemment pour effet d'entraîner une insatisfaction quant à l'apparence physique

que prend son moi, et elle s'accompagne forcément de grands moments de fatigue ; elle tire énormément d'énergie de toutes les ressources de l'organisme.

Le développement des organes génitaux et la maturation des caractères sexuels entraînent à eux seuls toutes sortes de transformations de l'organisme et de la personnalité, qui ne peuvent pas être dissociées de la manière dont le milieu familial et social y réagit.

b) *Autres caractéristiques de croissance marquées au sceau de l'ambivalence*
— Le besoin d'indépendance voisine avec une hypersensibilité au jugement d'autrui ;
— Le besoin du groupe voisine de façon aiguë avec le besoin d'être personnel ;
— Le besoin d'identification à des personnes (idoles, maîtres, vedettes, héros) voisine avec les besoins d'indépendance et d'originalité ;
— Le besoin d'essayer, d'expérimenter, de passer d'une chose à une autre, voisine avec l'échéance de choix d'orientations scolaires et professionnelles ;
— Le dynamisme et l'effort de croissance souvent accompagnés de fatigue et de stress, vont de pair.

c) *Caractéristiques psychosociales et culturelles*
— C'est l'âge « entre deux » âges, qui n'a pas véritablement de statut social et qui ne se trouve pas valorisé comme l'enfance peut l'être ;
— Dans la plupart de nos sociétés occidentales, la période de l'adolescence s'allonge de plus en plus depuis les deux dernières décennies ; d'une part, la puberté a été avancée sous l'influence de facteurs culturels, d'autre part, la société industrielle et post-industrielle allonge le temps de formation aux métiers et aux professions pour adultes et jeunes adultes ;
— L'adolescence est vue comme une période de crise et de conflits ;
— Dans les faits, il est certain qu'une vaste proportion des adolescents, sinon la majorité, se situent dans des oppositions et des conflits avec les adultes et face à l'organisation sociale ; *se poser en s'opposant fait partie de la dynamique même de l'adolescence, à certaines phases surtout* ; d'autres facteurs d'opposition tiennent aux individus et aux milieux et sont tout à fait normaux, mais plusieurs

proviennent des caractéristiques culturelles citées précédemment.

— Dans maintes sociétés au cours des deux dernières décennies, on a assisté à un processus de remise en question des valeurs de vie et d'éducation ; ce processus s'est accompagné dans bien des cas de comportements adultes démotivants et démobilisants pour la jeunesse ; il s'ensuit de nouveaux facteurs culturels qui affectent les jeunes et font qu'il leur est bien difficile d'être motivés à vivre dans un monde que leurs aînés décrivent et perçoivent comme absurde.

J'ai groupé ces caractéristiques pour faire ressortir l'une des données majeures du développement de l'adolescent, soit *la fatigue et la tension* auxquelles son moi est soumis. Fatigue et tension dues à sa croissance physique, à cette ambivalence qui l'oblige à concilier un grand nombre de forces contradictoires, et à sa situation sociale dans un environnement adulte qui ne lui reconnaît d'autre statut que ne plus être un enfant et pas encore un adulte. Or, au lieu de chercher à diminuer cette tension et cette fatigue, beaucoup de parents et d'éducateurs les accentuent et les portent à des états de paroxysme, en y répondant par un style d'éducation lui-même tendu. *Ne vaudrait-il pas mieux répondre à la tension par la détente, par la communication du sentiment que l'adolescence est un âge fantastique de croissance ?*

On oublie trop le monde du plaisir et de la joie avec les adolescents. Pourtant, plus encore qu'avec les enfants, il est possible de valoriser au maximum le plaisir de croître, en l'intégrant au développement de la conscience dont l'adolescent est capable. On ne saurait lui rendre service plus précieux qu'en lui faisant vivre l'adolescence comme un âge d'emportement, d'exploration, d'essai, d'expérimentation, d'aventure, de VOYAGE, au sens même où les jeunes parlent de vivre un « trip » (expression consacrée en Amérique mais qui a passé l'Océan...). Eduquer un adolescent, c'est à maints égards pouvoir lui faciliter ce voyage et en être soi-même quand on sent que cela est possible. Et pour que cela soit possible il faut être un adulte qui est capable de « partir », dans le quotidien, s'emporter dans la fantaisie, la détente, l'HUMOUR. ON NE PEUT PAS ÉDUQUER SANS HUMOUR. Cela importe plus que les recettes issues des plus belles théories sur l'éducation. Sens de l'humour, sens du plaisir, sens de la détente, sens de la fête.

Que de phénomènes de croissance peuvent être vus positivement et faire l'objet de fêtes. La maturation sexuelle et la croissance des organes génitaux en sont. Les premières menstruations, les premières éjaculations doivent être vues comme des choses bonnes et belles. Les premières amours, les premières caresses auxquelles on accorde du prix, les premières expériences sexuelles, sont à la fois quelque chose d'intime et que l'on peut vouloir partager quand on se sent bien avec les autres membres de la famille. Les sorties entre parents et adolescents ont quelque chose d'incomparable à toutes autres relations. Aller au cinéma, au théâtre, aller prendre un verre avec son fils ou sa fille, pratiquer des sports ensemble, faire des voyages, sont autant de choses bonnes et belles à VIVRE, surtout si l'on est aussi disponible pour suivre ses enfants que l'on voudrait qu'ils le soient à notre endroit. Les échanges et les discussions sur des valeurs de vie, sur des besoins individuels, sur des travaux scolaires, sur l'actualité sociale et politique, quand ils sont vécus d'égal à égal, ont une qualité et une saveur qu'on ne saurait comparer à des échanges avec des personnes extérieures à la famille.

C'est une erreur de penser que les adolescents veulent vivre exclusivement entre jeunes et que la présence des adultes les gêne. Ce sont les adultes surtout qui ont créé des mondes séparés entre les jeunes et eux et qui ont alimenté la crise de l'adolescence et les irréductibles conflits entre générations. On a fini par se donner toutes sortes d'images des rapports entre les générations, obéissant à des stéréotypes culturels plus qu'à la découverte de la réalité immédiate et environnante, qui, elle, est faite d'êtres uniques et neufs, entre qui tout peut être vécu. Il n'y a rien de tel que les rapports parents-adolescents pour expérimenter en même temps la satisfaction du vouloir-vivre et de l'identité personnelle. Encore faut-il y mettre le temps, se rendre disponible et y croire. Si un père, par exemple, est animé du sentiment profond que ce qu'il peut vivre avec ses enfants a un prix infini, et s'il est disponible, il y a de grosses chances pour que dans les faits ses relations avec ses enfants adolescents soient intenses et belles... Ce qui ne veut pas dire « faciles ». Car il est évident que les adolescents franchissent de nombreuses périodes marquées par le besoin de vivre entre eux, sans parents, sans adultes. Leurs camarades, leurs « copains », leur « bande », deviennent souvent et pour une période assez longue, mais passagère, leur bien le plus précieux.

Alors, il faut accepter de ne plus les voir beaucoup. Il faut accepter, par exemple, de ne plus les voir partir avec nous en vacances. Il faut accepter au besoin une véritable RUPTURE, comme si l'adolescent devait à un moment donné recouper lui-même le cordon ombilical.

Le besoin de cette rupture se manifeste à des degrés divers selon les individus et selon les circonstances. Mais il est certain que les parents qui y font face en résistant ou en ne l'acceptant pas comme quelque chose de normal et de naturel, ne la rendront que plus difficile ; ils en feront quelque chose d'anormal. Par ailleurs, il ne s'agit pas de répondre à la rupture par la rupture, en cessant de se comporter comme de vrais parents. S'il y a un moment où il faut être avant tout des parents-ressource, disponibles, quasiment sur demande, c'est bien celui-là.

Le choix de tout essayer, même d'être jeune

Il y a un autre comportement type de la société adulte qui est source de contradictions et de tension pour l'adolescent. D'un côté, nous ne leur reconnaissons à peu près pas de statut social, d'un autre, nous voulons qu'ils fassent des choix, qu'ils « se fixent », qu'ils « se branchent », qu'ils entreprennent « une chose » et qu'ils la mènent à terme sans explorer ailleurs en même temps. Or ce n'est pas le propre de l'adolescence de se fixer. Et l'école, qui ne s'évertue pas à respecter la psychologie de l'adolescent, l'a ignorée magistralement, en imposant dans la dernière décennie les spécialisations hâtives. On commence dans certaines sociétés où l'on est allé trop loin en ce sens à le remettre en question, mais jusqu'où ira-t-on ?

Pour aller assez loin dans la bonne direction et rejoindre les besoins de l'adolescent, il faudrait d'abord reconnaître ces besoins et lui accorder un statut social en conséquence. Il faudrait mettre en veilleuse nos procédés ininterrompus de formation scolaire, du primaire au secondaire, du secondaire à l'université ou de tel niveau scolaire au marché du travail. L'école nouvelle est à bâtir autour d'expériences d'apprentissage de travail, de service social, de voyages, d'engagements volontaires, d'échanges entre des régions, des cultures, des peuples. Pourquoi les adolescents sont-ils absents des services sociaux à l'enfance, des services de garde ? Il nous faut vraiment manquer beaucoup d'imagination, pour ne pas réussir, en dehors du milieu familial, à mettre davantage en contact les enfants et les adolescents. Nous manquons d'imagination ? ou de confiance ? ou de vision plus humaine ? ou de technocrates qui cessent de voir le monde à partir de leur table de travail ? Pourquoi les jeunes sont-ils presque totalement coupés des contacts avec les vieux ? Pourquoi ne trouve-t-on pas les moyens de les rassembler au niveau des quartiers, par exemple ? Pourquoi l'expérience des vieux est-elle totalement absente de la formation des jeunes et du milieu scolaire ? Pourquoi les jeunes ne viennent-ils jamais en contact avec des groupes de citoyens isolés, marginalisés, comme les personnes handicapées, les malades, les détenus ? Pourquoi cache-t-on systématiquement aux jeunes toute cette partie de la réalité sociale ? Pourquoi ne trouve-t-on pas les moyens de mêler les cultures, les groupes ethniques, à partir d'expériences de jeunes ?

Où sont pour les jeunes les possibilités de choix qui correspondent à leurs besoins d'explorer la vie, de « s'essayer », de rencontrer dans la société des stimuli de développement adaptés à leurs stimuli intérieurs, d'aventure, de liberté, d'expérimentation, de changement ?

Où sont « pour la société » leurs possibilités de choix ? Car nous n'arriverons jamais à des sociétés pluralistes, tolérantes, ouvertes aux différences et à la liberté responsable, si ces qualités ne prennent pas forme dans l'énergie de l'enfance et de l'adolescence. Nos rêves adultes de générosité et de responsabilité sociale ne prendront jamais chair si nous ne savons pas en nourrir l'appétit de la jeunesse. L'identification sociale de l'adulte prend ses racines dans l'identité personnelle du jeune, pour le meilleur ou pour le pire. La loi de la croissance est là. Plus nous permettons à l'adolescent d'aller loin dans son moi, plus il aura de chances, adulte, que cet emportement en lui-même le conduise en même temps au « sens de l'autre ». Je dis bien « sens » de l'autre, pour préciser qu'à la signification spirituelle ou intellectuelle qu'on donne au mot sens, correspond en fait une démarche de croissance, une direction, une ligne de force de son énergie. En étant des agents de croissance, nous les parents, nous faisons vraiment « souffler l'Esprit sur la glaise ».

Dans cette optique, il faut se demander si le milieu adulte

n'est pas amplement responsable de la « crise » de l'adolescence ? Est-ce que nous ne la fabriquons pas en grande
partie, en répondant aux tensions de sa croissance par la
tension de nos attitudes et à son besoin de ne pas se fixer
par les contraintes sociales et éducatives qui l'y contrai-
gnent ? Et est-ce que nous ne faussons pas ainsi le rapport
de croissance entre l'individu et le milieu, selon lequel
l'adolescent devrait trouver une grande partie de son équilibre, dans l'adaptation des conditions du milieu aux conditions de développement qui sont spécifiques à son âge ?

Avec le sens de la détente et du plaisir de croître, il nous
manque, pour partager la vie avec les adolescents et stimuler
réciproquement notre énergie, de prendre *le temps de vivre*.
Le temps de vivre... Le temps de vivre...

A presser les jeunes de vieillir avant le temps, à les
conditionner à vivre en fonction du temps et de l'espace
adulte, nous bouleversons leur croissance et nous hypothé-
quons leur devenir adulte.

Et non seulement il faut leur permettre de mieux remplir
l'adolescence, mais nous devrions ajouter à cette période
l'âge du « jeune adulte » que d'autres sociétés ont reconnu
et valorisé dans l'histoire. Cet âge manque dans nos sociétés,
pour prendre le temps de passer de l'adolescence à la vie
adulte.

Autrement nous risquons de plus en plus de voir se développer toutes sortes de phénomènes de « mal-croissance »,
qui vont s'ajouter à ceux que nous connaissons déjà trop
bien dans le champ de la déviation, de l'inadaptation et de
la délinquance. Il en est ainsi, par exemple, du « vieillissement prématuré ». De plus en plus de jeunes deviennent
vieux, non pas au sens de « mûrs » mais « d'usés ». Ils sont
fatigués psychologiquement et physiquement. Je ne parle
pas ici de ceux que certains « gourous » désabusés tentent
d'initier au sens de la mort et des paradis artificiels... Je
parle des jeunes que l'on rencontre partout quotidiennement
et qui sont comme en fuite, ou arrêtés, ou coincés entre
une école qui fonctionnerait mieux sans eux, le chômage
et une famille qui une fois sur trois au moins vient d'éclater.
Et, signe des temps, plusieurs d'entre eux, à seize ans, sont
fixés dans leur appartement, liés à un(e) partenaire, ou
réfugiés dans une commune, assaillis en même temps comme
de vrais adultes par des problèmes de travail, d'études et
de vie de couple... On a tellement réussi à les fixer sur
l'univers adulte, qu'ils vivent de ce qu'ils décrient chez les

adultes, en particulier les couples aliénés... Combien d'avortements et d'enfants non voulus leur devrons-nous ?

Quels comportements auront-ils devenus adultes, ceux-là et tous les autres qui n'auront pas vécu leur jeunesse en son temps ? Comment vont-ils agir avec leurs enfants ? Vont-ils précisément leur refuser ce qu'ils n'auront pas eux-mêmes obtenu dans leur jeunesse ? Ou vont-ils à tout prix vouloir que leurs enfants fassent ce qu'eux n'ont pas réussi à faire ? On sait le nombre de comportements adultes, et de conflits entre parents et enfants, qui ont leurs racines dans ce genre de questions, non résolues dans la conscience adulte...

Pouvoir être un soutien pour l'adulte

Revenons, pour conclure cette incursion dans la psychologie de l'adolescent, à la lettre dont je me suis servi pour ouvrir ce chapitre.

« Aide-moi mon fils... Sache que je suis disposé à recevoir de toi, autant que je le suis à t'apporter ce que je peux. » Ainsi s'exprime le père, vers la fin de sa lettre. Après avoir reconnu son fils comme quelqu'un « d'unique », après s'être placé aussi sur un pied d'égalité avec lui du point de vue de leurs besoins réciproques de croissance personnelle, non seulement il dit respecter sa personnalité mais il avoue « avoir besoin » de lui. Il y a dans cette démarche un modèle de dynamique du comportement adulte et parental, en particulier dans cet aboutissement où il reconnaît que le jeune peut, lui aussi, être un soutien pour l'adulte. C'est fondamental. Quand les adultes reconnaîtront qu'ils ont autant besoin des jeunes pour croître en adultes que les jeunes ont besoin d'eux, les relations adultes-jeunes et parents-enfants auront changé de visage.

Le problème est proprement adulte. Nous n'avons pas l'habitude de nous situer ni de nous percevoir comme des êtres en croissance. Nous nous épuisons nous-mêmes à vouloir à tout prix paraître des êtres forts et quasi invincibles aux yeux des enfants tout en jugeant à tort les jeunes comme des brouillons d'adultes qu'il faut surprotéger. Il y a un mythe de l'adulte fort, mature, surhomme ou surfemme, qui ne laisse pas voir à ses enfants ses crises personnelles et qui surtout ne les partage pas.

Cette attitude s'accompagne d'ailleurs d'un mécanisme

de rejet de la responsabilité personnelle qui est fort néfaste
sur le plan éducatif : nous nous en remettons constamment
à des causes extérieures telles que l'inconduite des autres,
les circonstances, la société en général ou la nature même
de l'être humain que nous vouons à tous les maux. Les
jeunes sont ainsi conditionnés à rechercher en dehors d'eux-
mêmes les causes de leurs difficultés de croissance. C'est
une attitude généralisée entre les membres de la famille,
à l'intérieur des couples : on accuse mais on ne se met pas
en question individuellement ou comme groupe de croissance. Pourtant la famille et le couple sont avant tout des
unités de croissance.

En partageant avec nos enfants nos difficultés personnelles de croissance, nous pouvons nous aider réciproquement de multiples façons. C'est d'abord une question d'authenticité et de dialogue franc ; on doit accepter de se faire
interpeller par ses enfants, accepter d'examiner ensemble
comment nos comportements individuels affectent le vécu
du groupe familial, quels choix on fait pour que ce vécu
soit tel ou tel, et quelle influence le vécu des parents comme
couple a sur les enfants et sur l'ensemble de la vie de
famille. Face aux conflits conjugaux, on oublie que les enfants sont souvent les mieux placés pour les observer et
donner leur point de vue. De toute manière, en les tenant
à l'écart de la discussion de ces conflits, non seulement
on se prive de leur soutien, mais on est profondément
injuste, puisqu'on leur fait vivre ensuite les conséquences
de ces conflits. Voyez la contradiction, une fois de plus :
d'un côté, on ne fait pas appel à eux au moment de difficultés
parce qu'on les considère faibles ou impuissants et qu'on
veut les surprotéger, de l'autre, on attend d'eux qu'ils aient
assez de force pour vivre toutes les conséquences d'une
séparation ou d'un divorce et qu'ils puissent devant un tribu-
nal choisir entre leur père ou leur mère... Ce n'est pas
seulement de la contradiction, c'est de la cruauté mentale.
Et dans combien de cas de difficultés familiales n'abuse-t-on
pas du placement d'enfants ? Que de fois, au lieu de retirer
les enfants de leur famille, on devrait faire appel à eux sur
les orientations à prendre pour corriger la situation de
l'intérieur ou trouver des alternatives à l'extérieur en faisant
appel à des amis. Mais les professionnels souvent ne sont
pas différents des parents sur ce plan et se croient eux aussi
investis du pouvoir adulte.

Il y a un monde à ouvrir ici, pour les professionnels des

services aux familles et à la jeunesse comme pour les parents, comme pour le milieu scolaire. Il ouvre sur les questions curatives et sur celles de prévention. Il fait appel à nos attitudes devant la jeunesse autant qu'à nos techniques et celles-ci ne seront plus jamais les mêmes si nous acceptons de croire que les jeunes sont des soutiens — pas des béquilles — et que nous avons besoin d'eux nous aussi, pour conquérir notre identité personnelle. Au moment où plus d'une famille sur trois éclate, cet élargissement de notre champ de conscience peut être extrêmement libérateur.

5

L'appartenance sociale :
la famille fait aussi le citoyen

La famille ne nous forme pas seulement en tant que personnes, elle nous éduque comme citoyens. Notre capacité d'entrer en relation positive avec les autres citoyens et notre goût même de vivre en contact avec les autres et d'être présent à un milieu social, se trouvent largement orientés, stimulés ou non par le milieu familial.

Plus encore, la famille nous enracine dans une culture. Et plus elle est un milieu de vie intense, stimulant, créateur, plus on peut y apprendre à être des citoyens autonomes et engagés. Ou la famille est elle-même « agent de culture » ou elle subit la culture qui l'environne, à partir des autres agents que sont l'école, les religions, les médias d'information et de divertissement, les idéologies politiques et économiques, etc. Jusqu'ici la famille, dans la plupart des sociétés et presque à tous âges, a subi la culture plutôt que d'en être l'agent.

Elle peut pourtant en être l'agent privilégié, parce qu'elle est à la source de la formation des citoyens et de l'apprentissage de leurs rapports sociaux. On comprend d'ailleurs pourquoi les détenteurs de pouvoirs idéologiques et politiques ne veulent pas qu'elle prenne trop d'importance comme « agent libre » de la formation des citoyens ou pourquoi ils s'en servent comme du premier instrument de conditionnement des régimes politiques et économiques en place.

Elle peut être à la source de la culture dans toutes ses dimensions. Bien qu'il ne soit plus très à la mode de se référer à l'origine latine des mots, dans le cas de la culture cela est fort utile. On se rend compte alors que le verbe *colere* d'où vient le mot culture comprend un ensemble de

significations auxquelles correspondent de fait les principales dimensions de la culture : « cultiver » (au sens de
cultiver la terre ou le bon sens ou l'amour), « prendre soin
de », « veiller sur », « pratiquer », « honorer ». C'est tout
un programme pour la famille de transmettre une « culture
de la vie » sous ces dimensions.

C'est dans cette optique que je veux faire ressortir le
rôle charnière de la famille entre l'individuel et le collectif,
entre le moi et le milieu environnant. L'une des meilleures
façons d'exercer ce rôle, est de cultiver l'estime de soi chez
l'enfant et l'adolescent, et bien sûr chez les parents.

*Habituer les jeunes à voir que tout dans la vie se déve-
loppe par relations et par complémentarité*, en est une autre.
J'y consacrerai la plus grande partie de ce chapitre en montrant surtout que l'apprentissage des relations humaines
quotidiennes avec les êtres qui sont les plus proches de
nous, est l'un des fondements les plus sûrs de la conquête
du social. Et c'est aux fins de cet apprentissage que j'exa-
minerai la fonction sociale du couple, le sort fait aux personnes âgées dans nos sociétés urbaines et industrialisées
et l'insertion de la famille dans un environnement communautaire réel.

L'estime de soi et l'extension de soi

De l'étude des quatre besoins considérés jusqu'ici, il se
dégage une norme de comportement, que je n'hésite pas à
rappeler puisqu'elle est la base majeure du développement
de la personne et des relations avec autrui : UN MOI FORT
EST SUSCEPTIBLE DE FACILITER LE RESPECT D'AUTRUI ET LA RE-
CONNAISSANCE QU'AUTRUI EST NÉCESSAIRE A LA RÉALISATION DE
SOI.

En chaque besoin, nous avons identifié cette norme générale sous une forme particulière. Cela nous conduit tout
naturellement à mettre en valeur une qualité globale du
développement de la personne et qui est en soi créatrice
d'appartenance sociale : *l'estime de soi*. Elle signifie qu'on
a pour soi-même cette considération et cette confiance auxquelles on se réfère lorsqu'on dit « avoir de l'estime pour
quelqu'un ».

L'estime de soi est non seulement créatrice d'appartenance
sociale, mais on la considère souvent comme un indice ou

un symptôme privilégié de maturité et de santé mentale. Nombre d'auteurs, de thérapeutes et de personnes œuvrant dans le domaine des relations humaines, y voient une ressource et un besoin fondamental uniques. On observe, en particulier, que l'estime de soi est essentiellement caractérisée par un effet d'élargissement ou d'extension du sens de sa personne vers autrui. L'une des personnes qui font le mieux état de cette dimension dans la famille et dont l'expérience en thérapie familiale est l'une des plus significatives dans le monde actuellement, est Virginia Satir. Dans son ouvrage *Thérapie du couple et de la famille*[1], où l'estime de soi est décrite comme la base d'un système de communication positive entre les membres de la famille, elle formule des critères de maturité axés sur les effets sociaux de l'estime de soi.

« Les façons de se comporter caractérisant un individu qui a atteint sa maturité sont appelées fonctionnelles parce qu'elles le rendent capable de se comporter de manière relativement compétente et précise dans le monde où il vit. Cet individu pourra :

— Se manifester clairement aux autres ;

— Etre en contact avec les signaux de son être intérieur, donc se faire connaître à lui-même, ouvertement, ce qu'il pense et sent ;

— Etre capable de voir et d'entendre ce qui est en dehors de lui-même en tant que différent de lui-même et en tant que différent d'autre chose ;

— Se comporter envers une autre personne comme envers quelqu'un de séparé de lui-même, avec son individualité ;

— Voir la présence de différences comme une occasion d'apprendre et d'explorer, plutôt que comme danger et source de conflit ;

— Se manifester vis-à-vis des individus, des situations et de leurs contextes en termes de « comment est-ce » plutôt qu'en disant ce qu'il désirerait ou ce qu'il attend que cela soit ;

— Accepter la responsabilité de ce qu'il sent, pense, entend et voit, plutôt que de la nier ou de l'attribuer aux autres ;

— Avoir des techniques pour négocier ouvertement le

---

1. Virginia Satir, *Thérapie du couple et de la famille*, Paris, E.P.I., 1971.

donné, le reçu et en vérifier la signification entre lui-même et les autres [1]. »

La constante la plus marquante de ce type de recherche sur les critères de maturité et de bonne communication, est de montrer que « maturité personnelle et estime de soi » vont de pair avec « qualité des relations interpersonnelles et sens du bien commun ». Cela se comprend d'ailleurs autant en vertu du sens commun que des recherches et des approches thérapeutiques. Et s'il y a un problème de sensibilisation à ces notions dans le monde adulte, ce n'est pas dû au fait que de telles notions sont trop théoriques ou intellectuelles ; c'est que l'environnement social et éducatif qui nous entoure tous n'en tient pas compte. Nous en sommes encore à l'âge de « l'instinctif pur » quand il s'agit d'envisager la croissance personnelle de l'adulte et la qualité des communications interpersonnelles. L'école elle-même ne s'intéresse pas à ces questions. L'école ne renseigne pas et ne sensibilise pas sur ces questions vitales, pas plus qu'elle n'informe et n'éduque pour préparer les jeunes à la vie familiale [2]. Le développement de la personne et des relations humaines demeure une affaire privée et individuelle et n'est pas considéré comme un donné que l'on peut partager sur des plans collectifs. Voilà un problème majeur. Il explique pourquoi il y a une rupture systématique entre la famille et les autres milieux de vie et institutions dans la société. Pour que les choses changent, faudra-t-il attendre que les familles et les mariages éclatent en majorité, qu'il y ait une proportion de plus en plus grande de gens dans des institutions thérapeutiques, dans les hôpitaux, que la violence se multiplie et qu'on cède à la tentation de corriger tout cela en sélectionnant les gènes des futurs bébés éprouvettes ?

La question est loin d'être futuriste... L'instinctivisme et l'individualisme qui régissent nos sociétés occidentales en matière de formation de la personne et de communications interpersonnelles, ne sont pas moins mortels pour le déve-

1. Il est intéressant de constater qu'au-delà des différences de formulation, ce sont des critères fort semblables que l'on retrouve chez d'autres qui se sont penchés systématiquement sur cette question. *Cf.* Maslow, *Vers une psychologie de l'être*, p. 28, ou *Motivation in Personality*, New York, Harper, 1954.

2. Il est tout à fait inconcevable à notre époque que nous ne prenions pas les moyens de diffuser aux parents et aux jeunes la masse d'informations et de connaissances dont nous disposons sur le développement de la personne et des communications interpersonnelles. Cela n'est tout simplement pas une priorité. Les priorités du pouvoir social mâle sont ailleurs.

loppement de la personne et la qualité des rapports sociaux que le collectivisme totalitaire. Aussi longtemps que les problèmes humains auxquels répond une action comme celle de Virginia Satir dans le milieu familial, ne seront partagés que par une faible minorité d'individus et de groupes, la famille risque de se porter de plus en plus mal.

Or c'est le même environnement social et éducatif qui ne s'intéresse pas aux répercussions sociales qu'aurait la culture de l'estime de soi, qui nous masque ce qu'il y a de plus fondamental dans la vie de notre corps et de l'univers physique d'où nous tirons la vie : le fait que tout dans cette vie se développe par relations et par complémentarité de ce qui est différent voire même contraire. Ce fait est source d'une richesse extraordinaire pour l'apprentissage du social, tant sur le plan symbolique que dans la connaissance des formes de la vie à travers lesquelles l'humain se développe. Et là encore, ce qui peut paraître théorique et intellectuel parce que cela nous est presque étranger dans ce que valorise l'environnement social et éducatif, pourrait être partagé par tous sous toutes sortes de formes.

Habituer les jeunes à voir que tout dans la vie se développe par relations et complémentarité

N'est-il pas étrange que le monde scolaire, par exemple, ne trouve pas les moyens de faire voir aux enfants que leur corps, d'abord, tire sa vie, son énergie, son mouvement, sa croissance, d'un immense réseau de relations de complémentarité : relations entre sa gauche et sa droite, entre son sang rouge et son sang noir, entre les battements de contraction (systoles) et les battements de dilatation de son cœur (diastoles) ?

N'est-il pas étrange qu'ils n'aient pas la même représentation de leur environnement physique et biochimique, constitué de liquides et de solides, de pôles négatifs et positifs qui animent toute cellule de vie, tout œuf qui se reproduit ?

N'est-il pas étrange qu'on ne leur fasse pas vivre consciemment cette relation extraordinaire, à laquelle ils doivent chaque instant de leur vie, et qui provient de l'équilibre entre la pression sanguine de leur organisme et la pression de l'atmosphère qui les environne? Qu'ils ne s'émerveillent pas de cet équilibre qui, lorsqu'il est rompu, fait cesser la vie...

N'est-il pas étrange qu'on ne leur fasse pas voir, à ces sources de vie, le courant qui pourrait les animer dans leurs relations à autrui ? Qu'on ne leur fasse pas voir aux sources mêmes de leur enfance, que l'enfant commence sa vie en étant plus intensément en contact avec autrui qu'avec son propre corps ? Qu'un enfant qui manque de sécurité affective dans sa relation à ses parents, peut mourir[1] ?

Il faut que les jeunes puissent inscrire leur croissance dans ce mouvement naturel de la vie qui se développe par relations et qu'ils comprennent un jour que la capacité d'entrer en relation avec autrui vient en quelque sorte donner un visage humain à ce mouvement naturel, à cet ordre biologique de croissance.

Qu'on leur donne le sens de l'univers, où coexistent les liquides et les solides, la clarté et les ténèbres, le chaud et le froid, le positif et le négatif, l'ordre et le désordre, le visible et l'invisible, le connu et l'inconnu. Qu'on leur apprenne à se situer dans cette écologie naturelle. Ils découvriront qu'eux aussi doivent s'habituer à croire à l'invisible autant qu'à ce qui est visible, à accepter l'inconnu autant que le connu, à concilier ordre et désordre, sécurité et inquiétude, action et réflexion, compagnonnage et solitude, gauche et droite, stabilité et changement...

Apprendre cela aux jeunes, c'est les former à une nouvelle culture centrée sur la capacité de respecter toutes les formes de relations, où la vie s'accomplit dans la coexistence des différences et des contraires. Avoir ce « sens du relationnel », de la complémentarité des forces de la vie, c'est être capable de concilier et de nuancer, pour ne pas se limiter à opposer et à séparer.

Il y a là un enjeu extraordinaire de civilisation pour mettre un frein à nos cultures guerrières, où l'on nous apprend au contraire à opposer, à séparer, à isoler, à dresser ceux qui auraient raison à partir d'une idéologie extrême contre ceux qui ont tort à partir d'une autre idéologie extrême. Nous continuons d'entretenir des morales et des mentalités intellectuelles PRIMITIVES, qui partagent le monde entre bons et méchants, entre ceux qui ont raison et ceux qui ont tort. *Nous dissocions les contradictions qui font la vie plutôt que*

---

1. On connaît notamment sur ce sujet les fameux travaux de Spitz auxquels la plupart des ouvrages de psychologie génétique renvoient.

de composer avec elles. Un jour nous faisons comme si nous n'avions que le côté droit de notre corps pour avancer, le lendemain nous le détruisons avec notre côté gauche. Nous faisons un pas en avant pour progresser, un pas en arrière pour nous stabiliser... La mécanique du pendule finit par nous laisser sur place...

Installons-nous dans ce que j'appellerai LE TERROIR DE LA FORMATION DE L'ESPRIT AU SOCIAL ET A L'HUMAIN. Il est certain, par exemple, que, montrant aux jeunes l'équilibre qui se fait dans les forces physiques de la nature par la conciliation des contraires, nous ne saurions échapper à l'observation des lois d'élimination et de destruction. Il en va de même de l'observation des animaux, qui se détruisent entre eux pour survivre et maintenir la diversité des espèces. Mais c'est précisément en situant bien les enfants devant les autres règnes de la nature, qu'on peut leur apprendre à la fois à respecter des lois fondamentales et communes du développement de la vie et à assumer ce qui peut être le propre des êtres humains. Là où les animaux s'abandonnent à la cruauté et à la destruction des autres animaux, comment l'être humain s'y prendra-t-il pour tolérer, respecter, NÉGO-CIER, avec celui ou celle qui est différent ou différente ?

Pour faciliter aux jeunes cette démarche, c'est encore l'exemple des parents qui compte le plus. S'ils ont eux-mêmes été sensibilisés à cette dynamique relationnelle, ils y sensibiliseront leurs enfants. L'école a toute une pédagogie à créer en conséquence. Et quantité de moyens peuvent être mis en œuvre dans divers domaines, dont celui des jeux et des contes. C'est un bon exemple à considérer.

Que de jeux centrés sur la guerre et la compétition abusive pourraient être remplacés, ou à tout le moins complétés, par des jeux favorisant la formation de l'esprit au sens du relationnel, de la complémentarité et de la négociation. Que de jeux peuvent être mis au point avec la collaboration d'écologistes, de physiciens, de biologistes, et d'autres encore, pour amener les enfants à être conscients que le positif et le négatif produisent de l'énergie. Les merveilles de la reproduction et de l'éclatement cellulaire peuvent être reproduites aux mêmes fins, tout comme on l'a fait dans le cas des expéditions lunaires.

On pourrait également tirer de nouveaux avantages des jeux et des sports traditionnels de compétition, en excluant à l'occasion la dimension « gagnants/perdants », pour se concentrer sur les habiletés formatrices d'attitudes dont, au premier chef, par exemple, la capacité de construire un jeu en équipe. D'aucuns veulent faire disparaître de l'éducation les activités de compétition, sous prétexte que la compétition favorise l'individualisme et encourage la création de classes. Je crois que c'est mal poser le problème. La compétition est indispensable aux individus et à la société, pour apprendre à développer des habiletés et à en faire état dans une saine confrontation. Ce qui est malsain dans la compétition, telle qu'on la pratique en général, c'est de l'axer sur la victoire et la défaite, sur la rivalité de ceux qui deviennent des gagnants et des perdants et sur la performance à tout rompre[1].

La littérature et la production audiovisuelle pour enfants sont dominées par la culture guerrière, notamment les contes de fées et les films type western. La juxtaposition de personnages tout bons et tout méchants, au-delà même des aspects fantastiques et des processus mécaniques qui règlent le développement de l'histoire, ne peut que contribuer à renforcer l'influence qu'ont déjà sur la personne la culture et les idéologies manichéennes qui partagent le monde entre bons et méchants, entre gagnants et perdants, entre ceux qui ont raison et ceux qui ont tort[2]. Les opinions sur ce sujet, comme sur l'image de violence en général, varient. Les uns y voient des occasions positives pour l'enfant de libérer son agressivité, de s'identifier au bon, de renforcer son imagination, de se rendre compte que des faibles et des petits peuvent à force de détermination vaincre les géants qui les oppriment, que l'amour... à la longue... est toujours récompensé[3]. Mais on peut également y voir l'injection,

---

1. Si l'on ajoute à cela la commercialisation éhontée qui s'est emparée des sports professionnels et l'entraînement de vedettes que l'on transforme en chevaux de luxe, que des équipes riches peuvent acheter et revendre à loisir, il est évident que la compétition devient destructrice et asociale.

2. Imaginons les effets sur les jeunes d'un personnage comme « la femme bionique » qui représente « le bon » qui gagne tout le temps. Elle gagne grâce à son pouvoir mécanique de robot, et non à des qualités humaines authentiques qui mettraient en jeu sa liberté et sa responsabilité !

3. L'étude de Bruno Bettelheim, *Psychanalyse des contes de fées*, est un ouvrage de base à cet égard, mais les thèses freudiennes qui l'alimentent laissent de nombreuses questions en suspens, qu'il s'agisse, par exemple, de la transmission de la culture guerrière, ou encore, des stéréotypes sexistes sur lesquels sont basés les contes.

Bettelheim, en analysant « La Belle au bois dormant », écrit : « Le baiser du prince rompt le charme du narcissisme et réveille une féminité qui, jusqu'alors, était restée embryonnaire. La vie ne peut continuer que si la jeune fille évolue vers son état de femme »

dans l'inconscient de l'enfant, d'une morale primitive et de la culture guerrière ; l'obstacle et le malheur sont survalorisés comme occasions de s'affirmer, tandis que la vie simple et la maîtrise du quotidien auxquelles peuvent s'identifier la majorité des gens, sont presque mises en veilleuse. Il en va de même de la dépendance du bon héros à l'endroit de forces magiques extérieures à lui-même, qui peut avoir pour effet de décourager la responsabilité et l'engagement personnel, au moment où l'on se rend compte que, dans la réalité, on ne peut pas compter sur de telles interventions extérieures et magiques.

Il faut amener les jeunes à découvrir que les vraies baguettes magiques peuvent être constituées de valeurs personnelles et sociales qui sont à leur portée. Là-dessus, il y a sans doute toute une littérature et une imagerie à réinventer, dans lesquelles la reproduction de la culture guerrière et de la société violente pourrait être confrontée à d'autres modèles de comportement humain, qui mettraient en valeur, par exemple, des réalités humaines faisant appel à la beauté, au partage, à la responsabilité, à l'utilisation créatrice des différences, à des démarches d'apprentissage facilitant la croissance personnelle et la vie en société.

L'indispensable épreuve du respect de ses proches, pour éviter de vivre de l'illusion du social

Dans des discussions sur la solidarité humaine, l'amour, le social, on cite fréquemment la définition de Saint-Exupéry : « S'aimer, ce n'est pas se regarder l'un l'autre, c'est regarder ensemble dans la même direction. » Mais le défi le plus spécifique de l'amour, surtout entre deux amoureux ou entre les membres d'une même famille, ne tient-il pas précisément à la capacité de *se regarder l'un l'autre,* d'abord, *comme deux individus aussi différents que ressemblants ?* S'appuyant sur cette capacité, on pourra ensuite regarder non seulement « dans la même direction », mais dans « des » directions propres à la personnalité et aux intérêts de chacun, et l'accepter, le partager. Au fond, comment regarder

(p. 294). Il ne dit rien du fait que ce conte, comme tant d'autres, subordonne à son mariage avec le prince, l'accès de la jeune fille à sa maturité et à son état de femme. Elle devient femme par son alliance avec l'HOMME. Voilà le genre de stéréotypes transmis par les contes traditionnels. Il en va de même de la culture guerrière.

ensemble dans la même direction, de façon la plus authentique possible, si l'on ne s'est assuré d'abord du respect mutuel de son autonomie et de son identité personnelle ?

L'amitié et la camaraderie humaines sur un plan universel — c'est ce que vise la définition de Saint-Exupéry — peuvent jusqu'à un certain point se soustraire aux exigences de la rencontre immédiate avec autrui, auxquelles nous forcent au contraire les relations quotidiennes entre les membres d'une famille ou au sein d'un couple. Avec un ami, un camarade, s'il est vrai qu'on peut partager immensément de soi et de la vie, il est tout de même facile de choisir et de privilégier ce qui nous unit, ce qui fait qu'on peut regarder ensemble dans la même direction. Dans une famille, au sein d'un couple, le quotidien et la durée de la relation imposent de « tout prendre » en se regardant l'un l'autre, sans avoir ce privilège de choisir ce qui fait qu'on peut regarder ensemble dans la même direction.

Il est plus facile d'aimer l'humanité anonyme et lointaine que de maîtriser les relations que l'on entretient avec ses proches. Combattre pour le Vietnam ou les Noirs d'Afrique du Sud quand on est dans son salon bien protégé, en France ou dans le Massachussetts, est plus aisé que de s'attaquer aux injustices qui sont toutes proches de nous et, en particulier, à celles dont nous pouvons être la cause nous-mêmes dans nos relations humaines quotidiennes.

Il est plus facile, plus sécurisant surtout, de « vivre d'une idée » qu'on se fait de l'être humain, que de « vivre avec » l'être humain. Il est plus facile d'être en contact avec l'homme de son laboratoire, de ses livres, de ses idéologies, qu'avec les êtres qui nous entourent. Artistes, créateurs, intellectuels, chercheurs, hommes politiques, leaders sociaux, nous sommes souvent placés dans des situations où nous sommes tentés de vivre plus intensément des êtres et des systèmes que nous créons, que du contact avec nos proches[1]. Les religions deviennent l'ennemi du sacré, quand l'idéologie religieuse, le légalisme doctrinal et la bureaucratie prennent le pas sur le respect réel du « prochain ». « Hors de l'Eglise point de salut », la maxime atteint tous ceux qui ont des croyances différentes de celles définies par toutes Eglises,

---

1. Incidemment, c'est en partie ce constat, qui s'est imposé à moi dans mes recherches en matière d'étude comparée de la vie et de l'œuvre de nombreux créateurs et personnages de l'histoire, qui m'a amené à la psychologie, pour mieux comprendre de tels comportements.

ou par tel système de pensée, par tel parti. Au fond, on peut de multiples façons substituer au contact concret avec autrui des formes abstraites, idéales, idéologiques, systématiques, bureaucratiques de l'être humain. On peut être marxiste, catholique, libéral-capitaliste, jusqu'au bout des ongles, et passer tout à fait à côté des relations directes et engageantes avec autrui, qui sont la mesure de notre capacité concrète d'assumer le social. Il est à propos alors de dire : « Il s'est *donné* à une idée, à un idéal ! » On peut en effet s'y donner au point de se perdre soi-même, et surtout, de perdre le contact et le partage avec autrui. L'engagement social apparemment le plus généreux, peut demeurer une abstraction d'altruisme et s'accompagner dans les faits de situations où *finalement on ne vit qu'avec soi-même à travers une idée.*

Incarner notre nature sociale suppose que la rencontre existentielle et égalitaire entre soi et autrui ne soit subordonnée ni sacrifiée à rien d'autre. A cet égard, les relations interpersonnelles les plus directes nous obligent constamment à NÉGOCIER ce qui doit être partagé et à RECONNAÎTRE ce qui constitue l'autonomie et l'identité de chacun. Elles deviennent ainsi la charnière de notre individualité et de notre appartenance sociale. Elles sont la charnière de cette charnière qu'est la famille où l'on apprend à se regarder les uns les autres. C'est en nous soumettant quotidiennement à cet apprentissage, que la famille devient vraiment la cellule fondamentale du développement de l'humanité. Elle nous contraint de n'échapper ni à nous-mêmes ni à autrui.

La fonction sociale du couple et de la relation homme-femme

Dans ce cadre l'évolution des relations hommes-femmes peut être déterminante pour l'échec ou la réussite de l'apprentissage de la nature sociale de l'être humain. Car l'un des éléments les plus fondamentaux de la relation homme-femme, est qu'*elle constitue en fait le premier atome de vie sociale.* On l'a oublié et on l'a en quelque sorte désintégré, en établissant progressivement une culture axée sur la séparation et le cloisonnement des rôles hommes-femmes. L'homme, s'attribuant le pouvoir social en dehors de la famille, se l'est également approprié dans la famille en créant dans la culture cette duperie monumentale, qui fait qu'on identifie le social au père, au mâle. On trouve cette duperie érigée en système dans la très grande majorité des livres sur l'éducation et la psychologie du développement de l'enfant.

On est allé plus loin encore dans le cloisonnement et la désintégration des rôles masculin et féminin, en liant culturellement l'enfance à la protection maternelle et l'adolescence à l'autorité sociale de l'homme. La mère est investie du matriarcat pour protéger l'enfance et le père patriarche se consacre chef de famille, exerçant l'autorité sociale sur les plus vieux et sur la femme elle-même. Et le pouvoir social mâle veille à ce que cette division des rôles façonne l'avenir des enfants et oriente l'ensemble du fonctionnement de la société : les filles feront ceci, les garçons cela.

Evidemment, il s'est greffé sur cette rupture d'identification au père et à la mère tout un cortège de valeurs qui ont progressivement formé les stéréotypes qui définissent maintenant les rôles féminins et masculins. Ainsi, on en est venu, par exemple, à associer à la femme-mère-éducatrice le refuge affectif, le dévouement à autrui, une chaleur humaine prolongeant la chaleur du sein maternel[1]. A l'homme-père-chef de famille, on a associé l'autorité, la loi, la productivité économique et la gérance sociale. Sans parler des autres distinctions sexistes issues culturellement du mythe de la virilité masculine et du mythe de la féminité qui, par exemple, ont conduit à des aberrations telles que l'on a fini par associer homme et logique rationnelle, femme et puissance émotive... On connaît trop le cortège hélas.

On a en fait donné « culturellement » un sexe à des valeurs humaines qui n'en ont pas et qui sont « naturellement » communes aux hommes et aux femmes[2].

Sous l'influence des conditionnements sociaux, économiques et légaux, cette désintégration s'est inscrite dans le devenir des sociétés et des personnes, sous forme de disso-

---

1. La maison familiale est la « maison-sein ».

2. Actuellement, l'une des questions majeures touchant la compréhension de l'identité masculine et féminine est bien sûr l'étude des rapports entre culture et nature. Or, l'une des conditions d'approfondissement de cette étude est précisément la possibilité sociale pour les hommes et les femmes de partager les mêmes tâches et les mêmes responsabilités sans distinction de sexe. Alors seulement nous serions en mesure d'observer ce qui pourrait être spécifique à chacun des sexes et qui serait aussi marquant que les différences biologiques déjà évidentes ou connues. Notons à cet égard qu'il est tout à fait prématuré de tirer des conclusions à partir de situations de transition où l'on voit, par exemple, des femmes adopter les mêmes comportements que des hommes pour se faire une place dans les hautes sphères du pouvoir masculin...

ciations et de ruptures existentielles transmises de génération en génération. Trois formes de ruptures en particulier
se sont conjuguées l'une à l'autre : la rupture des rôles
humains séparant l'action des hommes et celle des femmes
dans la vie, la rupture entre la famille et la société, la
rupture entre les valeurs associées aux femmes et les valeurs
associées aux hommes en fonction de l'identification domi-
nante des femmes à la famille et de l'identification do-
minante des hommes à tout ce qui n'est pas la famille.

Ce sont ces ruptures que l'enfant et l'adolescent photo-
graphient et assimilent quotidiennement dans des familles
où des parents, un couple homme-femme, vivent à partir
de la séparation des rôles traditionnels. Les choses se passent
comme si les garçons et les filles commandaient chaque
jour à leur inconscient de mémoriser le tableau fort simple
qui suit. La relation homme-femme vécue par les parents
devient une seconde nature pour la plupart des garçons
et des filles soumis à la culture qui détermine cette relation.
La personnalité des garçons et des filles se trouve ainsi
structurée de l'intérieur : le modèle de la relation père-
mère se fixe en une sorte d'ossature invisible mais non
moins réelle, qui détermine la manière dont les garçons
et les filles vont envisager les rapports hommes-femmes et
conclure que telle valeur est féminine ou masculine. C'est
cette forme de rupture qui est la plus totale puisqu'elle
rompt les êtres de l'intérieur et qu'elle creuse en même
temps ce fossé culturel et social, entre des hommes et des
femmes systématiquement conditionnés à s'opposer dans
leurs manières de concevoir et de vivre ce qui est pourtant
la même vie.

Dans une nouvelle culture axée sur le partage des rôles
parentaux et sociaux entre les hommes et les femmes, sans
distinction de sexe, les garçons et les filles seraient de
nouveaux types de personnes. Elles, et ils, chercheraient
précisément à se personnaliser d'abord en tant qu'individus
plutôt qu'à adopter à tout prix une image féminine ou
masculine. Leur je s'identifierait à des valeurs humaines
sans sexe. Les filles, voyant que la combativité est aussi
propre à leur mère qu'à leur père, ne seraient plus portées
à la considérer comme une valeur masculine ; les garçons,
voyant leur père pleurer ou communiquer ses émotions comme leur mère, rapatrieraient ces valeurs et les
partageraient avec les filles. Cela faciliterait également

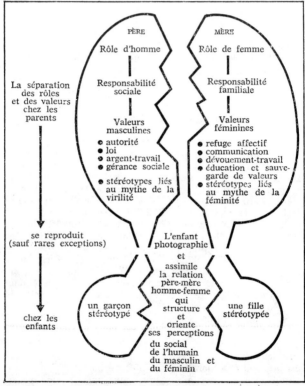

La séparation des rôles et des valeurs chez les parents

PÈRE
Rôle d'homme
Responsabilité sociale
Valeurs masculines
- autorité
- loi
- argent-travail
- gérance sociale
- stéréotypes liés au mythe de la virilité

MÈRE
Rôle de femme
Responsabilité familiale
Valeurs féminines
- refuge affectif
- communication
- dévouement-travail
- éducation et sauve-garde de valeurs
- stéréotypes liés au mythe de la féminité

se reproduit
(sauf rares exceptions)

L'enfant photographie et assimile la relation père-mère homme-femme qui structure et oriente ses perceptions du social de l'humain du masculin et du féminin

chez les enfants

un garçon stéréotypé

une fille stéréotypée

Séquence ~~polynucléotidique~~
Par le fait même
~~Polypeptidique~~

code d'association

la croissance de chacun dans sa personnalité masculo-féminine ou fémino-masculine, conformément au partage des hormones qui existe dans chacun des sexes. D'ailleurs il n'y a pas lieu de réfléchir là-dessus au conditionnel, puisque l'on observe déjà ces transformations chez des jeunes éduqués par des couples ou par des parents uniques qui sont libérés des stéréotypes masculins et féminins traditionnels.

On commence aussi à observer une dimension susceptible de rassurer en particulier ceux qui craignent qu'on n'aille contre nature en ne cherchant pas à marquer les rôles féminin et masculin. C'est la dimension tout à fait primordiale qui consiste à PRIVILÉGIER L'IDENTIFICATION DE L'ENFANT AU PARENT DE SON SEXE. Cette identification, que je n'ai pas cessé de recommander aux parents depuis des années, se révèle le moyen par excellence de nous libérer de l'emprise d'Œdipe et de Jocaste sur notre culture des relations hommes-femmes [1]. C'est en confiant l'éducation des enfants aux femmes et en ignorant le rôle du père que nous avons donné cette emprise à Œdipe et à Jocaste. Il en est découlé en particulier cette dépendance affective des garçons à l'endroit de leur mère et la rivalité avec leur père qui, sur le plan collectif, engendrent la dépendance affective des hommes à l'endroit des femmes et une rivalité sournoise entre les hommes. Rivalité aussi entre les mères et les filles, due en grande partie au fait que les mères ont, la plupart du temps, joué deux rôles, celui de père et mère. Si au contraire les garçons pouvaient s'identifier positivement à leur père et les filles à leur mère, c'est à la fois la continuité de la vie à l'intérieur de chaque sexe qui s'en trouverait renforcée et la qualité des rapports sociaux entre tous les êtres. Parce que la caractéristique la plus marquante de la relation œdipienne est dans le chantage affectivo-sexuel qui intervient entre parents et enfants de sexes opposés. Ce chantage n'intervenant pas entre parents et enfants de même sexe, si la relation est positive et intense, elle devient génératrice d'un bienfait social immense : le sens de la gratuité dans les relations humaines. Et l'on

1. Dans *La Violence au pouvoir*, j'ai longuement traité de cette question en analysant la violence psychosociale des rôles traditionnels séparant les hommes et les femmes. Le célèbre livre de Christiane Olivier, *Les Enfants de Jocaste*, apporte un brillant éclairage sur cette question ; mais il faut être un lecteur averti pour ne pas se laisser entraîner à trop mettre sur le dos des mères dans un contexte où elles devaient à la fois être des femmes parfaites et remplacer les pères absents...

comprend par cet aspect encore l'extrême importance que l'apprentissage des relations hommes-femmes a sur notre développement social.

Dans cette perspective, si l'on redécouvrait le couple comme premier atome ou premier embryon de vie sociale, c'est non seulement les relations hommes-femmes qui s'en trouveraient transformées, mais l'apprentissage de notre nature sociale. *Car on ne saurait isoler dans le couple la relation homme-femme de la relation sociale qu'il incarne entre deux « je ». Tout couple de parents incarne individuellement ce que le couple homme-femme incarne à l'origine et dans l'histoire de l'humanité.* Il est le « il », l'être humain à la troisième personne. Sa vigueur et son authenticité sociale dépendent de la qualité de la relation vécue par l'homme et la femme en tant que « je ». Est-ce qu'il y a égalité entre le père et la mère ou rapport de dominant à dominé ? Est-ce qu'il y a respect et culte de l'autonomie personnelle ou dépendance réciproque ? La relation vécue par les parents apporte chaque jour des réponses existentielles à semblables questions. Ces réponses déterminent en conséquence la capacité du jeune à respecter ses proches, à avoir ou à ne pas avoir le sens des autres, selon ce qu'il photographie et assimile de la relation vécue par son père et sa mère. Là-dessus d'autres facteurs, qui témoignent de l'importance de cette fonction sociale du couple, doivent être pris en considération.

Dans l'initiation au respect d'autrui, le fait que l'enfant et l'adolescent soient plus influencés par le vécu de leurs parents que par les messages qu'ils leur transmettent, est un fait qui trouve une autre application ici. L'enfant et l'adolescent étant, de par les exigences normales de leur croissance, bien plus tournés vers leur moi que vers l'altruisme, l'altruisme vécu ou non par le couple est en quelque sorte injecté dans leur inconscient et devient une semence qui donnera tels ou tels fruits dans leur vie adulte. Mais l'altruisme des parents est aussi nécessaire pour faire contrepoids à l'égocentrisme farouche qui se manifeste chez tous les enfants, entre frères et sœurs et entre camarades. On sait que cet égocentrisme peut même prendre à certains moments les proportions de la cruauté. Nombre de parents, même s'ils voient le phénomène se répéter partout, ont de la difficulté à l'accepter et à le contrôler. Rien de plus normal pourtant et ce n'est pas le symptôme d'une « méchanceté » ou d'un « égoïsme » permanents chez l'être humain, mais la caractéristique d'une phase de croissance centrée sur le moi et qui a précisément besoin de parents qui soient eux-mêmes altruistes, pour favoriser l'équilibre nécessaire à cette phase de croissance.

Un autre facteur qui explique l'importance de la fonction du couple tient au caractère « objectif » de la relation des parents qui est vécue « devant » le jeune, par opposition au caractère « subjectif » de la relation qu'il vit « avec » chacun de ses parents. Le jeune peut difficilement démêler, objectiver, ce qu'il vit avec ses parents individuellement, étant donné qu'il est lui-même partie de cette relation. Il peut au contraire objectiver la relation que vivent ses parents entre eux et qui se déroule devant lui, comme un film. A cet égard d'ailleurs, et contrairement aux objections que d'aucuns formulent contre les pressions que la famille nucléaire exercerait sur les enfants, le rôle du couple, dans la mesure où il représente une entité relationnelle et sociale authentique, est source de liberté pour les enfants. Les jeunes en effet peuvent en maintes circonstances se trouver plus à l'aise pour exiger une cohérence dans les rapports que vivent leurs parents comme couple, que dans ceux qui les impliquent eux-mêmes avec l'un ou l'autre des parents.

Une dernière remarque s'impose à propos de la fonction sociale du couple, surtout en raison des critiques négatives et souvent sans nuances que l'on multiplie sur le couple et sur la famille dite nucléaire. Quel que soit le type de famille et d'union que l'on envisage à travers la pluralité de modèles qui s'offrent à nous, le couple homme-femme n'en demeure pas moins l'incarnation de la cellule de vie qui est à l'origine de cette humanité d'hommes et de femmes. Ce n'est pas parce que nous nous trouvons en face d'échecs culturels, qu'il nous faut renoncer à un meilleur équilibre dans la transmission de la vie par l'homme et la femme. Or, si l'on considère cet équilibre sur le plan des rapports entre l'individuel et le collectif, la fonction du couple présente des avantages qui n'ont peut-être pas été suffisamment pesés par ses détracteurs.

Considérant l'importance des modèles d'identification dont l'enfant a besoin pour conquérir son identité, sociale et personnelle, le couple me paraît une source d'identification privilégiée. Entre les modèles extrêmes que sont le parent unique ou les parents collectifs, le couple représente une bonne mesure d'identification sociale et personnelle [1]. D'un côté l'identification à un parent unique risque de devenir exclusive, captatrice, à l'insu de l'adulte comme de l'enfant. On ne se rend pas compte, en bien des cas, que les risques d'aliénation, pour l'enfant surtout, sont au moins aussi grands dans le couple psychologique formé par un adulte et un enfant, que par le couple formé de deux adultes : ces risques sont d'autant plus grands que l'on cherche consciemment ou inconsciemment à faire habiter sa vie par un enfant, pour combler des carences sur le plan de relations vécues avec des adultes. D'un autre côté, la formule des parents collectifs où l'on se passe le relais pour s'occuper d'un enfant, comporte le risque sérieux de ne pas offrir de modèle d'identification suffisamment individualisé. Car l'identification au social n'est pas l'identification à l'anonymat ni au grand tout ; elle a besoin d'un visage pour ne pas être une illusion ou une abstraction. Ce visage, un couple peut l'incarner en présentant à l'enfant un modèle relationnel dynamisant. Ce n'est rien de facile. C'est un grand risque et un énorme défi. Il présente un avantage ambivalent, de nature à rendre aussi visibles ses carences que ses ressources : la transparence d'une relation humaine, la transparence de l'épreuve qui consiste à accorder sa croissance à celle d'un autre. Vouloir échapper à cette épreuve, n'est-ce pas risquer de vivre dans l'illusion du social ?

L'appui des familles sur des communautés d'identité territoriale restreinte

Une bonne partie des difficultés qu'éprouvent les couples et les familles à résoudre ou même à identifier certains de leurs problèmes, provient de l'isolement social dans lequel ils vivent. C'est un isolement qui a souvent existé dans les milieux bourgeois, mais qui s'est multiplié dans l'ère d'urbanisation et d'industrialisation. Il est aussi néfaste que la promiscuité qu'on a trouvée dans une foule de régimes familiaux et dans des clans. L'ingérence de la parenté est

---

1. Je ne porte nullement en cela de jugement sur les familles de type monoparental ; je réponds seulement à la critique faite aux parents couple. Il n'y a pas en soi de modèle idéal de famille. C'est la manière d'être parent(s) et le support collectif qu'on reçoit pour l'être qui comptent avant tout.

un phénomène bien connu ! C'est pourquoi ici encore, il paraît sage de rechercher des formules de vie qui concilient une part de vie privée pour des parents et leurs enfants et une part de vie communautaire. Mais quel que soit le modèle de structure familiale que l'on privilégie, il y a un environnement territorial et social, qui doit être un support communautaire pour la famille en même temps qu'un foyer d'ouverture et de respiration pour l'intimité qu'il lui faut protéger. Un support, c'est un support, ce n'est pas un conditionnement, ni un contrôle, ni un envahissement du public sur le privé. Nous retrouvons toujours la même problématique d'équilibre à rechercher entre l'individuel et le collectif, entre le privé et le public.

Pour donner ce support communautaire aux familles et briser l'isolement entre elles et la société, de plus en plus nombreux sont ceux qui, réfléchissant par ailleurs sur le développement inhumain des grandes villes modernes, proposent un moyen entre tous : favoriser la répartition des populations urbaines en unités communautaires et territoriales restreintes. On fixe en général à quelques milliers de personnes, entre trois et cinq mille au maximum, la population de ces unités.

Il s'agit en somme de reconstituer des milieux de vie à taille humaine, où les personnes, les familles, les groupes de citoyens rassemblés à diverses fins sociales et civiques, puissent :

— se connaître et communiquer les uns avec les autres ;

— s'identifier à leur société par l'intermédiaire d'une petite communauté humaine dans laquelle il soit possible de développer un sentiment d'appartenance et de responsabilité, comme c'est le cas dans certains villages et communes ;

— partager des services publics et institutionnels personnalisés et lutter ainsi contre la bureaucratie ;

— prendre en charge le destin naturellement communautaire de la société et lutter ainsi contre la dépendance à l'égard de l'Etat, notamment quand il s'agit de problèmes qui affectent les jeunes en difficulté, les personnes âgées, les familles en difficulté, les couples en crise, les personnes abandonnées, les individus violents, les personnes souffrant de handicaps, etc. ;

— retrouver des valeurs de troc, de générosité et de bénévolat, pour combattre la puissance effrénée de l'argent et la mentalité qu'elle a engendrée chez ceux qui ne croient maintenant qu'à ce qui se paie en argent.

Pour que de telles unités se développent, il faut des interventions des gouvernements et des changements de structures de nature à rapprocher les gouvernements des citoyens et les citoyens entre eux. Mais il faut aussi un changement radical de mentalité pour sortir d'un certain individualisme farouche et cesser de concevoir la famille comme « la citadelle de la vie privée ». Mettre un enfant au monde, c'est un geste social et politique.

Si nombre de familles n'éclatent pas, dans leur mentalité et dans leurs habitudes, pour donner vie au voisinage et au partage communautaire, l'anonymat et la disparition du civisme vont continuer de rendre nos villes plus inhumaines encore. Il y a un isolement humain entre les familles, entre les couples et face aux individus qui sont de plus en plus nombreux à vivre en dehors d'un cadre familial. Nous devenons en Occident collectivement victimes de l'extrémisme de notre vie privée et de cette froideur qui nous empêche de dire bonjour à ceux qui sont de notre quartier mais qui ne nous ont pas été présentés officiellement, de cette froideur et de ce faux respect humain qui nous empêchent de donner de vraies poignées de main, de nous embrasser, de nous toucher, de nous parler de ce que nous vivons avec nos enfants, avec nos conjoints, avec nos camarades de travail.

C'est surtout l'amalgame de cet anonymat et de cet isolement avec la valorisation effrénée de l'argent, lequel a remplacé une foule d'échanges humains dont le troc, qui nous rend incapables de partager une vie communautaire. En conséquence, nous appelons à notre secours les spécialistes de la communication et de la thérapie et tout un cortège de professionnels et de techniciens. Nous demandons chaque jour davantage à l'Etat. Nous payons plus cher une foule de biens de consommation courante, parce que nous méprisons le troc (des vêtements, par exemple) et que nous ignorons les coopératives.

Pourquoi se fait-on de plus en plus voler et attaquer dans les villes ?

Pourquoi plaçons-nous nos vieux de façon abusive dans des institutions ?

Pourquoi tant d'enfants, qui sont de grands adultes par ailleurs, visitant leurs vieux parents en institution le jour où ils reçoivent leurs allocations de pensions et de rentes, profitent-ils de ce moment pour leur extirper le peu d'argent qu'ils ont ?

Pourquoi tant de parents maltraitent-ils leurs enfants et tant d'hommes leur compagne ?

Pourquoi découvre-t-on de plus en plus de gens mourants ou déjà morts dans leurs maisons depuis des jours et des jours ?

Et pourquoi face à tous nos problèmes humains, pensons-nous presque toujours à des ressources et à des solutions de type institutionnel et étatique ? Peut-être parce que, dans trop de cas, nous avons renoncé à prendre soin les uns des autres.

C'est absurde, même lorsque nous l'envisageons du point de vue de l'efficacité des services professionnels et institutionnels. Car, bien souvent, plus nous éloignons le cadre des mesures de traitement et de solutions à des problèmes humains, du milieu où ces problèmes sont vécus, plus nous rendons difficiles ce traitement et ces solutions. « Sortez le délinquant de son milieu pour le transplanter dans une institution à des centaines de kilomètres, dans la majorité des cas il ne se sortira pas de sa délinquance », reconnaît-on en milieu professionnel même. Il y a de grosses chances que l'on n'améliore pas le sort des personnes victimes de l'anonymat et de l'isolement dans leur milieu de vie quotidien, en les confiant à des étrangers dans un milieu artificiel, ces étrangers fussent-ils les plus compétents du monde. Si nous traitons en milieu institutionnel des problèmes provenant de tel ou tel milieu de vie, sans agir pour que ces milieux de vie se transforment de l'intérieur, notre taux d'efficacité risque de diminuer tandis que les coûts économiques et sociaux ne cesseront pas de s'amplifier.

Il faut apprendre à nous redonner la vie, et le sens de la vie, sur des bases de solidarité humaine et de regroupement communautaire, à la dimension de villages, d'unités de quartiers, de régions, de départements. La fraternité nationale n'est possible qu'à ce prix, quelle que soit l'idéologie des partis et des gouvernements au pouvoir.

Examinons dans ce contexte un cas type.

Le scandale des personnes âgées

L'un des symptômes les plus manifestes de la décrépitude de notre civilisation tient à l'exclusion des personnes âgées du milieu familial et à la privation de leur droit d'être utiles à la société. Et le discours que l'on tient, autant chez les citoyens que de la part de technocrates et de personnes politiques qui privilégient le placement des personnes âgées en institutions, est révélateur d'une démission individuelle et collective devant la capacité de respecter ses proches. Là aussi, nous vivons de l'illusion du social et nous renonçons à l'EFFORT que requiert la maîtrise des relations interpersonnelles entre les personnes du troisième âge et les autres. Pour la famille, l'échec est de taille, car autant les personnes âgées ont besoin d'un milieu familial normal autant la famille a besoin de leur présence.

Les vieux sont à leur famille ce qu'un grand arbre est à une maison qu'il recouvre. Ils nous donnent des racines et une mémoire pour nous rappeler ce que c'est l'histoire d'une vie. Mais on dirait que la peur d'avoir des racines et la course à l'immédiateté et au court terme qui caractérisent notre époque, nous amènent inconsciemment à repousser ce que représentent les personnes âgées. Avoir un grand-père, une grand-mère, c'est pouvoir en quelque sorte se relier à des origines qui dépassent l'histoire d'un seul couple, d'une seule génération. *Les vieux nous permettent de nous approfondir dans le temps.* Quoi de plus nécessaire au moment où l'on donne l'impression de ne pas avoir de passé, de ne pas avoir de croissance verticale, tout en vivant dans un monde où la communication et le partage horizontal avec des gens du même âge ne sont guère plus riches. C'est à se demander si, avec l'évacuation des personnes âgées de la famille, l'anathème jeté sur le mariage et la famille et la prise en charge des personnes par des bureaucraties, les enfants suivant de plus en plus en cela les personnes âgées, nous ne sommes pas en train de *détruire toute parenté* entre les êtres humains... N'est-ce pas la famille humaine que nous menaçons ainsi ?

Où peut donc aller une civilisation où les jeunes et les vieux ne se rencontrent plus ?

Il est certain que le contact entre les jeunes et les vieux se heurte à des oppositions de toutes sortes, de mentalités, de styles de vie, de valeurs, de stéréotypes culturels qui affectent autant la « crise » du troisième âge que la « crise » de l'adolescence. Il est certain aussi que la présence de nos parents, quand on est soi-même devenu parent et qu'on a son autonomie de couple et de parents à protéger, entraîne de nombreuses difficultés. Etre les enfants de nos parents, quand on est soi-même parent, est un rôle extrêmement complexe. Mais sommes-nous à ce point sous-développés sur le plan des relations humaines, que nous devions renoncer à assumer ces difficultés et à les dépasser ? La solution doit-elle être unique et implacable : renoncer et placer, placer les personnes âgées, placer les enfants, fuir soi-même et laisser la famille à l'Etat ? Si encore nous nous donnions la peine d'examiner les difficultés et de remonter à leurs sources... Que de fois des enfants adultes se plaignent de comportements de dépendance ou de harassement de la part de leurs vieux parents, alors que ces comportements sont une réaction de santé à l'isolement dont ces parents sont victimes, aux échecs qu'ils doivent essuyer dans l'abandon. Nous fabriquons socialement la crise du troisième âge comme nous fabriquons une grande part de la crise de l'adolescence.

Toutes les personnes que nous mettons au rancart, que nous envoyons au chômage psychologiquement ou socialement aussi bien que sur le plan économique, toutes les personnes dont nous refusons l'énergie, sont susceptibles d'avoir une réaction de santé en protestant d'une multitude de façons, qui vont de la dépendance passive ou active au harcèlement d'autrui en passant par la maladie, l'agressivité, la dépression, la recherche des situations de conflit, l'exploitation des situations empoisonnantes et destructrices. Le besoin de vivre, de s'affirmer et d'être utile à la société ne se laisse ni bafouer ni mettre au chômage. Que ce besoin s'exprime dans la difficulté, dans la crise, dans la négation, rien de plus normal et de plus sain. A nous de corriger le malsain à sa source. Ce n'est évidemment pas le plus facile. Cela exige une réflexion collective. Mais l'on cède au plus facile. Par exemple, dans des centres d'accueil (auparavant des « hospices ») on drogue systématiquement les personnes âgées, pour les empêcher d'exprimer leurs besoins et leurs frustrations... Quatorze pilules par jour ne sont pas de trop alors !

La gérontologie nous est aussi nécessaire en ce moment que la psychologie de l'enfant et de l'adolescent pour nous renseigner sur les besoins de croissance des êtres humains et pour nous convaincre d'adapter nos sociétés à ces besoins. Mais entre les deux, il y a un immense vide, du point de vue de nos études sur la croissance, que tente de remplir tant bien que mal l'adulte arrivé, l'adulte au pouvoir — une minorité rare et de plus en plus sélectionnée. Elle va d'autant plus s'accrocher à son pouvoir « d'adulte instruit dans la force de l'âge » — c'est le syndrome de la puissance actuelle —, qu'elle est très consciente d'avoir à prendre place bientôt parmi les citoyens inutiles qui atteignent prématurément l'âge de la retraite...

Drôle de famille !

Si je termine ce premier cycle sur la famille et sur les besoins de la personne en posant le problème du troisième âge, c'est qu'en définitive il nous renvoie à l'essentiel des questions que nous devons nous poser sur l'avenir conjoint de la famille et de notre civilisation. Il n'est pas moins dramatique que le problème du couple. Beaucoup l'ont dit, l'ont écrit. Mais l'un des messages les plus significatifs que je connaisse est celui d'Annie Leclerc dans *Parole de femme*. On y trouvera également l'espace qu'il faut pour aller dans ce livre au VOULOIR-AIMER tourné vers les autres.

« Qui pense à dire qu'une société d'où les vieillards sont bannis n'est plus une société, une communauté vivante, mais une caserne, une usine, une prison, un enfer ?

« Je crois savoir à quel point nous manquons aux vieillards, mais je suis certaine que c'est à vous, à moi, et surtout aux enfants qu'ils manquent le plus.

« Neuf fois sur dix, quand j'ouvre un livre sur une lointaine peuplade, j'y apprends que les vieillards sont là, au cœur de la communauté, taquinés et taquins, entourés d'enfants, chargés de précises tâches, j'apprends qu'ils sont là... Et je suis prise d'une nostalgie dont vous n'avez pas idée...

« J'ouvre un livre sur la Chine, et j'y vois des photos de petits vieux tout plissés qui rigolent avec des enfants, et leur apprennent ces choses que seuls les vieux qui ont du réel loisir peuvent leur apprendre, s'habiller, tenir un crayon, parler, faire la vaisselle, ramasser des fruits... Je reste confondue, émerveillée... Et je n'ai pas besoin de lire le président Mao pour soudain me prendre à follement espérer que tout est peut-être encore possible.

« Alors je me tourne du côté de ces petites communautés, rompant avec le mode de vie hideux du plus grand nombre, qui se sont créées et se créent toujours à travers le monde, et je demande : laquelle d'entre elles a accueilli, voulu, cherché les adultes déclinant autant que les verts jouvenceaux ? Les vieillards autant que la pâte fraîche et modelable au gré de chacun des enfants ?

« Ça, des communautés ? Mais où sont les vieux ? Rejetés,

exclus, vomis, comme ailleurs. Et pour l'enfant, une société mensongère sans vieillesse et sans mort[1]. »

Du « je-moi » au « je-toi »

En achevant ce chapitre nous terminons la première partie de ce livre sur les besoins exprimant la croissance de ce que l'on peut maintenant nommer notre « je-moi », soit notre je tourné vers la possession de soi, vers la prise en charge de soi par soi. Lui correspond, comme autre versant de notre nature sociale, le « je-toi », soit notre je tourné vers autrui et dont la croissance s'exprime à travers des besoins qui nous poussent à exister par relation avec les autres. C'est en fonction de ces besoins et de multiples aspects de la culture de l'amour qu'il faut remettre en question en mesurant bien leur influence sur la famille, que la deuxième partie de ce livre traite de la libération de l'amour. La libération de la personne dépend immensément de nos façons d'aimer.

« Je-moi », « je-toi » et « je-il ». « Si l'on pouvait se voir de l'intérieur », comme l'ont si souvent souhaité certains de mes étudiants quand ils essayaient de comprendre leur croissance, on verrait sans doute la merveilleuse interaction de ces « je » en nous, leurs luttes, leurs repliements, leur amour même au-dedans de nous. Ils mettent en jeu notre nature sociale. Le « je-moi » et le « je-toi » convergent, à travers une multitude de processus de maturation de notre organisme, vers le « je-il », qui est notre moi d'identification à tous les êtres humains, simplement parce qu'ils sont des êtres humains, parce que nous sommes de la même FAMILLE humaine.

« Processus de maturation », de la merveilleuse mais difficile croissance de l'être humain. Ne faut-il pas essayer de les lire et de les déchiffrer, ces processus, pour ne pas nous abîmer réciproquement, pour ne pas nous faire « pousser tout croche » comme on dit souvent pour évoquer les difficultés du milieu familial. Pour aller de soi aux autres et des autres à soi, les âges de la vie sont autant de phases de croissance. A chacune correspondent de nouveaux apprentissages. La vieillesse n'est pas une fin, c'est un sommet, un carrefour, une somme. La somme de tous ces apprentis-

1. Annie Leclerc, *Parole de femme*, Paris, Grasset, 1974, p. 186.

sages qui vont du je au tu, du tu au il, aux nous, aux vous, aux ils. L'amour des autres n'est pas plus donné que l'amour de soi. Il est long le chemin qui nous mène des familles individuelles à l'enracinement dans la FAMILLE humaine.

La perception que l'on a du social à trente ans est sans comparaison avec l'expérience qu'on en a à cinquante ans. C'est comme le désir d'un être : si immense soit-il lorsqu'il naît, il peut devenir démesurément petit en regard de ce que l'on apprend de cet être à le fréquenter... comme un pays.

Si l'on pouvait « chercher » à se voir de l'intérieur et prendre le temps qui rend l'autre important, parce qu'on le regarde, vraiment ! La contemplation de l'être humain n'est pas réservée aux poètes et aux philosophes. A vivre ensemble dans une famille, dans un couple, n'apprend-on pas à lire tous les parcours de la vie à l'intérieur des êtres et autour d'eux ? Qu'est-ce que la connaissance même ? Je crois que ce que j'en sais de mieux, je l'apprends le matin en éveillant les enfants. En les massant doucement, mes yeux suivant mes mains sur leur corps, je reçois des choses qui tiennent d'une certaine lumière en même temps que du palpable. Il y a un langage qui passe et qui me parle d'eux, de moi, de nous. J'entre avec eux dans leur adolescence et ils me donnent envie de voyager.

LA LIBÉRATION DE L'AMOUR

La question qui est débattu
est que pourquoi on veut laisser
à tout prix les questions familial
aux femmes et strictement aux
femmes. D'après Maurice les rôles
sont sécurissants. C'est pourquoi
on s'y accroche aussi néfaste
soient-ils, on les préfère
encore à l'insécurité dans
laquelle nous plongerait
l'inconnu auquel nous livre
les relations Homme-Femme
quand on sort des stéréotypes

Putain
d'affaire

Deuxième Partie

*Il y a une société
des hommes et une autre
pour les femmes.*

La culture guerrière mâle
et l'amour détourné de la vie

> « — Etes-vous amoureux ?
> — Non, je suis marié. »

L'amour-passion opposé au mariage

La question posée dans cette citation et la réponse spontanée qui a suivi sont tirées d'entrevues faites dans la rue par des journalistes de la télévision un jour de Saint-Valentin. Trois personnes mariées, sur quinze qui étaient interrogées, ont fait le même type de réponse à cette question « êtes-vous amoureux ? ». En réalité, ces personnes étaient peut-être amoureuses de leur conjoint, mais ce qui est significatif dans leur réponse est qu'ils aient exprimé cette donnée culturelle majeure, qui veut que des gens mariés ne soient pas perçus comme des amoureux, au même titre que des célibataires, des fiancés ou des amants.

A cet exemple, combien d'autres peuvent s'ajouter, pour illustrer une différence marquante dans les démonstrations affectives et charnelles des gens mariés, par opposition à des fiancés ou à des amants. Pourquoi les fiancés et les conjoints en lune de miel qui se tiennent aujourd'hui l'un contre l'autre sur la banquette de la voiture, en viendront-ils si vite à se distancer et à s'asseoir chacun contre la portière, puis, avec les années, quand ils sortiront par couples, à se regrouper « les femmes en arrière, les hommes en avant » ? L'homme marié qui ne craint pas en public de démontrer son affection à sa femme et qui est surpris par des collègues de travail qui n'ont jamais rencontré sa femme, est réputé avoir été vu en compagnie de sa maîtresse. Démontrez en présence de collègues et de camarades que vous vous aimez passionnément, alors que vous êtes des gens mariés, et vous aurez l'air étranges, insolites, originaux. S'il vous arrive en présence d'amis de vos enfants, par exemple, d'être sensuel avec votre conjoint, de vous tenir un langage amoureux, vous courrez le risque de passer auprès de vos voisins et dans votre quartier pour « des gens nouvelle vague ou des marginaux aux mœurs douteuses ». Un couple marié, classique, normalement, n'expose pas devant ses enfants une passion amoureuse. Je n'entends pas par là « faire l'amour » devant ses enfants, mais le fait d'exprimer cette passion charnellement, à travers des caresses aussi bien que par des mots et des attitudes affectives.

Or il n'y a pas là seulement un problème de démonstration de l'amour, de retenue ou de pudeur (morale pour certains). C'est l'expression d'un système culturel où l'on a soigneusement opposé « amour-passion » et mariage. Ce n'est pas seulement le témoignage de l'amour-passion qui est redouté, c'est l'amour-passion lui-même, qui a été en quelque sorte évacué culturellement du mariage institutionnel [1].

En revanche, on a presque institutionnalisé la poursuite de l'amour-passion en dehors du mariage. Et je me dois d'ajouter : « pour les hommes surtout », puisque dans la majorité des cas — et c'est encore ainsi en dépit d'un certain changement — les hommes se sont permis des libertés et des évasions qu'ils ont refusées à leurs femmes et aux

---

1. A l'expression consacrée « amour-passion », je préfère « la passion de l'amour », qui est susceptible d'évoquer tous les langages de l'amour sans toutefois restreindre la dimension passion. C'est d'ailleurs le sens que l'on donne à « passion » qui fait problème. Le cas ressemble à celui de « l'émotivité ». On lui donne souvent le sens d'un emportement incontrôlé, aveugle, d'ailleurs relié dans notre culture à l'étymologie latine où *passio* vient de *patior* qui signifie à la fois « subir », « supporter » et « souffrir ». Ou encore on l'emploie pour désigner des états privilégiés ou des tempéraments exceptionnels que l'on retrouve dans le monde de la création et de l'amour. En utilisant l'expression « la passion de l'amour », c'est le sens le plus positif et le plus « énergétique » que je veux faire ressortir soit : le « besoin d'être », le besoin d'éprouver la vie au maximum. « Se passionner » pour quelque chose ou pour quelqu'un, c'est « être mobilisé dans toute son énergie pour ce quelque chose ou ce quelqu'un ». La passion de l'amour suppose ainsi qu'on laisse mobiliser son énergie par l'amour à travers tous les langages de l'amour et de l'être.

femmes en général[1]. D'où l'industrie développée par la civilisation mâle pour encourager la prostitution, les bordels, les danseuses nues qu'il faut avoir à portée de sa table à côté de son bifteck, sans parler des autres formes d'exploitation de la femme dans ses fonctions « d'objet satisfacteur ».

Cette opposition entre amour-passion et mariage est l'une des données majeures de notre culture. Elle a énormément influencé le vécu de l'amour dans les mariages et dans les familles. Elle dépend de nombreux facteurs, dont ceux que nous allons aborder dans ce chapitre en particulier. Mais il est évident que le principal de ces facteurs, c'est la division traditionnelle des rôles hommes-femmes entretenue par le pouvoir social mâle et la dissection des valeurs qui la caractérisent.

On s'est donné un double système : un système « d'amour fonction » dans le mariage et un système « d'amour dynamique » (amour-passion) dans les à-côtés du mariage. Pour que ce système fonctionne, on s'est approprié en conséquence l'identité de la femme-personne, en fabriquant les femmes-rôles dont on avait besoin : les femmes-mères-éducatrices pour répondre aux conventions du mariage et de la famille, les femmes-passions-objets pour satisfaire les à-côtés du mariage. Le premier système est gardien des valeurs culturelles de stabilité, de conservation, de durée, de devoir, de principes moraux ; le second est promoteur d'aventure, de désir, de défi et en particulier le défi qui consiste à rechercher l'obstacle et à vaincre l'interdit, en nous faisant vivre énergétiquement « sur la corde raide ». Au fond, c'est le même système social qui d'un côté fabrique l'interdit et de l'autre la transgression de l'interdit. (Ce n'est pas sans liens avec la dualité bien connue en psychanalyse du « principe de réalité » et du « principe de plaisir ».)

Nous sommes pétris de cette culture. Ces systèmes nous ont donné une seconde nature. Et il est fort révélateur de constater qu'au moment où, par exemple, l'on pense que les choses changent rapidement en ce domaine, les jeunes ont des comportements stéréotypés qui expriment cette seconde nature. Voici pour en témoigner l'extrait d'un rapport d'en-

1. Il faut noter que ce comportement est loin de se retrouver seulement dans les mariages légaux et religieux. Il n'est pas moins répandu dans ce que l'on appelle les « unions de fait » ou dans les relations de couples amant-maîtresse.

quête menée auprès de jeunes urbains de seize à dix-huit ans. Il montre que les garçons continuent de rechercher deux types de filles correspondant aux femmes-rôles et à l'opposition culturelle entre l'amour-passion et le mariage : « celles pour s'amuser et celles qu'on peut respecter ». L'intégration de l'amour affectif et de l'amour physique se fait plutôt mal que bien. Je me rappelle une conversation entre trois garçons pour qui « l'amour physique détériorait l'amour sentimental ». « On a de la difficulté à vivre les deux avec la même fille, précise Serge. Quand on essaie de l'aimer physiquement, ça gâche tout. » Et Bernard, un grand garçon populaire auprès des filles dit : « Quand tu aimes une fille, tu la touches pas, car c'est un geste de plaisir, pas d'amour... »

« On se croirait il y a cinquante ans », dira-t-on, ou au siècle dernier et plus loin encore. Pourtant l'analyse de bien d'autres enquêtes, y compris les plus grandes enquêtes menées aux Etats-Unis ces dernières années sur les comportements sexuels, corrobore ces résultats. Je me souviens qu'il y a vingt ans, alors que je commençais à réfléchir sur ces questions, j'étais frappé de stupéfaction en constatant que, dans des milieux de forte pratique religieuse, des directeurs de conscience et des confesseurs s'entendaient à l'amiable avec de bons pères de familles et de bons époux, pour qu'ils aillent satisfaire leurs besoins les plus aigus en matière d'amour-passion et de libération sexuelle dans des bordels ou dans quelques petites aventures secrètes, mais en évitant de « se laisser aller » avec leurs épouses et de « salir ainsi la mère de leurs enfants ». Car, tel est le double système dans la mécanique culturelle : le plaisir d'un côté, le devoir de l'autre ; la fécondité et la procréation opposées à l'amour du couple et à la passion ; le corps séparé de l'esprit, la sexualité réduite à la génitalité et coupée de la sensualité aussi bien que de la spiritualité ; la sublimation vers la mère et le défoulement avec la femme-objet ; le désir et l'emportement avec une femme-passion dans une aventure passagère ou socialement interdite, d'une part, la passivité et la stabilité routinière dans le mariage où la raison et l'exemple des bonnes mœurs doivent contrôler et contenir l'amour-passion, d'autre part.

Séparation, cloisonnement, dissection, rupture : par les rôles, par les valeurs qu'on y associe, par le sentiment et la raison, par une sexualité complètement désintégrée de l'ensemble des modes d'expression et de communication de la personne. Voilà les traits dominants et dominateurs de cette culture. De génération en génération on se transmet la vie par morceaux.

Nous naissons au souffle de cette culture de sectionnement qui nous brise de l'intérieur et c'est par morceaux que nous vivons nos premières relations humaines engageantes. Par morceaux de tabous, par morceaux d'interdits, par morceaux de culpabilité, par morceaux de peur — PEUR DE LA FEMME chez l'homme et PEUR DE L'HOMME chez la femme —, par morceaux de libération, par morceaux d'évasion, par morceaux d'abandon... presque toujours sectionnés eux-mêmes en morceaux de tension... il faut entendre pour voir. Il faut entendre les jeunes parler de leurs premières relations amoureuses et de leurs premières expériences sexuelles. L'extrait que je viens de citer n'en est qu'un pâle reflet. Les entretiens thérapeutiques et les communications non verbales aussi bien que verbales dans des groupes de croissance illustrent constamment ce phénomène.

C'est ce phénomène que je veux mettre en relief dans ce chapitre, pour évoquer à partir de faits culturels la difficulté d'aimer, sur un plan tout à fait existentiel. Je ne me situe pas sur un plan théorique ou moral où il serait question de définir l'amour en vertu de tels ou tels principes.

C'est d'ailleurs sur ce plan existentiel que le commun des gens se rejoignent, sans savoir théorique ou moral, pour manifester qu'ils éprouvent de l'amour *quand ils ressentent qu'ils vivent, ou qu'ils font vivre, à partir d'une relation à quelqu'un ou à quelque chose qui les satisfait profondément*, comme un métier, par exemple. L'amour ainsi exprimé se présente comme une jonction qui se ferait entre notre vouloir-vivre et le vouloir-aimer. Pour reprendre l'image utilisée dans la description de la sécurité au premier chapitre, on pourrait dire aussi qu'il y a expérience de l'amour quand il y a « arrimage » entre son vouloir-vivre à soi et celui d'autrui. C'est pourquoi j'aime bien penser que le premier amour, c'est l'amour de la vie. Il est difficile d'aimer ce qui ne nous fait pas vivre par en dedans, ce qui ne nous fait pas ressentir une certaine énergie, pour reprendre les termes et les images de croissance utilisées dans les chapitres sur les besoins du moi. Dans un groupe un jour, une femme a exprimé tout cela par le commentaire suivant : « Si je pouvais ressentir avec beaucoup d'adultes ce que j'ai ressenti avec mes enfants quand ils étaient jeunes, ou ce que mon père ressentait quand il avait fait un beau meuble, je serais toujours amoureuse ! »

Or, là où il nous faudrait trouver des points de jonction entre notre vouloir-vivre et notre vouloir-aimer, nous trouvons le plus souvent des occasions de rupture que cette culture de dissection multiplie. Au lieu de trouver des ponts pour nous réaliser intérieurement et socialement, nous trouvons des fossés. A l'opposition amour-passion et mariage, s'ajoute un autre fossé vers lequel souvent la majeure partie de nos vies est dirigée : c'est que l'amour est constamment opposé à la vie et qu'il est sans statut social. Cela s'enracine dans de nombreux faits sociaux et culturels.

L'amour opposé à la vie et sans statut social

Pour beaucoup de gens, l'amour est associé au rêve, à l'idéal, à l'évasion, à l'inaccessible et, par conséquent, à ce qui n'arrive que dans des moments privilégiés. Ils en viennent à s'imaginer que l'amour n'existe pas pour eux, c'est-à-dire précisément, l'amour en ce qu'il a de plus dynamisant et que l'on n'hésiterait pas à qualifier d'amour-passion, si l'amour-passion n'était pas culturellement catalogué et associé au sexuel et à l'interdit. La seule association entre passion et amour a été traditionnellement identifiée par des religions et des morales comme quelque chose de coupable ou de réservé à des « âmes d'élite [1] ». Le bon peuple, lui, est conditionné par les religions à demander peu de la vie et de l'amour en ce « bas monde ». Le droit des masses, c'est leur devoir et ce devoir signifie le plus souvent « résignation », « sacrifice » et « obéissance ». Et c'est ainsi qu'on a fabriqué culturellement une opposition entre le rêve d'amours dynamisants et passionnés et le subi des devoirs de l'amour présenté dans le quotidien comme une obligation morale. Il est intéressant à cet égard d'ouvrir simplement un bon dictionnaire au mot « amour ». Prenez, par exemple, le *Robert* et vous verrez par la présentation des différents sens que l'on donne à l'amour une dégradation qui va de l'amour défini d'abord comme une « disposition à vouloir le bien d'un autre que soi (Dieu, le prochain, l'humanité, la patrie) et à se dévouer pour lui », à

---

1. L'étude de la littérature mystique catholique est extrêmement révélatrice là-dessus, en particulier sur ce plan de l'élitisme des âmes fortes et privilégiées. N'est pas choisi qui veut !

des définitions qui à l'autre extrême touchent dans un langage péjoratif « l'instinct sexuel », la « passion », les « caprices », « l'aventure », les « passades » ; entre ces extrêmes vous trouverez l'« affection entre les membres d'une famille » ! Cet inventaire du dictionnaire en dit long sur des distinctions qui sont évidemment appropriées à certains égards mais qui aussi expriment des catégories culturelles arbitraires en vertu desquelles on a cloisonné les comportements et vécu l'amour par morceaux. Aussi m'est-il souvent arrivé de me faire dire, à peu près toujours dans les mêmes termes, que j'exagérais quand je disais que j'étais « passionnément amoureux » de mes enfants. Même si l'on comprend ce que je veux dire, on est choqué de me voir utiliser une expression que l'on n'a pas l'habitude d'utiliser à propos des relations familiales. Quelqu'un m'a même dit un jour dans un groupe qu'en utilisant cette expression je tenais un langage « incestueux »...

Le lecteur qui s'intéresse à la psychologie ne peut ignorer, pour éclairer le problème des rapports entre sexualité, passion et amour, le fameux débat sur la vision de Freud et celle de Jung à propos de la libido. Il y trouvera également de nombreux éléments qui l'aideront à situer, même si l'opération est plus technique, l'insistance que je mets à décrire le développement des besoins dans une perspective « énergétique ».

Freud décrit en effet la libido comme la force énergétique qui comprend l'ensemble des tendances profondes de l'être humain et qui se résument dans le mot « amour ». Bien que Freud exprime clairement dans son œuvre que cela comprend toutes les variétés de l'amour (amour sexuel, amour de soi, amour familial, amour des êtres humains en général, amitié), il n'en insiste pas moins sur la dimension sexuelle qu'il définit d'ailleurs comme le « noyau » de la libido ou de cette force énergétique qu'on appelle communément l'amour. Cela a contribué à qualifier l'approche freudienne de « pansexualisme », de son vivant comme après sa mort.

Chez Jung au contraire il est clair que la libido est vue comme une force énergétique « plus neutre » si je puis dire et qui s'exprime par l'ensemble de nos tendances (besoin de manger, besoin de sexualité, besoin de s'affirmer, besoin d'aimer sous toutes ses formes, etc.), sans considérer que la sexualité est le noyau de cet ensemble.

Quand on sait l'importance qu'a prise l'influence de

Freud par rapport à Jung depuis, inutile de préciser les
conséquences que cela représente dans la manière dont on
envisage les rapports entre la sexualité et les autres modes
d'expression et de communication de la personne, en psychologie et en psychanalyse.

Ai-je besoin de préciser enfin que je me rapproche davantage de la pensée de Jung... C'est pourquoi je m'attache
à situer l'ensemble de nos besoins de croissance comme
ensemble exprimant notre énergie.

Au fond, notre vouloir-aimer, comme notre vouloir-vivre,
on nous a appris à le retenir dans ce qu'il a de plus dynamique ou de plus passionnel et à le réserver pour les
grandes circonstances et les moments de la vie déterminés
par les conventions sociales ou le calendrier : naissances,
coups de foudre amoureux, fiançailles, mariages, lunes de
miel, fêtes collectives et quelquefois les anniversaires d'individus, décès, événements malheureux et grandes catas-
trophes exigeant manifestement de la compassion. Mais
trop parler d'amour et de passion dans le quotidien et dans
n'importe quel milieu de vie serait exagéré ! « Ce serait trop
demander à la vie », comme on dit souvent. On les recher-
chera plutôt dans la vie des grands personnages historiques,
chez les héros de romans et de films. Dans sa propre vie
et dans le milieu familial même, on n'osera pas trop parler
d'amour, même si nombre de gestes que l'on pose sont des
gestes d'amour, à commencer par l'énergie que l'on déploie
quotidiennement pour vivre ensemble dans une famille,
pour trouver les occasions de faire plaisir à ceux qui nous
entourent et tenir compte de leurs besoins. Le temps n'est
pas si loin d'ailleurs où l'on a habitué les hommes et les
femmes à faire des mariages d'affaires, de conventions, de
convenances, de raison et de devoir. Il n'était pas nécessaire
d'aimer son partenaire. Même la procréation et l'éducation
des enfants ont été considérées comme des fonctions de
reproduction de l'espèce et de dressage des futurs citoyens,
dans lesquelles l'amour entre les personnes pouvait n'occuper que fort peu de place. Entre l'amour et le devoir,
entre l'amour et l'autorité, entre l'amour et la raison, entre
l'amour et la loi, on a mis plus de fossés que de ponts et
la culture guerrière mâle nous a enseigné à choisir le devoir, l'autorité, la raison et la loi [1].

---

1. Définition succincte de la culture mâle : la culture dominée par
le pouvoir social masculin et s'exprimant à travers des œuvres
masculines reflétant ce pouvoir.

Je crois qu'il y a ici un problème spécifique de gestion sociale mâle et qu'il faut le considérer comme tel. Cette réplique d'un homme à une femme l'illustre tout à fait : « Je voulais, lui dit-il, te parler de choses importantes et tu viens m'assommer avec des questions d'amour... »

La gestion mâle des sociétés, les stéréotypes sexistes qui ont eu pour effet d'entraîner le sous-développement des valeurs affectives et personnalistes dans l'éducation des hommes, la survalorisation du travail et autres activités au détriment des responsabilités de l'homme dans la famille, sont autant de facteurs qui, agissant ensemble, font que la culture mâle mésestime le rôle de l'amour dans la vie courante. On le relègue aux affaires très intimes ou, à l'extrême, aux grandes causes universelles. On ne lui donne pas droit de cité dans la gestion courante des sociétés. L'amour est considéré seulement comme un sentiment (à sortir de soi, comme on sort un mouchoir de sa poche, en certaines circonstances), et non comme un moyen de développement et de stimulation de l'ensemble de l'activité humaine. On est gêné de présenter l'amour comme motivation des comportements humains et comme source d'inspiration dans nos recherches d'harmonie collective. Les choses se passent le plus souvent en milieu de gérance mâle, comme si on devait laisser le besoin d'aimer et d'être aimé à la porte des écoles, des milieux de services sociaux, des hôpitaux, bref des grands services collectifs et institutionnels. On pourra en de rares occasions parler de « concertation », de « consensus », de « respect de la personne », de « bien commun », mais l'on n'osera pas parler d'amour, d'amour de ces êtres humains qui forment la clientèle des services sociaux, d'amour des jeunes, d'amour des travailleurs, d'amour entre les générations. Il y a à cet égard une différence marquée dans l'approche des femmes et des hommes aux problèmes humains. J'ai été à même de le constater des dizaines de fois dans des groupes et des commissions s'occupant des besoins et des droits des personnes. Il y a des exceptions et les choses évoluent un peu, mais on dirait que chez les hommes on est plus à l'aise pour manipuler des dossiers que pour s'occuper des personnes. Un beau cas de jeune en difficulté qu'on a classé dans la catégorie très précise (!) de « socio-affectif », c'est magnifique sur le papier, ça se compare, ça s'échantillonne, ça permet de constituer des « grilles » de cas. Et c'est rapide ! S'intéresser plus directement aux personnes, s'évaluer entre professionnels pour considérer les dimensions humaines des services, c'est plus long, c'est plus complexe, et que de fois j'ai vu des femmes se le faire reprocher « parce que leurs discussions de femmes retardaient la machine »...

Dans la famille, je crois que l'un des facteurs importants d'isolement entre les hommes et les femmes sur le plan des attitudes et des conduites, vient de ce qu'un grand nombre d'hommes n'accordent pas le même prix à l'amour et aux relations entre les personnes. Cela se traduit de toutes sortes de façons, mais un cas type est celui de « la maladie du travail ». C'est une véritable maladie puisque de plus en plus d'hommes en meurent prématurément, dans la cinquantaine souvent, sur le champ de bataille de leurs affaires professionnelles et sociales, sans avoir pris « le temps de vivre » avec leurs proches : femme, enfants, amis. Ils sont morts au champ d'honneur de la gestion sociale mâle. Ce qu'il faut bien voir dans ce phénomène, c'est qu'il est un choix. On pourrait tout à fait fonctionner autrement et la société ne s'en porterait que mieux.

Ce phénomène n'est pas propre à une classe sociale en particulier, même si je l'ai observé de plus près chez des technocrates, des professionnels, des gens d'affaires. On le retrouve chez des policiers, chez des enseignants, chez des techniciens, qui arrivent à occuper deux emplois presque à plein temps (sans que cela soit une nécessité économique). Il domine également dans les milieux dits ouvriers, où les occasions de se passionner pour un travail sont par ailleurs extrêmement réduites. Le temps passé dans la famille n'y a pas augmenté, en dépit de la réduction des horaires de travail d'environ vingt heures par semaine au cours des vingt dernières années pour plusieurs sociétés industrialisées [1].

Derrière cet ordre de choses il y a un leadership social et politique assumé par des hommes qui sont eux-mêmes coupés des réalités concrètes du vécu familial et qui dans la gestion des milieux de travail font tout pour escamoter les problèmes de relations humaines. En d'autres termes, comment des hommes qui, pour exercer le pouvoir politique et social, se coupent des lieux et des occasions les plus propices au développement de la personne, notamment en

---

1. Les données dont nous disposons pour évaluer les moyennes du temps consacré par des pères à leurs enfants ne sont pas réjouissantes. Aux Etats-Unis, le sociologue Joseph Pleck, en arrive à la moyenne fort élevée, si on la compare à d'autres, de 12 minutes par jour. Voir l'ouvrage de Pleck cité dans la bibliographie.

confiant l'éducation des enfants aux femmes, comment ces hommes peuvent-ils mettre en œuvre des politiques sociales qui vont tenir compte des besoins des personnes ? Heureusement, il se trouve de plus en plus d'hommes qui découvrent eux-mêmes l'aberration du système en exerçant leurs responsabilités de pères. Ils se rendent compte, par exemple, jusqu'à quel point les milieux de travail et les grands agents de l'économie ignorent systématiquement le monde de la famille. Ils sont amenés à subir la même discrimination que les femmes qui veulent à la fois travailler à l'extérieur du foyer et s'occuper de leurs enfants[1]. Ils vivent la rupture entre deux mondes, sans commune mesure, l'un où il faut produire, systématiser, gérer, rentabiliser, dans l'anonymat, l'autre où des personnes pourraient prendre le temps de vivre ensemble. Le temps d'ÊTRE AVEC. Le temps du partage, qui ne peut pas être vécu en même temps que le temps du pouvoir...

Il faut choisir entre l'amour du pouvoir et le pouvoir de l'amour...

... La formule est aussi facile que la chose est difficile. Je crois profondément que le problème numéro un de la culture mâle est d'être une culture de pouvoir.

Je crois que je n'ai qu'une certitude sur la vie, une seule : c'est que le monde ne pourrait plus être le même si les hommes renonçaient au pouvoir et ils y renonceraient s'ils prenaient enfin le temps de partager leur vie avec des enfants.

Je crois qu'on ne peut pas être au pouvoir (de domination) quand on a choisi de prendre le temps d'ÊTRE AVEC des personnes, surtout avec des enfants. C'est à la vie, c'est à l'amour, c'est au POSSIBLE humain qui est l'antithèse du pouvoir, que les enfants nous rendent. Les enfants nous gardent dans le monde de la personne et quand on fait le choix d'entrer dans ce monde et d'en vivre, c'est la tendresse qui nous gagne, c'est l'infinitude qui nous enveloppe,

---

1. La difficulté de se faire accepter dans un milieu de travail lorsqu'on est un père qui s'occupe « normalement » de son enfant, est l'un des éléments majeurs d'un film qui a fait courir les foules récemment, *Kramer contre Kramer*. On en a beaucoup parlé parce que le héros du film est un homme, pourtant les femmes vivent constamment ce problème de rejet de la famille par le monde fermé du travail.

c'est l'être qui nous séduit et non plus l'avoir. Oh, bien sûr, on rétorquera que la famille, et surtout la famille nucléaire, n'a fait que cela, nous isoler et nous pressurer entre personnes. Mais dans quel contexte, si ce n'est le contexte du pouvoir et dans ce qu'il a de plus pernicieux et de plus destructeur, qui peut se manifester sous les formes les plus subtiles de domination affective et mentale comme sous les plus grossières de violence physique : le pouvoir de se servir des autres pour s'affirmer soi-même. Pour être seul avec soi-même, même si l'on est physiquement au milieu des autres. Il y a là une ivresse qui a toujours fait le raffinement et la grossièreté des dictateurs. Elle est *une sorte de détournement de fonds* du partage au profit du pouvoir, de l'être-avec-l'autre au profit de l'être fixé sur lui-même. *Elle est le triomphe de l'énergie concentrée et retournée sur soi.* Elle ne passe plus par l'autre. *Elle est symboliquement la fission de l'atome social, du noyau social, et sa désintégration dans le moi fou qui ne peut qu'éclater en lui-même.*

Je crois qu'il n'y a que la puissance des enfants pour arrêter cette folie. On ne dira jamais assez jusqu'à quel point l'exercice du pouvoir peut comporter une telle séduction, une telle ivresse, une telle drogue, que celui ou celle qui en est atteint y trouve un emportement qui lui fait balayer sur son chemin tout ce qui ne sert pas son pouvoir. Pour se maintenir au pouvoir, on sera prêt à tout, à tous les compromis, même si ces compromis devaient détruire les personnes et les convictions auxquelles on a cru le plus. Etre au pouvoir, c'est ne plus avoir ni parents ni amis. C'est être seul dans sa griserie, emporté par une énergie sans visage, sans couleur et sans forme, indistincte du point de vue des valeurs, là où se confondent la gauche et la droite, le beau et le laid, l'humain et l'inhumain, la vie et la mort, la souffrance que l'on cause et le plaisir qu'on en retire [1]. C'est le déchaînement du vivre pour vivre — qui peut se produire davantage encore dans la lutte avec la mort qu'avec la vie —, où l'on ne reconnaît plus le visage de l'AUTRE.

La séduction du pouvoir pour le pouvoir devient une créature en soi, qui fait tout disparaître autour de soi, qui

1. Il est notoire que les dictateurs les plus horribles s'entourent de beau et cultivent l'art et la philosophie au milieu du mépris le plus total de la vie humaine.

nivelle tout, qui ne distingue plus les contenus humains : idées, sentiments, valeurs, personnes.

Est-ce cette créature sans visage qui a pris la place de la femme, de l'enfant, dans le monde du pouvoir mâle ?

L'exercice du pouvoir pour le pouvoir est une gigantesque force qui abstrait littéralement la vie et la réalité des êtres.

On dénonce souvent le goût effréné de l'argent comme le mal par excellence. Or il n'est qu'un moyen, équivalant à bien d'autres, pour avoir plus de pouvoir. On peut être capitaliste de bien des façons quand « on se sert des êtres humains comme d'un capital » pour exercer toutes sortes de pouvoirs : pouvoirs idéologiques, pouvoirs bureaucratiques, pouvoirs liés à des situations d'autorité, pouvoirs dans les relations humaines, pouvoirs dans les comportements sexuels, etc. Et bien sûr il y a des degrés dans l'exercice de pouvoir pour le pouvoir. Entre le dictateur chronique et le patron, le parent ou le conjoint tyrannique, il y a d'énormes variantes, mais elles ont en commun l'exercice du pouvoir.

Le personnage type de la culture du pouvoir : l'homme-guerrier

Il y a un personnage type qui incarne et anime cette culture de pouvoir : c'est l'homme-guerrier. Il n'a ni femme ni enfant. Il a épousé le pouvoir. C'est à lui que l'on doit toutes ces ruptures, entre l'amour-passion et le mariage, entre l'amour et la vie, et bien d'autres encore. Il vient du plus profond de l'histoire et il a gardé son emprise sur la civilisation à toutes les époques, de l'Orient à l'Occident.

La vie, les personnes, les relations humaines, l'amour même, ne l'intéressent pas en soi, mais dans la mesure où ils lui sont prétextes à s'affirmer lui-même. Ce qui le séduit et l'attire par-dessus tout, c'est le défi, l'obstacle, le conflit et, à la limite, la violence et la mort, obstacle suprême. Il va de ville en ville, de femme en femme, de système en système, de stratégie en stratégie, de défi en défi, de conquête en conquête. Quand il a obtenu ce qu'il convoitait, il se trouve vite dépaysé par l'objet de sa convoitise. La vie conquise le laisse aussi démuni que la vie recherchée le rendait créateur. Il perd littéralement ses armes devant ce qu'il a conquis et avec qui, ou quoi, il lui faut apprendre à « être avec » et non plus être contre ou en lutte. Etre « pour » la vie, pour la personne, pour le bonheur même, le laisse gauche.

C'est un être purement énergétique, qui vit de la drogue de l'affirmation de soi, du besoin de défier quelque chose et de se prouver en même temps à lui-même.

On s'accroche à lui en temps de guerre, pour maîtriser la mécanique et ne pas se laisser apitoyer devant l'humain. On a besoin de lui pour tuer sans peur et sans reproche, même les enfants. A certains moments il le fait pour le plaisir. Il est entraîné à voir indifféremment la souffrance et le bien-être.

Sa grande œuvre, son œuvre quasi permanente dans l'histoire, c'est la guerre. La guerre sous tous les prétextes, pour Dieu, pour l'honneur, pour la vengeance, pour imposer sa vérité du moment, pour l'or, et pour le simple plaisir de partir en campagne et de tromper l'ennui d'une vie trop sédentaire et trop calme. Je n'ai pas voulu encombrer ce livre d'un amas de statistiques et de chiffres bouleversants pour appuyer certaines évocations. Mais je ne puis m'empêcher de rappeler ici que seulement depuis la Seconde Guerre mondiale, plus de trente millions de personnes ont été tuées dans des guerres « locales »... Au moment où j'achève ce livre près de quarante guerres déchirent notre planète. Pour ce qui est de la torture, je renvoie le lecteur aux travaux d'Amnesty International.

Je ne puis m'empêcher non plus de rappeler que les plus récentes statistiques indiquent qu'il se commet sur le continent nord-américain un viol toutes les seize minutes dans les grandes villes.

C'est l'un des crimes les plus abjects et les plus spécifiques de la culture guerrière en tant que négation et destruction de la personne. Les fondements de la psychologie du violeur le plus agressif tiennent en ceci : il ne viole pas pour jouir sexuellement ; il viole parce qu'il n'est pas capable d'accepter les femmes, d'accepter l'échange sexuel, et par-dessus tout parce qu'il n'est pas capable de s'accepter lui-même. Son geste est un geste de POUVOIR TOTAL proportionnel à l'anéantissement de la personne [1]. Et il faut sans doute qu'il y ait beaucoup d'hommes guerriers dans l'administration de la justice et dans le pouvoir médical, pour

---

1. L'un des meilleurs ouvrages sur le viol, qui montre bien cette psychologie, est celui de Suzan Brownmiller, *Le Viol*, Paris, Stock, 1976.

qu'on ait réussi, socialement, à faire comme si les victimes du viol étaient plus coupables que les violeurs eux-mêmes. Il faut aussi qu'il y ait beaucoup d'hommes guerriers dans les Eglises, puisqu'elles n'ont à peu près pas senti le besoin de faire campagne contre le viol ; si seulement elles y avaient engagé une toute petite partie des forces qu'elles déploient contre l'avortement !... Les attitudes sociales et politiques en face du viol ne sont-elles pas le signe que la folie qui s'empare du violeur prend sa source dans le pouvoir mâle ?

Chose certaine, la question ne se pose même pas quand il s'agit de considérer le phénomène des femmes battues. Elles représentent plus de 10 % des femmes vivant avec un homme (pas seulement les femmes mariées), dans un grand nombre de sociétés. Et il s'agit alors de cas évidents nécessitant des soins médicaux. Mais on estime à près de 50 % les femmes qui auront été victimes à divers moments de gestes de violence physique.

Il s'agit là d'un problème foncièrement collectif. Si tant d'hommes se laissent aller à cette violence, c'est parce qu'ils s'y sentent plus ou moins autorisés par les mœurs établies et par leur sexe. Ils savent très bien que l'appareil politique et judiciaire considère ce crime comme très spécial, ne le rend pas visible et se justifie de ne pas intervenir au nom, par exemple, de son caractère privé et familial — comme dans le cas de l'inceste — ou encore parce qu'il relèverait des maladies de l'amour... L'homme batteur ne prétend-il pas aimer la femme qu'il bat ? Et la femme battue ne prétend-elle pas elle aussi aimer celui qui la bat ? Ce qui empêcherait plusieurs de ces femmes d'aller porter plainte. Il faut pourtant être bien naïf ou bien ignorant des faits pour accepter ces justifications. Si la plupart des femmes ne portent pas plainte, ou retirent leur plainte, c'est à cause du sentiment d'humiliation et de honte qu'elles éprouvent, pour protéger aussi le gagne-pain du conjoint (ce qui signifie en même temps la sécurité matérielle des enfants), et surtout peut-être, parce qu'elles ne se sentent pas appuyées par l'environnement collectif et par les pouvoirs publics. D'un côté donc le batteur se sent protégé par une sorte d'immunité sociale, sachant que s'il bat une femme il ne sera pas exposé à la justice comme s'il battait un autre homme dans la rue ou dans son milieu de travail ; de l'autre, la femme battue, comme la femme violée, se sent perdante et humiliée sur tous les fronts en sachant

que si elle prend le risque de s'exposer à la justice elle
pourra en ressortir plus perdante et plus humiliée encore.
Si seulement les tribunaux, les forces policières et les pouvoirs politiques avaient un sens plus aigu de la justice et
de la dignité humaine, en raison notamment des dimensions
collectives de ces problèmes, ils établiraient clairement que
dorénavant, dans les causes de viol et autres formes de violence contre les femmes, les agresseurs auront le fardeau
de la preuve et seront exposés à des sentences exemplaires.
Mais nous n'en sommes pas là... Notre culture est encore
trop malade.

Je crois finalement que le grand problème de l'homme
guerrier est de ne pas être à l'aise avec la vie et d'être
particulièrement gêné par le contact réel avec les personnes.
Sur le plan des idées, des croyances, des idéologies, des
religions, de l'engagement pour des causes, dans des relations humaines passagères, en amitié même, il peut être
à l'aise parce qu'il peut rêver, idéaliser, désirer, imaginer,
jouer avec la vie comme il veut et la façonner à son image
et à sa ressemblance. Mais avec les personnes, ceux et celles
qu'il côtoie chaque jour et avec qui il faut négocier, partager, d'égal à égal, être présent simplement, en laissant
tomber armures, carapaces et masques, que fera-t-il ? Après
avoir conquis, combattu et dominé, IL FUIRA. Foncièrement
l'homme guerrier est fugueur devant la vie, spécialement
devant les relations humaines engageantes et permanentes.
Il a terriblement peur de se laisser prendre par la vie et
par les êtres. D'où le contrôle qu'il exerce sur ces émotions,
puisque l'émotion est cette forme de connaissance et de
contact avec la vie qui fait qu'on se laisse prendre par la
vie. D'où le recours systématique à l'argent, pour tout acheter, ne rien devoir à personne, y inclus ses relations humaines et l'amour. On pourrait repasser ainsi une longue
série de comportements et d'attitudes types du guerrier
fugueur[1]. Retenons seulement un trait dominant de sa
psychologie amoureuse, particulièrement subtil. Il s'est en
effet fabriqué une façon d'aimer à sa mesure. Elle est
centrée sur l'amour de « désir » par opposition à l'amour
de « satisfaction ». Elle est devenue un trait dominant de
la civilisation. On en retrouve l'expression dans une foule

---

1. La littérature et le cinéma répètent inlassablement l'histoire de
l'homme guerrier. Je soutiendrais volontiers que c'est le personnage
principal de toute l'histoire de la littérature, en Occident et en Orient.

de comportements collectifs. C'est le dernier angle sous lequel je voudrais observer la culture guerrière et montrer comment une fois de plus cette culture nous amène à vivre en état de rupture, à exister par morceaux, en séparant là où il faudrait unir, en opposant là où il faudrait conjuguer, en divisant là où il faudrait rassembler, en disant non là où il faudrait dire oui.

Le conflit entre l'amour de désir et l'amour de satisfaction

Ce conflit, nous le vivons tous à des degrés divers, et rien de plus naturel. Rien de plus naturel en effet que d'être plus stimulé par ce que l'on désire, c'est-à-dire par l'énergie que l'on déploie et que l'on éprouve en même temps à tendre vers quelque chose ou quelqu'un. Quand on se trouve en possession de ce que l'on a recherché, si l'on est encore stimulé, on vibre moins intérieurement, parce que le pouvoir de stimulation du désir et de la conquête n'agit plus. Les personnes dont on a rêvé ont souvent le même sort que les paysages dont on a rêvé : quand on les découvre, quand on les habite, ils n'ont plus la dimension de nos rêves et de nos désirs. Et si l'habitude de la cohabitation et la routine s'en mêlent, on en vient vite à de la fidélité passive, qu'on arrive à supporter en recherchant de temps à autre de nouveaux sujets d'évasion et d'emportement. Bref, la question fondamentale se pose de savoir comment être avec ? Etre avec qui l'on a conquis et continuer à se sentir aussi stimulé qu'à la phase du désir. Comment se sentir aussi vivant à partager la vie avec quelqu'un qu'à le désirer ?

Voilà comment se pose le conflit.

La psychologie du guerrier nous a collectivement conditionnés à vivre le conflit, en associant la vie qui nous stimule au désir, et la vie vécue, par exemple, celle que l'on partage au long des jours dans une famille, à ce que l'on subit, à ce qui devient la proie du temps et la force tragique de l'habitude. Il s'est même fait un clivage social à partir de ce conflit, les riches et les puissants ayant les moyens de se procurer de multiples stimuli de désir, les pauvres et les faibles étant conditionnés à la résignation et au sacrifice. On s'explique ainsi comment les puissants qui ont contrôlé les Églises ont appris au peuple à se résigner, aux gens mariés à faire des enfants et à repousser l'amour-

passion, aux femmes à garder la famille et à ne pas sortir
du foyer.

Le procédé est subtil, car les puissants savent très bien
que l'instinct de vie, qui se cache sous la dynamique du
désir, est tel que l'être humain peut facilement en arriver
à aimer la souffrance et la privation s'il y trouve le seul
moyen de s'affirmer.

Observons, à partir de situations que nous connaissons
tous, comment cette dynamique du désir opère en nous et
pourquoi on peut en arriver à préférer le désir de vivre à
la vie elle-même, le désir de quelqu'un à l'amour même de
quelqu'un.

Chez une foule de gens, cette dynamique du désir est
presque devenue une seconde nature. Elle commande leurs
comportements dans toutes sortes de circonstances qui en
soi ne concernent même pas l'amour. Par exemple, on pré-
férera « l'approche » ou « l'attente » d'un événement heureux
à l'événement lui-même ; on éprouvera autant sinon plus de
plaisir à « préparer » un voyage qu'à le faire ; le moment où
l'on déballera un cadeau minutieusement enveloppé nous
enivrera plus encore que la découverte du cadeau ; les départs feront bien plus vibrer que les arrivées. Et ainsi de
suite, au point que pour un grand nombre d'individus, le
« bonheur » même, en tant qu'état de satisfaction, semble
moins attirant et moins mobilisant que le malheur, qui oblige
à lutter, à chercher, à vivre en état d'alerte.

L'image la plus répétitive et la plus typique de l'amour,
que la civilisation occidentale a fixée dans la tradition orale
et dans la littérature, est une image où l'amour est presque
toujours présenté en conflit avec la vie, plus proche du
malheur et de la souffrance que du bonheur et du bien-vivre.
Denis de Rougemont, dans son excellente analyse *L'Amour
et l'Occident*, a judicieusement situé des siècles de littérature à partir de cette citation de *Tristan et Yseult* : « Vous
plaît-il d'entendre un beau conte d'amour et de mort[1]. »
Cette invitation du conteur conviendrait à la plupart des
œuvres où l'amour est le thème dominant. Il semble bien

---

1. Denis de Rougemont, *L'Amour et l'Occident*, Paris, p. 108, 1962.
L'auteur y montre notamment que l'amour en Occident a été dominé
par la négation de la vie et qu'en ce sens il a été une « anti-incarnation » pour le monde chrétien. Malgré les critiques souvent faites
à l'endroit de la thèse, d'origine religieuse, cette œuvre n'en constitue
pas moins une analyse rigoureuse et massive de la littérature sur
l'amour, en particulier quant aux thèmes de l'amour et de la mort.

que les amours heureuses soient comme les gens : elles n'ont pas d'histoire.

Ce peut être la même dynamique énergétique qui, entretenue ou poussée à l'extrême, nous conduit à survaloriser les difficultés, les souffrances, les privations, les conflits, bref tout ce qui, en nous empêchant d'être satisfaits, nous maintient en état d'alerte. Le sadique et le masochiste se rejoignent dans le fait que la souffrance est devenue pour eux le moyen d'éprouver leur énergie vitale ; qu'on fasse souffrir ou que l'on subisse la souffrance, dans les deux cas la souffrance est occasion d'une même animation. Elle est le même aiguillon qui nous fait vibrer par en dedans. A la limite, pour l'homme-guerrier, c'est la lutte avec la mort, obstacle suprême, qui peut être le moyen le plus recherché pour éprouver ce dynamisme vital. Sade a exprimé cette contradiction en écrivant que « le principe de vie dans tous les êtres n'est autre que celui de la mort ». Voilà « l'expression » de la contradiction ; « l'explication », elle, peut être fort différente.

Il ne faut pas nécessairement confondre (comme l'a fait Sade) « ce qui peut stimuler » un être humain à éprouver son dynamisme vital avec le besoin lui-même de s'affirmer et d'éprouver ce dynamisme. Cette distinction est capitale pour comprendre le caractère « énergétique » de ce besoin, de cette motivation, qui est à la source de toutes les autres. Comme nous l'avons observé dans divers contextes, l'organisme humain a besoin d'affirmer la vie pour la vie, dans une perspective énergétique « neutre », qui est en deçà et au-delà de toutes catégories de bien et de mal, de vrai et de faux, de normal et d'anormal, de bonheur et de malheur. Celui qui se trouve plus stimulé par le DÉFI de lutter contre le malheur, la souffrance, la mort, que par la réalité d'un bonheur, d'une satisfaction, d'un bien-être quelconque, en arrive naturellement à préférer ce qui le fait vivre en état de défi.

Il y a là un facteur majeur d'explication des conduites masochistes et sadiques en particulier. C'est parce que le besoin de souffrir ou de faire souffrir est devenu un moyen de s'affirmer soi-même et d'éprouver la vie, qu'il est préféré au besoin d'être bien dans sa peau et de rendre les autres heureux. Le principe fondamental s'applique à nouveau : l'être humain s'affirme là où il le peut et par n'importe quel moyen ; l'essentiel pour lui est de s'affirmer, de relever des défis, de vibrer, d'ÊTRE. Le vouloir-vivre est antérieur à l'amour.

C'est seulement dans l'acceptation du partage de la vie avec les autres, dans l'échange, que nous entrons dans ce qui est spécifique à l'amour.

Alors les catégories de bien et de mal prennent un sens en fonction de la capacité d'accepter les autres ou de rejeter les autres.

C'est aussi face à cette problématique, qu'on peut situer, par exemple, l'amour dit « érotique ». L'érotisme qui, rappelons-le, ne tient pas à une démarche charnelle mais à un raffinement de l'esprit, est précisément fondé sur la dynamique suivante :

— *se centrer sur le désir de ce qui peut nous satisfaire,*
— *en cultivant au maximum l'art de retarder la satisfaction,*
— *parce que ce qui précède la satisfaction peut être préféré à ce qui nous satisfait.*

D'où l'importance, dans la démarche érotique, des rythmes d'attente, d'approche, de renouvellement, de suspension de la jouissance provenant d'une éventuelle satisfaction. L'exemple classique est celui de l'homme-guerrier qui préfère rechercher la conquête d'une femme — surtout si elle lui est difficile voire interdite — à la satisfaction qu'il pourrait retirer à vivre avec cette femme après l'avoir conquise.

Un autre exemple classique est celui de la chasse qui est vécue comme une expérience érotique. On y retrouve toute une gamme d'éléments types : les rythmes d'attente, la poursuite, la recherche, le jeu. La façon dont on tue une proie peut être tout à fait normale, comme elle peut donner lieu à des comportements de libération du sadisme.

A la limite, quand l'érotisme devient une fin en soi et que la dynamique du désir importe plus que les satisfactions obtenues par quelque chose ou avec quelqu'un, *le désir cédera le pas à la jouissance que procure la recherche de l'interdit et de l'obstacle.* La recherche de l'obstacle devient alors l'aiguillon par excellence de l'érotisme.

S'entraîner à l'érotisme c'est, à l'extrême raffinement de cette démarche énergétique, rechercher et multiplier les obstacles qui vont maintenir l'être en état de suspension et de vertige intérieur, préférant cet état à toute satisfaction que pourrait procurer l'échange avec quelque chose ou quelqu'un. L'érotique pur se dit : « Que faire du bonheur quand je l'aurai trouvé, puisque, aussi longtemps que je le cherche, ou même que je le refuse, je me sens vivre, je m'éprouve moi-même. » « Vivre pour vivre ! » « Souffrir pour souffrir ! » « Faire souffrir pour faire souffrir ! » Et pourquoi pas : « Tuer pour tuer ? » A l'extrême limite, le désir érotique devient souvent désir de mort, désir de détruire. Plusieurs cas de sadisme sexuel et de violence contre la personne dans les familles, rejoignent ici le cas de violeurs et des spécialistes de la torture. La destruction de l'autre en tant que personne est transformée en plaisir. Aussi, n'est-ce pas nécessairement la destruction de collectivités qui passionne le plus les dictateurs les plus raffinés en matière d'érotisme-cruauté, mais celle de victimes choisies sur lesquelles ils peuvent exercer directement leur perversité et contrôler leur jouissance à loisir.

Il s'agit là bien sûr d'aboutissements extrêmes de la démarche érotique. L'érotisme n'est pas fait pour mener à la cruauté et à la destruction de la vie. Au contraire la dynamique qui le caractérise est nécessaire pour aimer la vie. L'attente, la quête, le désir, sont des manifestations de ce qu'il y a de plus créateur en l'être humain. Ils sont les éléments essentiels de nos besoins et de nos motivations. *Il faut donc distinguer l'érotisme qui devient une fin en soi et qui peut être exploité au mépris de la vie et de la personne, de l'érotisme qui peut être mis au service de la vie et de la personne.* En d'autres termes, il peut conduire à l'amour de la vie et de la personne, ou devenir « l'amour de l'amour[1] » et de là nier l'amour de la vie jusqu'à lui préférer l'amour de la mort. Dans ses formes extrêmes, on pourrait évoquer aussi bien des manifestations de mysticisme désincarné et d'angélisme, que de cruauté et de violence sordide. On sait, par exemple, que le refus du monde, le refus de la femme, la chasteté même, chez des mystiques, certaines formes d'ascétisme et d'héroïsme, sont des expressions de l'érotisme vécu comme une fin en soi[2].

Quand l'érotisme est une fin en soi, ce qui nous fait vibrer

---

1. Ce que saint Augustin exprimait en disant : « J'aimais aimer. »

2. L'un des romanciers catholiques qui a le mieux fait état de ce problème est Bernanos, à travers ce qu'il a lui-même décrit comme « la tentation luciférienne de sainteté ». Son roman *Sous le soleil de Satan* l'illustre bien. Ceux qui s'intéressent à cette question trouveront avantage alors à comparer la psychologie des « révolutionnaires mystiques » d'un Bernanos avec celle des « révolutionnaires politiques » d'un Malraux, pour ne nommer que ces deux cas parmi une pléiade d'univers semblables. Une même démarche érotique anime souvent les deux types de héros.

intérieurement, ce qui nous fait éprouver notre énergie vitale, personnes ou situations, devient secondaire par rapport au fait même de vibrer. C'est pourquoi la sensation intérieure que procure au héros, par exemple, le fait de résister à la mort ou de la défier, l'emporte sur la mort elle-même. C'est pourquoi l'ascétisme, ou l'épreuve de la chasteté, peuvent être préférés, en certains cas, à la jouissance ou à la possession de biens de ce monde : la sensation que procure la résistance inhérente à l'ascétisme et à la chasteté, l'emporte sur la jouissance et sur l'orgasme charnel ; elle est orgasme de tout l'être, de l'esprit autant que de la chair. C'est pourquoi ceux qui font souffrir se trouvent stimulés par la sensation que leur procure la vision de la résistance à la souffrance chez ceux qu'ils font souffrir. Vieux rituel du chat qui joue avec la souris !

Toutes ces manifestations, et plusieurs évoquées dans les chapitres précédents, expriment CE BESOIN INCONDITIONNEL CHEZ TOUT ÊTRE HUMAIN DE VIVRE INTENSÉMENT, à un « certain voltage » dirions-nous, pour s'affirmer et éprouver l'énergie qui l'anime.

La question qui se pose, face à ce besoin et en regard de l'amour des personnes, est de savoir jusqu'à quel point nous pouvons aimer assez la vie et les personnes, pour croire que des relations intenses et soutenues entre des êtres humains puissent satisfaire ce besoin de s'affirmer et de vibrer de l'intérieur coûte que coûte.

Si nous appliquons la question spécifiquement à l'expérience du mariage et de la famille, en tenant compte de la problématique développée dans ce chapitre, on peut se la poser comme suit :

COMMENT ÊTRE AUTANT MOBILISÉ, STIMULÉ, PROVOQUÉ A VIVRE, PAR UN AMOUR QUI DURE, QUE PAR UN AMOUR QUI NAÎT ?
PAR CE QUI NOUS SATISFAIT, QUE PAR CE QUE L'ON DÉSIRE ?
PAR CE QUE L'ON A TROUVÉ, QUE PAR CE QUE L'ON CHERCHE ?
PAR CE QUE L'ON SAIT POSSIBLE, QUE PAR L'EXCEPTIONNEL OU L'INTERDIT ?
COMMENT CONTINUER A DÉSIRER QUI OU QUOI NOUS A DÉJA SATISFAIT ?

L'opposition entre amour-passion et mariage, à partir de laquelle nous avons abordé ce chapitre, est-elle fatale ?
Est-il impossible que le mariage, ou l'union de fait, soit vécu de telle sorte qu'il devienne désir, défi, aventure, vic-

toire sur la routine, renouvellement inépuisable d'une rela-
tion entre des personnes qui se stimulent réciproquement à
aller au bout d'elles-mêmes ?

Je crois que cela est possible.

Si nous faisons enfin la révolution pour les êtres. Ce qui
ne peut être qu'une révolution pour la tendresse.

Il ne s'agit pas de détruire la culture guerrière, car la
tendresse ne sait pas détruire. Elle est presque ignorante
aussi des ruptures. Elle est bonne à ouvrir des chemins,
à jeter des ponts, à faire des espaces de liberté.

Il faut seulement partir de ce besoin passionné d'être
et d'affirmation de la vie — qu'on appelle aussi « l'agressivité », en son sens positif — pour mettre cette énergie
accumulée par l'espèce au service de la personne et à l'emploi du partage...

**Pour dire le passage de la culture guerrière à une culture
de tendresse...**

... Délivrer l'homme — comme on dit dans le langage
mâle pour désigner l'être humain — délivrer l'homme
de la peur de l'homme, car c'est la peur qui est en
dessous de la violence et du pouvoir. La peur de l'autre. La peur de ses différences. La peur de l'égalité.
La peur de l'autonomie. La peur de l'identité. La peur
de soi. La peur de la tendresse. La violence a une telle
peur de la tendresse, une telle peur de se laisser prendre par la vie, doucement, simplement, quotidiennement, passionnément. Apprendre le geste. Se pencher
sur l'être humain. Non, la personne aimée n'est pas
un abîme entre le désir et la satisfaction, mais un pont,
un embarcadère pour aller plus loin, un carrefour pour
aller partout. La satisfaction que l'on éprouve à vivre
avec quelqu'un que l'on aime vraiment n'est pas une
fin, mais un commencement. Mon présent d'aujour-
d'hui m'est plus riche et plus plein de ce que chacun
des jours de vingt années vécues avec la femme et les
enfants que j'aime ont produit de vie. Il faut le dire,
pour faire sortir de terre « ces peuples heureux qui
n'ont pas d'histoire »... Ceux que j'aime pourraient
partir un jour. Les enfants partiront certainement, de
notre lieu familial en tout cas. La mort, de toute façon,
pourrait venir demain. Cela ne pourrait pas détruire

ces années qui sont en moi. Je ne veux pas dire par
là que l'amour est plus fort que la mort. Il est d'un
autre ordre. Il est du côté de la vie. Il rassemble. Il
contient. Tandis que la mort dissocie, sépare. Mais
elle n'atteint pas ce que l'on a accumulé en soi à vivre
avec quelqu'un quand elle nous enlève ce quelqu'un.

Croire au bonheur et à la satisfaction qu'on éprouve
à partager son vécu avec quelqu'un.

Etre las d'une culture qui n'en finit pas de célébrer
la mort, le malheur, la souffrance, la tension, les
conflits, les mauvaises nouvelles multipliées par d'autres mauvaises nouvelles, comme si on y avait oublié
de nous parler de ceux qui aiment la vie et qui la cherchent et qui la trouvent de tant et tant de façons. J'ai
besoin de santé mentale dans ce qu'on me raconte sur
les êtres humains. La lucidité qui s'étiole à n'en pas
finir de diagnostiquer la maladie, finit par répandre
la maladie. Avant longtemps, pour équilibrer l'information de la presse, celle des bureaux de recherche
et de statistiques, celle des spécialistes de la communication, il va falloir développer des comptoirs de
bonnes nouvelles pour personnes intéressées au progrès
de la vie.

Que le guerrier se repose, sur lui-même, et pas seulement sur la femme, qui a envie d'autre chose. Qu'il
jette les armes, la vie ne demande pas seulement qu'on
l'affronte. Apprendre à se détendre avec ceux qui sont
les plus proches de lui, est important pour la santé
mentale du guerrier. Les grandes causes ne sont pas
fatalement les plus éloignées ni les plus compliquées.
Vivre bien dans sa peau au milieu de la simplicité
quotidienne laisse à peine le temps de partir en grandes
campagnes. Vivre avec la vie pourrait être plus enivrant
que de vivre à côté de la vie.

Aimer assez l'intelligence pour ne pas seulement
l'entraîner à dissocier, à séparer, à opposer. Lui apprendre à conjuguer, à associer, à rassembler. Une
culture de l'amour sans témoignage d'une raison amoureuse aurait beaucoup de difficulté à vivre. Saint-
Exupéry a dit beaucoup en disant « qu'il faut que
l'Esprit souffle sur la glaise ». Mais ça ne suffit pas :

il faut que la raison devienne amoureuse de la vie.
Ceux qui ont une activité intellectuelle intense devraient se comporter comme des amoureux. Les enseignants en tête de file, puisqu'ils initient la collectivité.
Il y aurait moins d'idéologues guerriers et plus de
rassembleurs dans le champ des idées. Raisonner, analyser, connaître, c'est comme faire des tableaux. Plus
le peintre possède son art, plus il maîtrise, non pas
des couleurs, mais des nuances de couleurs. Il peut
faire avec une seule couleur ce que le printemps fait
avec le vert. Or dans le maniement des idées, on a
l'impression d'en être encore à ne confronter que les
couleurs primaires, toujours le tout blanc contre le
tout noir...

Apprendre l'amour, en même temps qu'on apprend
la personne. S'initier à parler tous les langages de
l'amour. S'initier à les écouter. Avec la raison amoureuse, les sens amoureux, la chair amoureuse, la sexualité amoureuse, l'affectivité amoureuse, la parenté
amoureuse, l'éducation amoureuse. Les parcours de la
tendresse sur un corps que l'on aime se cherchent et
s'apprennent longuement. Ils ne sont pas plus faciles
que les parcours de la pensée qui cherche à comprendre. L'amour n'est pas don, parce qu'il est l'intérêt
du partage. Et l'on sait bien qu'il est aussi difficile
de recevoir que de donner. L'amour n'est pas sentiment
parce qu'il est bien davantage : une façon de se développer, d'orienter son énergie par le partage.

Vouloir mettre l'amour au cœur de tout ce qui vit,
le faire passer avant toutes choses pour animer le
reste.
Croire que la personne est assez grande en elle-même
et que le partage l'agrandit assez encore, pour contenir
tous les pouvoirs d'être.
Passer de la domination à l'égalité.

Cette interpellation est ma façon de communiquer le plus
fidèlement possible au lecteur, comme une pensée ou un
geste qu'on saisirait dans sa germination la plus secrète,
ce qui peut animer cette culture de tendresse.
Il ne s'agit plus de parler « de l'amour », mais « avec
l'amour », pour ressaisir ces langages et ces gestes qui s'of-

frent à profusion dans une famille comme entre deux adultes qui font le choix de s'équiper pour voyager ensemble, longtemps. Ce qui est le sujet du prochain chapitre.

Je termine celui-ci par l'extrait d'un texte d'Abraham H. Maslow qui pose de brillante et tendre façon ce problème du langage pour les professionnels des sciences humaines.

« Nos revues, nos livres, nos conférences conviennent avant tout pour communiquer et discuter ce qui est rationnel, abstrait, logique, public, impersonnel, général, répétable, objectif et non émotionnel. Ils admettent donc les choses mêmes que les psychologues de la personnalité essaient de modifier. En d'autres termes, ils tiennent pour vrai ce qui est remis en question. Il en résulte que nous, les thérapeutes et les observateurs de la personnalité, sommes encore obligés par la coutume académique de parler de nos propres expériences et de celles de nos consultants un peu comme s'il s'agissait de bactéries, de la lune ou de rats blancs, ce qui suppose le clivage sujet-objet, le détachement, la distanciation et la non-implication, ce qui suppose également que nous (ainsi que les objets perçus) soyons inchangés par l'acte d'observation, et que nous puissions séparer le "je" du "tu", ce qui suppose enfin que toutes observation, pensée, expression et communication se fassent dans la "froideur" et jamais dans la "chaleur" car la connaissance ne saurait être que contaminée ou déformée par l'émotion, etc.

« En un mot, nous continuons d'utiliser les règles et les procédés traditionnels de la science impersonnelle pour notre science de la personne, mais je suis convaincu que cela ne continuera pas. Il me semble assez clair maintenant que la révolution scientifique que certains d'entre nous sont en train de préparer (comme nous construisons une philosophie de la science assez large pour inclure la connaissance expérimentale) devra s'étendre aussi aux modes traditionnels de la communication intellectuelle [1]. »

---

1. *Vers une psychologie de l'être, op. cit.*, p. 247 et sq.

7·

Les langages et les gestes de l'amour
dans une famille et chez un couple

Il y a tellement de langages et de gestes pour dire l'amour, pour faire l'amour, pour communiquer l'amour, que je ne sais par lequel commencer[1].

Nous savons qu'il y a « l'amour environnement », « l'amour de présence », qui est fait de mille et un gestes que chacun peut accomplir dans le quotidien et qui deviennent atmosphère, présence et environnement autour de soi.

Nous savons qu'il y a « l'amour de connaissance » qui est fait de tous ces moments d'apprivoisement d'autrui, de dialogue, de réflexion sur le vécu qu'on partage au long des jours, du mystère même. Car il y a un mystère, qui se développe autour des êtres qui sont assez aimés pour se manifester librement à l'extérieur d'eux-mêmes, et faire sentir l'inépuisable, l'inexploré, qui tient à leur autonomie et à leur liberté de se garder pour eux-mêmes en partageant.

Nous savons qu'il y a l'amour des sens qui est fait de tout ce qu'on aime et qui nous aime, par le toucher, le goût, le sentir, le voir, l'entendre. Nous savons qu'il y a l'amour du corps qui est le clavier de tous les langages de l'amour, qui est le point de repère pour autrui dans l'espace et dans le temps, qui est le mouvement de toutes les formes de vie et d'amour, qui est notre point d'arrimage au monde. Nous savons qu'il y a l'amour du nu, où le corps peut devenir transparent, où la fragilité et la puissance de l'être humain deviennent lisibles et palpables.

Nous savons qu'il y a « l'amour de familiarité et d'inti-

1. L'expression « faire l'amour » peut recouvrir bien d'autres langages que la sexualité, même si en général on l'emploie pour se référer aux relations sexuelles.

mité » que l'on connaît dans la durée et le bon vieillissement
de ceux qui s'aiment longtemps, et qui est assez « unique »
pour ne pas avoir à se prétendre « exclusif ».

Nous savons qu'il y a l'irremplaçable amour de tendresse
et de délicatesse, souventes fois fait de toutes petites choses
qui ont la force des plus grandes, qui sont comme la pensée
de l'amour, comme l'expression la plus fine de la raison
amoureuse.

Moi je sais surtout que je parle d'un vécu qui ne se
catégorise pas, qui ne se met pas en ordre aussi facilement
dans le quotidien et au long des jours. Je sais que je rêve,
bien éveillé, de faire des tableaux de tout ce va-et-vient
intérieur et autour des êtres, et que je me les représente
souvent comme des dessins d'enfants, ou de vieux albums
de photos de famille, à regarder ensemble au coin du feu,
les soirs d'hiver. C'est pourquoi je ne sais pas par quoi
commencer ni quoi retenir de tant de gestes posés et possibles. L'idéal serait que l'éditeur accepte de laisser ici plusieurs pages blanches et que le lecteur qui partage mon
rêve éveillé, y mette quelques photos de famille et de mariage vues de l'intérieur... J'avoue que ce serait pour moi
l'une des façons les plus chaudes, même si c'est à distance
et dans l'inconnu, de partager ce livre.

L'amour environnement, l'amour présence

Pourtant, je sais que chaque jour, pour plein de gens de
par le monde, éveiller ses enfants est une fête que les années ne rendent que plus vivante, plus pleine et plus amoureuse. (C'est la chose qui me manque le plus quand je suis
en voyage.) Le réveil le matin dans une famille, c'est tellement plein. De pouvoir presque dans le même temps
promener son regard et ses mains sur le corps de celui
ou celle que l'on aime entre tous et entre toutes, d'aller
retrouver les enfants et les caresser doucement à leur tour,
ou follement, se mettre en mouvement pour vivre un nouveau jour, prendre soin de son corps, gagner la table,
revivre les odeurs de café chaud et de bon pain, parler de
ce qu'on fera pendant la journée, s'embrasser pour les départs au travail et à l'école, sont autant de gestes et de
situations que l'amour rassemble et que rien n'use. Gestes

de personnes qui deviennent environnement les unes pour les autres, par leur provocation du quotidien.

Provocation du quotidien par des gestes d'amour, par le dire de l'amour. Il faut tout de même se parler d'amour pour en vivre ; n'est-ce pas aussi vrai que l'inverse ? On ne se dira jamais trop que l'on s'aime dans une famille. On ne se touchera jamais trop, de gestes et de mouvements d'amour. Quelqu'un a dit fort à propos que l'amour est comme la poésie et la prière : il répète tout le temps. C'est terrible de penser que dans des familles et dans des couples on puisse avoir peur, être gêné, de se redire des « je t'aime ». Et ce n'est pas vrai que l'on répète alors parce que ce qu'il y a d'extraordinaire entre des êtres qui partagent leur croissance, c'est qu'ils ne sont jamais les mêmes. Les mots sont les mêmes, mais ceux qui les disent changent sans cesse.

Plus on a partagé d'années ensemble, plus il y a de raisons de se redire l'amour. Provoquer le quotidien pour donner à l'amour la première place. Ce n'est pas parce que l'on vit ensemble qu'il ne devient plus nécessaire de s'écrire des lettres d'amour, de se faire des surprises en forme de délicatesse et des fêtes.

J'ai été le plus étonné du monde de découvrir un jour que le cadeau qui avait eu le plus d'effet sur ma compagne, était une barre de chocolat que je lui avais envoyée à son bureau sous pli recommandé...

Provoquer le quotidien par des fêtes. Tant de choses peuvent être prétextes à faire des fêtes dans une famille : le succès d'un enfant à l'école, une satisfaction dans le travail, un repas partagé avec des amis, l'évocation d'un moment heureux, le simple fait de se sentir bien et d'avoir le goût de fêter pour le plaisir. Faut-il attendre les grandes circonstances et suivre le calendrier pour fêter parce qu'on est bien ensemble ? Faut-il attendre les anniversaires pour se faire des cadeaux ? Un cadeau de son mari, de sa femme, de son père, de sa mère, d'un enfant, un jour quelconque où il n'y avait apparemment pas de raison pour cela, c'est bon. Un jardinier habitué à prendre soin de son jardin le dirait, « ce n'est même pas de l'amour », c'est de la simple attention à ce qui vit.

L'amour de connaissance

Gestes d'amour et dire de l'amour, parmi des moments difficiles, au milieu d'inévitables et fréquentes querelles d'enfants, dans les difficultés d'apprentissage de toutes sortes, sur les heures vides, avec les problèmes rapportés du travail, par-delà les crises et les conflits qu'il faut vivre au grand jour. Bien sûr. Rien de plus difficile que de croire au bonheur. Mais « le difficile s'aime », surtout quand il devient objet de connaissance des êtres avec qui l'on vit chaque jour. S'ajuster aux besoins de l'autre pour aimer mieux. Dire ses besoins pour ne pas laisser d'équivoque. Il y a des silences qui apaisent, il y en a qui énervent, il y en a qui sont des mensonges, des fuites. Se faire dire par son enfant, parce qu'il se sent libre de le dire, qu'on n'est pas à certains moments le père ou la mère qu'il aurait voulu, c'est l'amour de connaissance en bien des cas qui l'exprime. Pouvoir dire à l'homme ou à la femme que l'on pense encore aimer entre tous et toutes, qu'avec lui ou avec elle, à un moment donné, c'est comme si on manquait d'oxygène, qu'on perd contact non pas tant avec l'autre qu'avec soi-même. Se mettre à table pour essayer de comprendre ce que l'on partage et ce que l'on ne partage pas, ce qui nous fait du bien et ce qui nous vide. Pouvoir s'expliquer et se raconter ses cheminements chaque fois qu'on en sent le besoin et savoir qu'on sera écouté, que tout le reste sera mis de côté par ceux que l'on aime et qu'ils prendront le temps de nous écouter. Entre nous, sans les thérapeutes et sans les avocats. Mais parce qu'on croit tout de même un peu à l'Esprit et que l'on a appris à vivre autant par en dedans de soi qu'avec les autres. C'est l'amour de connaissance qui rend cela possible.

Imaginons que le triste héros du *Nœud de vipères* de François Mauriac n'ait pas attendu la mort pour se raconter et s'expliquer aux siens. L'amour de connaissance aurait pu faire son œuvre et libérer une famille de la haine et de l'étouffement. Une famille dont l'histoire comme la personnalité de cet avocat de province qui a réussi brillamment dans sa carrière, sont loin d'être imaginaires. L'extrait qui suit pourrait être l'aveu de bien des êtres dans de nombreuses familles à travers le monde. Le vieillard qui parle s'adresse à sa femme dans une lettre que la mort l'empêchera de terminer :

« Tant que nos trois petits demeurèrent dans les limbes de la première enfance, notre inimitié resta donc voilée : l'atmosphère chez nous était pesante. Ton indifférence à mon égard, ton détachement de tout ce qui me concernait t'empêchaient d'en souffrir et même de le sentir. *Je n'étais d'ailleurs jamais là.* (...) Je déjeunais seul à onze heures, pour arriver au Palais avant midi. *Les affaires me prenaient tout entier et le peu de temps dont j'eusse pu disposer en famille,* tu devines à quoi je le dépensais. Pourquoi cette débauche affreusement simple, dépouillée de tout ce qui, d'habitude, lui sert d'excuse, réduite à sa pure horreur, sans ombre de sentiment, sans le moindre faux-semblant de tendresse ? J'aurais pu avoir aisément de ces aventures que le monde admire. Un avocat de mon âge, comment n'eût-il pas connu certaines sollicitations ? Bien des jeunes femmes, au-delà de l'homme d'affaires, voulaient émouvoir l'homme... *Mais j'avais perdu la foi dans les créatures, ou plutôt dans mon pouvoir de plaire à aucune d'elles.* A première vue, je décelais l'intérêt qui animait celles dont je sentais la complicité, dont je percevais l'appel. L'idée préconçue qu'elles cherchent toutes à s'assurer une position me glaçait. Pourquoi ne pas avouer qu'à la certitude tragique d'être quelqu'un qu'on n'aime pas s'ajoutait la méfiance du riche qui a peur d'être dupe, qui redoute qu'on l'exploite ? *Toi, je t'avais " pensionnée " ; tu me connaissais trop pour attendre de moi un sou de plus que la somme fixée.* Elle était assez ronde et tu ne la dépassais jamais. Je ne sentais aucune menace de ce côté-là. Mais les autres femmes ! J'étais de ces imbéciles qui se persuadent qu'il existe d'une part les amoureuses désintéressées, et de l'autre les rouées qui ne cherchent que l'argent. Comme si, dans la plupart des femmes, l'inclination amoureuse n'allait de pair avec le besoin d'être soutenues, protégées, gâtées... *A soixante-huit ans, je revois avec une lucidité qui, à certaines heures, me ferait hurler, tout ce que j'ai repoussé, non par vertu, mais par méfiance et par ladrerie.* Les quelques liaisons ébauchées tournaient court, soit que mon esprit soupçonneux interprétât mal la plus innocente demande, soit que je me rendisse odieux par ces manies que tu connais trop bien : ces discussions au restaurant ou avec les cochers au sujet des pourboires. J'aime à savoir d'avance ce que je dois payer. *J'aime que tout soit tarifé ;* oserais-je avouer cette honte ? Ce qui me plaisait dans la débauche, c'était peut-être qu'elle fût à prix fixe. Mais chez un tel homme, quel lien pourrait subsister entre le désir du cœur et le plaisir ? Les désirs du cœur, je n'imaginais plus qu'ils pussent être jamais comblés ; je les étouffais à peine nés. *J'étais passé maître dans l'art de détruire tout continuel, à cette minute* exacte où la volonté joue un rôle décisif dans l'amour, où au bord de la passion nous demeurons encore libres de nous abandonner ou de nous reprendre. J'allais au plus simple — à ce qui s'obtient pour un prix convenu. Je déteste qu'on me roule ; mais ce que je dois, je le paie. Vous dénoncez mon avarice ; il n'empêche que je ne puis souffrir d'avoir des dettes : je règle tout comptant ; mes fournisseurs le savent et me bénissent. L'idée m'est insupportable de devoir la moindre somme. C'est ainsi que j'ai compris " l'amour " : donnant, donnant... Quel dégoût [1] ! »

Cette démarche est si claire et si éloquente qu'elle se passe de commentaire. Je veux seulement faire observer qu'en plus de constituer une pièce d'autothérapie, elle est un retour type de l'homme-guerrier sur son passé et qui cherche au dernier moment à s'ouvrir à une culture de l'amour.

Dans cette illustration, comme au paragraphe qui la précède, l'accent est mis sur « l'amour par la connaissance ». Mais l'amour de connaissance signifie aussi « la connaissance par l'amour ». L'amour procure la connaissance, comme il procure la sécurité dans les premières années de la vie (surtout). Je me réfère ici à quelque chose qui représente l'enjeu principal de l'amour et de sa rencontre avec la liberté. L'AMOUR DE L'AUTRE POUR LUI-MÊME, CELUI QUI STIMULE A ALLER AU BOUT DE SOI-MÊME ; CET AMOUR PROCURE LA CONNAISSANCE, PARCE QU'IL PERMET A L'AUTRE D'EXPRIMER SA PERSONNE, DE SE MANIFESTER, DE SORTIR DE SOI-MÊME POUR DEVENIR ENVIRONNEMENT ET PRÉSENCE.

Comment t'aimer assez bien, pour que tu deviennes de plus en plus toi-même en vivant avec moi au long des jours ?

Voilà sans doute LA question, LE défi, pour les couples, pour les parents avec les enfants, pour les enfants entre eux à un certain âge. Comment aimer qui est libre et autonome ? Comment aimer pour rendre libre et autonome ? Ce n'est pas le défi de la culture guerrière. C'est celui-là

1. François Mauriac, *Le Nœud de vipères*, Paris, Grasset Poche, 1961, p. 76 et sq. Les soulignés sont de moi.

même de la culture de tendresse. Répondre à la question
en assurant l'apprentissage que cela suppose, entre proches,
dans le quotidien, ouvre à ce qu'il y a de plus vivant et de
plus dynamique dans le mariage et la famille. Il me semble
surtout que là réside la victoire sur la dépendance et l'aliénation que l'on craint tellement, et avec raison, dans l'abandon à une relation amoureuse que l'on veut durable.

Germaine Greer a fort bien posé le problème dans *La
Femme eunuque* : « L'homme qui dit à sa femme : "Que
ferais-je sans toi ?" est déjà détruit. La victoire de son
épouse est complète, mais c'est une victoire à la Pyrrhus.
Tous les deux ont tellement sacrifié ce qui les rendait ai-
mables à l'origine au profit de la symbiose de dépendance
mutuelle qu'ils ne parviennent même plus à constituer à
eux deux un être humain complet[1]. »

*Ne même plus parvenir à constituer à deux un être hu-
main complet ! C'est hélas la situation anti-être de bien des
couples et parents avec leurs enfants.*

De la fameuse question : « Que ferais-je sans toi », comment
passer à celle-ci qui suppose une tout autre démarche :
« Est-ce que je deviens vraiment moi-même avec toi ? »
« Est-ce que tu deviens vraiment toi-même avec moi ? »

Dans bien des cas, cela veut dire, passer de la dépendance
à l'autonomie et à l'interdépendance, pour que deux êtres
se rencontrent par débordement de soi.

Il n'y a pas là par ailleurs le fameux désintéressement
et la démarche de sacrifice sur lesquels des religions, par
exemple, ont toujours voulu faire reposer l'amour. L'amour
est intéressé ! Il est intéressé à la vie. Il n'est pas masochiste. Il recherche ce qui fait vivre, et plus encore, ce qui
nous fait vivre de nous-mêmes, ce qui nous fait nous aimer
nous-mêmes avec les autres. Lutter pour être, en consentant
aux exigences de l'amour, n'est pas tant une question de
sacrifice qu'un choix que l'on fait, pour partager sa croissance avec quelqu'un et vivre les difficultés et les joies
extraordinaires que cela comporte. L'amour n'est pas une
fin. Vouloir aimer, c'est vouloir vivre.

Il y a autre chose encore que je voudrais évoquer là-
dessus et qui est infiniment précieux pour qui l'a connu.

1. Germaine Greer, *La Femme eunuque*, Paris, Laffont, 1971.

C'est très difficile à traduire en mots mais ceux qui sont arrivés à bien s'aimer pendant longtemps en ont presque le savoir.

Quand quelqu'un arrive à aimer vraiment d'un amour d'être, qu'il permet à l'autre de se manifester pleinement comme personne, comme individu unique, n'entre-t-on pas dans l'inépuisable, dans ce qui peut être apprivoisé mais jamais connu tout à fait ? N'est-ce pas l'un des paradoxes les plus extraordinaires auquel nous confronte une relation amoureuse intense et durable entre un homme et une femme, entre des parents et des enfants : *les gens qui s'aiment beaucoup ne se saisissent jamais l'un l'autre tout à fait.* Ils voient autant leur amour comme un possible que comme quelque chose de réalisé, parce qu'ils sentent qu'il est indissociable de leur croissance, de leur devenir personnel. Chaque fois que je me suis trouvé en contact avec des personnes vivant cette expérience, j'ai été frappé de constater qu'ils ne vivaient pas leur amour comme quelque chose d'assuré, qu'ils n'avaient pas besoin de se donner de garantie de durée ou de fidélité. Leur amour n'est pas une assurance, mais une provocation, une mobilisation, un désir d'aller plus loin dans le partage de l'être, une grande émotion lucide qui les emporte et dont ils gardent aussi le contrôle, pour se ressaisir chaque fois que cela est nécessaire et faire le point... La passion de l'amour...

L'amour du corps, l'amour des sens, l'amour du nu

Et si l'on revenait maintenant où l'amour de connaissance commence : à l'amour du corps, l'amour des sens, l'amour du nu. Si le témoignage de l'amour de connaissance est fondamental pour la redécouverte de l'amour-passion dans le mariage, celui de l'amour du corps, des sens et du nu ne l'est pas moins. L'un ne va pas sans l'autre. Face aux déterminismes culturels qui nous ont imbus de la séparation de la chair et de l'esprit, le rôle des parents devient aussi difficile qu'indispensable pour accomplir la révolution qui s'impose. De toutes les tâches qui nous incombent, parents, c'est peut-être l'une des plus importantes, après la stimulation à la sécurité.

C'est par l'amour du corps que le moi intègre les autres

amours de la vie. C'est à travers le corps que s'expriment tous les langages de l'amour. Les fidèles de la bioénergétique ont raison de redire sans cesse que « notre caractère est dans notre corps », que « nous sommes notre corps ». Chez l'enfant et l'adolescent, l'intégration au monde et à son moi se fait simultanément au rythme même du développement du corps.

On peut mentir aux autres, mais on ne ment pas à son corps. Le développement de la médecine psychosomatique, le recours de plus en plus marqué à des techniques de relaxation, les études sur le stress, les thérapies faisant appel au corps, pour ne mentionner que cela, devraient aider de plus en plus de personnes et de familles à se convaincre que la santé mentale aussi bien que physique, commence dans l'hygiène du corps et dans l'amour de son corps. Plus il y en aura de convaincus, plus on pourra se libérer, non seulement de philosophies et de morales désincarnées, mais surtout d'une médecine à pilules et à chirurgie, qui continue à abuser massivement des gens — des femmes surtout — en les traitant comme si leur corps était complètement détaché de leur caractère, de leur style de vie, de leur psychisme [1].

J'insiste sur cet aspect pour montrer une fois de plus comment l'accès à l'amour est soumis comme toute autre forme de développement humain à des conditions sociales précises. Il y a des millions de gens qui éduqueraient leurs enfants d'une autre façon, s'ils changeaient leur manière de voir leur santé physique et mentale ; mais cela supposerait que les médecins, individuellement et comme groupe social, se commettent enfin pour promouvoir une hygiène du corps.

Peut-on bien aimer quand on mange mal et qu'on a le corps empâté ? Peut-on s'abandonner sexuellement quand on est tendu comme un arc, quand on est rigide, quand on a les nerfs en boule ? Là-dessus précisément le corps ne ment pas. *Or l'amour a besoin de calme, de souplesse, de détente, d'abandon, au-delà des humeurs du moment et des tempéraments.* Ce n'est pas seulement une question de disposition

---

1. Ce n'est pas le problème d'une « pratique » médicale quasi fermée au psychique qu'il faudrait poser ici, mais celui de la « formation » médicale donnée dans des facultés qui, à quelques exceptions près, n'intègrent pas la science médicale à l'ensemble des facteurs de développement de l'être humain. N'est-ce pas étrange d'être en contact avec des médecins qui n'ont pas l'air d'avoir l'amour du corps et qui vous traitent la plupart du temps comme si vous étiez faits de morceaux séparés les uns des autres ?

et de disponibilité pour les relations sexuelles, c'est une exigence d'environnement, une qualité de présence entre des êtres. La tension qui existe dans certaines familles, au sein de couples, est souvent le pire ennemi de l'amour.

De la gamme des moyens qui s'offrent aux parents pour éduquer les enfants à l'amour du corps et des sens (*cf.* énumération dans l'étude du vouloir-vivre), il en est un que l'on devrait privilégier : il consiste à mettre le corps et chacun des sens en contact avec le plus de stimuli possible. Par exemple, on peut faire éprouver à un enfant les différentes formes de bien-être provenant du contact de son corps avec la laine, avec un drap doux fraîchement lavé, avec l'eau (différences entre l'eau de la baignoire, l'eau d'un tuyau d'arrosage avec lequel on se fabrique une douche l'été quand il fait bien chaud, l'eau d'un lac ou d'une rivière, l'eau d'un ruisseau bien froid, l'eau d'une source), avec la chaleur, avec le vent. Ces choses-là ne vont pas de soi, surtout dans la civilisation urbaine et industrielle, et il ne suffit pas que l'enfant les vive occasionnellement ; il importe qu'il les vive en plus grand nombre possible, que ses parents les vivent eux-mêmes et l'incitent à les vivre et à les rechercher. A cet égard, l'éducation au soin à prendre de son corps fournit des occasions quotidiennes : bains, massages, propreté, entretien dentaire, contrôle de son poids, exercices d'éducation physique et de connaissances de son corps. L'enfant doit ressentir, au comportement de ses parents, que ce qui compte dans ces soins, c'est l'amour de son corps. Bien des questions de propreté et de contrôle peuvent être mieux traitées ainsi. Donner des massages aux enfants, c'est les habituer à ressentir la vie qu'il y a dans leur corps et la capacité de contrôle et de détente qu'ils peuvent y puiser, tout en étant une occasion de chaleur et de tendresse entre parents et enfants.

L'alimentation, j'en ai déjà traité, est une autre source permanente d'éducation au goût, aux odeurs, aux couleurs, aux formes. Sentir les odeurs de cuisson, toucher des fruits et des légumes frais, agencer des mets en tenant compte des couleurs, savoir goûter plutôt que de se limiter à avaler les aliments. Le contact avec la nature est indispensable pour aiguiser les sens. Distinguer les odeurs du jour des odeurs du matin et du crépuscule, respirer la forêt après une pluie, sentir le bois ranci ou fraîchement coupé, observer la vie des plantes, des insectes, des animaux et les spectacles sans nombre qu'offre la nature. Savoir écouter les bruits et les chants de toutes sortes, entrer dans les silences, ne pas être dépaysé par les silences. Il est certain que les enfants qui sont privés du contact avec la nature ne peuvent pas avoir le même contact avec leur propre nature qui est dans leur corps et dans celui de leurs semblables.

Il y a aussi un apprentissage des rythmes qui correspondent à toutes ces formes de contact, qui importe autant que les contacts eux-mêmes. Il faut y mettre le temps. On dirait que l'amour de la vie appelle l'amour du temps et de la mesure, pour approcher les choses et les êtres, les goûter, s'en laisser envelopper. Sous ce seul aspect, l'initiation à la sensualité et aux rythmes sensoriels est indispensable à une vie sexuelle humanisée. Les parents doivent tout faire pour assurer cette initiation aux enfants et leur apprendre le sens du contact avec des corps-personnes, pour qu'ils ne soient pas limités à des contacts de sexes-objets. C'est aux parents d'amener leurs enfants à savoir les parcours des mains et des yeux, sur la chair, comme devant un paysage, à mouvoir leurs membres dans des rythmes différents, à contrôler leur respiration, à prendre le temps de goûter et de toucher, etc.

C'est aux parents de rendre les enfants familiers avec le nu, tout en ménageant la pudeur dont chacun a besoin, à tel âge, dans telles circonstances. C'est à eux de dire aux enfants la beauté et la signification du nu. Rendre sensible à ce qui est tantôt la fragile enveloppe du corps, tantôt sa force, son mouvement. La forme de chaque univers qu'est chaque être humain. Il n'y a pas que les yeux qui sont le miroir de ce qu'on appelle l'« âme », mais tout ce que l'on fait avec son corps et ce qu'il devient à partir de ce que l'on vit au-dedans de soi.

Dans la vie sexuelle, par exemple, n'est-ce pas comme si l'on essayait à travers le plaisir d'être ensemble et de tout partager, d'aller sous la transparence du nu, et de *réussir l'arrimage parfait entre deux corps-personnes.*

Pour vivre le plaisir de l'EXPANSION de deux corps qui se rejoignent et se mêlent en restant distincts aussi, de plus en plus débordants de la vie partagée et accumulée au cours des ans. L'ÉNERGIE, LA CONNAISSANCE, L'EXPANSION DE SOI, LE POUVOIR D'ÊTRE, LA DÉTENTE ET LE PLAISIR PARTAGÉS, il y a au moins tout cela dans l'orgasme. Le désir et la satisfaction s'y rejoignent[1].

1. Quand finit l'orgasme ? Pour le guerrier qui trouve la vie seulement dans la démarche vers l'orgasme, il finit souvent avec la

Le bonheur est là. Il se laisse saisir, palper, caresser, emporter, non point dans un quelconque au-delà mais dans l'espace et le temps que forment les deux corps-personnes en expansion et en mouvement l'un avec l'autre. La lumière est dans les yeux et sous la peau qui se colore comme signes visibles de cette expansion de la vie qui cherche à éclater des corps et qui les retient l'un à l'autre en même temps. Aux grands moments, presque à la mesure des années accumulées, partagées, multipliées les unes par les autres, comme si toutes les provocations quotidiennes de tendresse se rassemblaient de partout en même temps dans leurs corps, ils savent pour ainsi dire qu'ils peuvent faire venir leurs vies intérieures à fleur de peau. Ils savent, dans ces moments qui ne s'isolent pas des années multipliées les unes par les autres et dont ils peuvent contrôler la durée à volonté, qu'ils peuvent choisir tous les rythmes et toutes les formes qui conviennent à leurs corps. C'est comme lorsqu'ils dorment ensemble, ou qu'ils ont des orgasmes de parole et de regard, rien qu'à se regarder et à parler de ce qu'ils peuvent vivre ensemble.

C'est « l'arrimage » de leurs corps-personnes. Ce mot du langage spatial, qui convient si bien pour exprimer la sécurité comme capacité de rencontre entre soi et le monde, comme pouvoir d'être au monde, peut évoquer aussi bien la rencontre d'amour entre deux êtres. Il convient à l'extraordinaire complémentarité des organes sexuels féminin et masculin. Complémentarité à travers des différences que la biologie nous donne en partage et en parfaite égalité de moyens — c'est peut-être sur ce plan que l'égalité entre l'homme et la femme est le plus visible —, mais la plupart des cultures l'ont déformée en imposant le pouvoir d'un sexe sur l'autre. On sait que l'un des principaux mythes issus de ces cultures a opposé « la femme passive qui reçoit » à « l'homme actif qui pénètre ». Or « le pénis humanisé qui n'est plus arme d'acier mais chair », pour citer une expression de Germaine Greer[1], est aussi un organe pour recevoir chez celui qui peut répondre et se laisser prendre à l'action du vagin et des autres organes de la femme sur

satisfaction sexuelle immédiate. Pour d'autres au contraire l'orgasme se poursuit, ou quelque chose d'équivalent, après la satisfaction sexuelle, dans la relation avec la personne aimée. C'est pourquoi certains guerriers aussi tombent dans le sommeil aussitôt après leur jouissance et se retournent contre eux-mêmes... Pour d'autres, l'amour continue...

1. La Femme eunuque, op. cit., p. 391.

lui, autour de lui et en lui. Quand il y a véritablement interaction dans une relation sexuelle entre toutes les capacités sexuelles de l'homme et de la femme, nous nous trouvons devant l'une des plus rares manifestations de l'ÉGALITÉ, et elle revêt alors quelque chose qui s'approche de l'Absolu.

Ce sont encore des choses que les parents doivent savoir dire aux jeunes[1].

L'amour de familiarité et d'intimité

Ce sont des choses dont les couples qui ont atteint un certain bonheur (le bonheur qui est « la conscience de croître » ensemble) devraient savoir particulièrement parler, puisqu'ils connaissent ce langage unique de l'amour qu'est « la familiarité et l'intimité » qu'on développe à vivre ensemble au long des jours et des ans. Il suffit d'avoir vécu quelques années avec quelqu'un, de manière positive surtout, pour comprendre tout le poids qu'il y a dans ces mots et saisir l'unique et l'irremplaçable échange entre proches qu'ils évoquent. Ce avec quoi les gens divorcés même ont le plus de difficulté à rompre, c'est souvent la familiarité et l'intimité qu'ils ont partagées ; ils se rendent compte que c'est quelque chose qui peut les habiter longtemps après une rupture et prendre à certains moments autant de place que ce qu'ils vivront de meilleur avec un nouveau partenaire. Le quotidien et la durée sont des environnements structurants pour les personnes et cela fait que la familiarité et l'intimité sont au-dedans de nous comme autour de nous ; ils s'attachent aux personnes dans un couple et dans une famille comme une aura, au-delà du meilleur et du pire. C'est une autre des formes que prend l'énergie humaine,

---

1. C'est à travers les dialogues entre parents et enfants que l'éducation sexuelle des jeunes se fait de la meilleure façon. Mais combien de parents sont assez ouverts et authentiques là-dessus pour évoquer, simplement, avec leurs enfants, leurs propres expériences, leurs apprentissages ? Aussi ne faut-il pas s'étonner qu'en 1984 encore, dans des milieux urbains, une foule de jeunes, entre 16 et 18 ans, vivent dans une ignorance catastrophique quant au minimum qu'ils devraient connaître pour assumer leur développement personnel sur ce plan et respecter les autres. La libération sexuelle dont on a tellement parlé, depuis quelques années est à maints égards une vaste illusion. Il est beaucoup plus néfaste en cette matière de se croire connaissant que de se savoir ignorant...

que l'on déploie chaque jour en partageant son vécu avec d'autres. Elle devient cadre autour de nous et structure en nous. Elle peut être évoquée aussi par le fameux « nous deux » dont on se sert souvent pour représenter, d'une façon distincte des personnes, ce qui unit un couple. Mais l'expression est ambiguë et elle peut autant évoquer ce qui sépare un couple que ce qui l'unit. C'est pourquoi on la trouve autant sous la plume de ceux qui s'intéressent à ce qui fait vivre un couple qu'à ce qui l'aliène.

Pour les personnes qui ont vécu pendant plusieurs années une existence heureuse et intense dans une famille à travers une relation de couple, familiarité et intimité deviennent synonymes de plénitude, de peuplement, d'enracinement. A vivre ensemble chaque jour au long des ans, on devient « pays » les uns pour les autres. Vision du pays aux dimensions de la personne et vision de la personne aux dimensions d'un pays. On est content à certains moments de quitter ses enfants, son conjoint, comme on est content de sortir de son pays chaque fois qu'on le peut. Mais on n'est pas moins content d'y revenir après chaque absence. On est heureux de recevoir des amis, d'aller chez des amis, de partager beaucoup avec d'autres, mais on est content aussi de se retrouver en famille après. Qui dit familiarité dit famille ; comme la chose, le mot vient de la famille. Cela signifie « fréquentation », « partage », « intimité », « apprivoisement », « appartenance », « accessibilité », « simplicité ». C'est le mélange de tout cela qui fait que, si l'on arrive à se sentir aussi bien dans une famille et dans un couple qu'on peut se sentir bien dans sa peau individuellement, on se trouve devant l'irremplaçable. Aussi la privation de la familiarité et de l'intimité familiale entraîne-t-elle souvent le « dépaysement ». Quand la mort frappe dans une famille ou dans un couple où l'on s'aimait beaucoup depuis longtemps, elle prend la forme du dépaysement d'abord. On cherche celui ou celle ou ceux qui étaient devenus espace et horizon autour de soi. D'aucuns qui ont vécu cette expérience vous diront qu'il leur faut presque à certains jours, pour se resituer à nouveau dans leur vie, se réinventer un langage, réapprendre à parler avec les autres, là où la communication était pourtant devenue par un ensemble de mots, de gestes, d'attitudes, de postures, l'art de se rejoindre, de se comprendre, de s'aimer.

Si j'ai évoqué la rencontre sexuelle de telle manière dans ce qui précède, c'est que je l'ai regardée à travers l'expérience de la familiarité. La rencontre entre deux « corps-personnes », c'est la rencontre entre deux « corps-pays ». On peut s'y attarder en y mettant toutes les ressources de l'apprivoisement accumulées au cours des années. Le corps que l'on caresse et que l'on désire avec une ivresse incomparable après vingt ans de vie quotidienne partagée, est chargé de tant de vie. C'est un corps oui, mais où le parcours des regards et des mains sur la chair, les rythmes d'amour, vont à même les années ajoutées les unes aux autres, à travers la quête de connaissance et par tous les autres cheminements que le corps a conservés et qui en ont fait ce pays où, plus on revient, plus on découvre et plus on a envie de découvrir.

N'est-ce pas ce qui explique qu'on puisse se sentir si bien avec la même femme ou le même homme après des centaines et des centaines de relations sexuelles, reprises mais jamais répétées ? Ce n'est pas la sexualité comme telle qui confère cette plénitude et ce désir uniques, c'est qu'elle est vécue dans ce contexte. Il en est de même pour les dialogues qu'un couple peut avoir et que la familiarité intensifie d'année en année. Et ce n'est faire aucune enflure de vocabulaire que de parler d'orgasme, pour évoquer ce que peuvent vivre des couples qui ont appris à se parler et qui font régulièrement des retours sur eux-mêmes. La familiarité que l'on développe entre parents et enfants est du même ordre et procure les mêmes plaisirs dans les familles où l'on se parle d'amour, où l'on se touche, où l'on se raconte les uns aux autres, où l'on voyage ensemble (sur le plan symbolique). On ne saurait isoler, par exemple, de grands moments d'amour entre un couple, de moments où, à l'occasion des choses les plus simples et les plus coutumières telles qu'une caresse, un jeu, un repas, une explication, un retour de travail ou de l'école, on s'arrête devant son enfant pour apercevoir d'un seul regard des années de croissance, un ensemble d'événements, que nous seuls pouvons lire, qui nous sont familiers, et qui en de tels instants nous amènent à dire par en dedans « c'est bien lui, c'est bien elle ». Familiarité de l'album de famille, des photos ajoutées d'année en année, du journal de bord, qu'aucune autre forme de plénitude humaine ne peut égaler ni remplacer ; on devrait les mettre dans des coffres à l'épreuve du feu dans chaque foyer, en indiquant pour ceux qui voudraient les dérober qu'il s'agit de l'âme de la famille et que cela n'a aucun prix ni aucune valeur marchande...

L'irremplaçable amour de tendresse et de délicatesse

Par-dessous tout, à la source de tout, je voudrais pouvoir dire avec ceux qui partageront ce livre, les choses de tendresse et de délicatesse qui font la passion de l'amour. Il faudrait pouvoir les dire ensemble autour d'une immense table de famille... en feuilletant l'album de chacun... Pour les uns, c'est le simple geste d'une main passée dans les cheveux au bon moment qui prendrait de l'importance, un compliment fait au hasard et qui est devenu une révélation pour soi-même que l'on était capable de ceci ou de cela, un élan pour redire à quelqu'un qu'on le trouve beau de toutes sortes de façons, ou qu'il fait bien telles choses, une attitude physique de disponibilité qui exprime seulement qu'on est là, prêt à tout partager, une excuse faite au moment opportun pour souligner qu'on ne voulait pas blesser en faisant telle chose qui avait eu pour effet de blesser, l'habitude de dire à ceux avec qui l'on vit qu'on les aime pour ceci et pour cela...

Pour les autres, la tendresse se confond dans des instants privilégiés avec les longues promenades à fleur de peau, les regards complices portés sur des choses et des êtres aimés, les rythmes mêmes de l'amour avec les bonds, les creux, les emportements, les repos, les étreintes chaudes de ceux qui sont contents de s'aimer et dont le regard se trouve soudainement envahi de paix.

Et les emportements avec les enfants, quand on les suit dans leurs amours et qu'ils nous suivent dans les nôtres. Vivre avec eux leurs façons de prendre soin de ce qu'ils aiment. Donner asile à un oiseau blessé, qu'on ne guérira pas et qu'il faudra ensevelir précieusement et mettre en terre dans un de ces cimetières d'animaux aimés que les enfants construisent souvent. Simplement chercher un nom pour une grenouille ou un crapaud avec qui un enfant s'est lié d'amitié. Recevoir un cadeau simple mais fait par son enfant avec la carte où sont dessinés les messages d'amour. Voir des yeux d'enfant s'illuminer en des instants où le bonheur les anime. S'affairer ensemble autour d'un pique-nique où l'on savoure de bonnes choses et s'étendre dans l'herbe chaude pour se rappeler d'autres bons moments d'une histoire de famille. Trouver le soir en rentrant chez soi le repas préparé par les enfants et la table mise délicatement avec un éclairage spécial, des fleurs et de la musique. Se faire border par ses enfants qui, en nous embrassant, nous recommandent de «bien faire l'amour, pour faire ensuite de beaux rêves et être plus beaux le lendemain ». Etre soutenu et délicatement surveillé dans sa vie de couple par ses enfants. « Aimez-vous bien ! » Que cela est bon à entendre d'enfants qui veillent sur l'amour de leurs parents. Et par les temps qui courent, on trouve aussi de plus en plus de messages de tendresse inquiète et angoissée chez des enfants qui, voyant simplement leurs parents discuter un peu fort, leur écrivent des lettres pour leur demander s'ils divorceront à leur tour comme les parents de tant de leurs camarades à l'école.

Qu'ils veillent quotidiennement sur l'amour de leurs parents. Ce sont les meilleurs gardiens des couples qui veulent se laisser prendre par la tendresse de leurs enfants.

Même l'amour passion, enfin celui que nous venons d'explorer, il faut le réapprendre avec les enfants, comme le vouloir-vivre. Qui sait si par là des familles vraiment voulues comme des mondes d'amour, n'arriveraient pas enfin à ouvrir des chemins de tendresse aux sociétés de violence ?

La problématique pour comprendre ce dualisme, ce qui me paraît le plus nécessaire d'explorer dans cette problématique c'est d'une part un profond malaise exprimé par le comportement mâle dans sa relation à la vie et aux êtres humains en tant que personnes, et d'autres parts, la projection de ce malaise dans les relations homme – femme dans un contexte où le pouvoir social est aux mains des hommes.

8.

La fidélité n'est pas l'exclusivité sexuelle

Il est évident que l'une des premières conséquences, sinon la première de toutes, qu'entraînerait une redécouverte de l'amour dans le mariage et la famille de la façon dont nous venons de le considérer, serait la transformation de la notion de fidélité conjugale. Le besoin de cette transformation est suffisamment aigu, pour qu'il soit raisonnable de croire que, si elle ne s'opère pas, l'éclatement des mariages ne fera que s'accentuer. L'identification des principaux éléments de cette transformation culturelle est par ailleurs de plus en plus partagée et fait l'objet de discussion d'un nombre de plus en plus grand de couples de tous âges. On trouve dans le tableau qui suit un résumé des principaux éléments de cette transformation culturelle en distinguant les éléments d'une notion traditionnelle et ceux d'une notion renouvelée. Je me suis rendu compte au cours de discussions que ce tableau était très utile. Examinons-les en commençant par le plus important, soit la primauté de l'exclusivité sexuelle, qui a été reconnue jusqu'ici dans la plupart des sociétés occidentales comme « le » fondement de la fidélité conjugale.

L'élément culturel principal : la primauté de l'exclusivité sexuelle

Demandez à des gens mariés, ou même à des personnes vivant en union de fait, s'ils sont fidèles et, neuf fois sur dix, la réponse que vous obtiendrez signifiera qu'ils ont ou qu'ils n'ont pas de relations sexuelles avec d'autres personnes que leur conjoint. Être fidèle est devenu pour les

LA FIDÉLITÉ CONJUGALE

	Fondement de la fidélité et valeurs sociales	Nature de l'engagement et insertion dans le temps	Dynamique (orientation de l'énergie amoureuse)	ÉLÉMENT CULTUREL PRINCIPAL	La fidélité conjugale n'est qu'une forme de fidélité
NOTION CULTURELLE TRADITIONNELLE	Le mariage légal institutionnel et les rôles	Une obligation en vertu d'un contrat « passé »	Orientation passive et négative: ne pas être trompé	PRIMAUTÉ DE L'EXCLUSIVITÉ SEXUELLE	Fidélité conjugale isolée des autres expériences de fidélité
RENOUVELÉE	L'engagement et la confiance entre des personnes	Le choix d'un projet de vie et la prise en charge d'un « devenir »	Orientation active et positive: croire en quelqu'un	PLURALITÉ DES LANGAGES DE LA PERSONNE ET DE L'AMOUR	Fidélité conjugale en relation avec d'autres fidélités sur la base de la fidélité à soi

couples synonyme de croire en l'exclusivité sexuelle (sinon la pratiquer). Je dis croire sinon pratiquer, parce que c'est le principe qui est devenu fondamental. Dans la pratique, on s'accommode souvent d'une tolérance tacite à l'égard de ce qu'on appelle des petites incartades, des aventures passagères, des fins de « parties ». Ce sont les femmes surtout qui ont dû s'en accommoder, puisque c'est aussi pratique courante chez des couples de voir les hommes s'accorder une liberté sexuelle qu'ils refusent aux femmes [1].

On a invoqué toutes sortes de raisons aussi farfelues les unes que les autres, pour fonder cette discrimination. Ainsi, par exemple, nombre de femmes se sont laissé convaincre de ce que les hommes « avaient plus besoin de sexe » qu'elles. Et, selon l'importance qu'elles accordaient à la sexualité, elles pouvaient en tirer un sentiment de supériorité ou d'infériorité... On a également réussi à répandre le mythe que « les femmes étaient plus exclusives que les hommes » ! Ça fait l'affaire des hommes que d'ériger ce mythe, au moins pour entretenir le pouvoir de possessivité sur une femme en particulier. On se rend compte toutefois, à mesure que les femmes se donnent la même liberté sexuelle que les hommes, qu'elles ne marquent pas plus de tendance à l'exclusivité que les hommes. Au contraire, il semble qu'elles soient moins gênées que les hommes par une polyvalence ouverte dans les relations sexuelles, et même lorsqu'elles vivent une relation privilégiée avec un homme en particulier. On se rend compte surtout, à mesure que les femmes commencent à conquérir la même liberté de contacts interpersonnels et sociaux que les hommes, *combien on a pu fabriquer* toutes sortes de mythes sur la psychologie et la sexualité féminines [2]. *Ces mythes n'ont*

1. Cas type et récent, un homme vient d'urgence consulter un conseiller matrimonial parce qu'il a découvert que sa femme avait eu « une » aventure. Il en est presque terrassé. Pourtant il reconnaît, lui, avoir vécu au moins une centaine d'aventures. Pourquoi alors juge-t-il si catastrophique celle de sa femme ? Réponse : sa femme est une femme, donc elle peut se donner à cette relation et tomber vraiment amoureuse ; lui, au contraire, ne recherchait que de bons moments avec les autres femmes.

2. Après Kinsey, Masters and Johnson, et combien d'autres encore notamment sur la sexualité féminine, *Le Rapport Hite* est venu nous libérer de nombre de mythes et de faussetés de toutes sortes. Quelles que soient les critiques faites sur l'échantillonnage utilisé, ce rapport, en nous montrant que quatre mille femmes de tous les coins des États-Unis partagent la même sexualité, prend une valeur anthropologique évidente. Il est très typique de constater par ailleurs l'agressivité que ce rapport a suscitée dans de nombreux milieux masculins et féminins. Elle est telle que le Dr Pietropinto, auteur d'un *Rapport*

pu prévaloir qu'en raison de la situation d'assujettissement social et économique dans laquelle les femmes ont été tenues en général. Fabriquer, par exemple, une théorie sur « l'exclusivisme » des femmes est assez facile quand on les contraint de lier leur valorisation humaine et sociale au fait de jouer un rôle « exclusivement » dans le milieu familial. Mais de telles théories ne résistent pas à la réalité, quand l'exercice de la liberté rend possibles des expériences pluralistes de vie ! Et c'est bien le cas de l'exclusivisme prêté aux femmes. Le fait que des femmes puissent maintenant vivre autant de contacts humains que les hommes, dans des milieux de vie et des activités diversifiés, a une influence sur leur vie sexuelle qui le démontre bien.

J'insiste dès le départ sur cet aspect, car je ne crois pas qu'on aurait pu tellement lier fidélité et exclusivité sexuelle, si les femmes n'avaient pas été assujetties à tels et tels rôles. L'absence de moyens contraceptifs, par exemple, a été un facteur déterminant qui a empêché de dissocier fécondité et plaisir sexuel, et ce sont les femmes qui ont dû le subir. L'exclusivité est devenue par la force des choses un moyen de protection, au moins contre les risques de grossesse résultant de contacts hors mariage... On sait aussi que, dans la pratique, ce sont les femmes qui ont fait les frais de l'anathème social jeté contre l'adultère. Outre l'avantage qu'ils ont de ne pas être exposés aux problèmes de fécondation qui menacent toujours les femmes, les hommes jouissent aussi de plus de moyens de masquer leur réputation sociale. Et d'ailleurs le cocu perd sa réputation tandis que l'homme qui a des maîtresses et des aventures s'affirme !

Mais l'aspect majeur que les couples doivent réévaluer est le fait, totalement absurde, quand on le considère sous cet angle, de détruire une union pour cause d'infidélité sexuelle ou, selon une formulation que je trouve préférable, « lorsque l'un des partenaires dans le couple a, à un mo-

sur la sexualité de l'homme, qu'il a voulu livrer pour se défendre du *Rapport Hite*, n'hésite pas à qualifier celui-ci de « sommet de la folie » (p. 192 du rapport de Pietropinto).

Mme Hite a heureusement récidivé avec *Le Rapport Hite sur les hommes* (traduction chez Robert Laffont, 1983), enquête menée cette fois auprès de 7 000 hommes de 13 à 97 ans. Je ne disposais pas de ce rapport quand j'ai écrit la majeure partie de ce livre, mais il confirme mes analyses du comportement masculin notamment aux fins du présent chapitre. Inutile de préciser que l'homme européen et l'homme américain à cet égard sont fort semblables... Les trois rapports cités figurent dans la bibliographie.

ment donné, des relations sexuelles avec un autre que son conjoint ». Cela signifie que l'on accorde une importance telle à la sexualité, et à l'instinct de propriété qui s'y trouve souvent rattaché, qu'on nie tout ce qu'un couple peut avoir vécu de positif quant aux autres valeurs qui l'unissent, au profit des seules relations sexuelles. Cela est d'autant plus absurde qu'on le rencontre même chez des couples qui, pendant de longues années, ont vécu une relation heureuse. Voici un cas extrêmement significatif.

Précisons au départ que nous sommes en face d'un couple marié depuis vingt ans et dont l'union a été particulièrement positive. Ils ont trois enfants, avec qui ils forment ce que tous les gens de leur entourage considèrent, comme eux-mêmes d'ailleurs, une famille heureuse et très riche sur le plan de l'expérience humaine qui peut être vécue par une famille. Pour les besoins de la cause nous appellerons monsieur et madame, Pierre et Jeanne.

Leur problème se pose à partir d'une aventure que Pierre a avec une très jeune femme, qui est depuis six mois une de ses proches collaboratrices dans une grande entreprise. Pierre se sent très vite follement amoureux et, observe-t-il lui-même, comblé dans ses relations sexuelles. Faire l'amour avec cette femme de vingt-deux ans lui donne l'impression de revivre une nouvelle vie. Jusque-là donc, rien de très nouveau, le cas est on ne peut plus classique. Mais les choses vont se précipiter quand Pierre, à la fois emporté par cet amour et rempli de culpabilité face à sa famille, décide de tout avouer à sa femme en la prévenant qu'il demandera le divorce. Il convient de préciser, pour expliquer une partie de son geste, que le système de valeurs de Pierre le rendait incapable de vivre son aventure et son mariage comme une double vie, en cachant l'aventure à sa femme et à ses enfants.

Un élément tout à fait imprévu surgit alors : Jeanne a une réaction de grande compréhension à l'endroit de l'aventure de Pierre. Elle trouve la chose bien normale. *Ce qu'elle ne comprend pas, c'est que pour une aventure qui vient à peine de commencer et à propos de laquelle son mari valorise surtout la « nouveauté sexuelle », il ait décidé de rayer d'un trait vingt années de vie partagée avec elle et leurs enfants.* Jeanne profitera également de la circonstance pour avouer à Pierre qu'elle a eu, elle, en trois ou quatre occasions des relations avec d'autres hommes, dont elle n'a pas senti le besoin de l'informer, considérant que cela faisait

partie de sa vie à elle et qu'elle ne les avait en aucune façon vécues en compétition avec sa relation à Pierre. Inutile
de dire que dans ces circonstances, Pierre et Jeanne ont
longuement débattu d'une foule de questions analogues à
celles que je soulève dans ce chapitre.

On se rend compte précisément que c'est le système de
valeurs de Jeanne qui lui a dicté sa réaction, tout comme,
chez Pierre, un système de valeurs inverse lui avait dicté de
demander le divorce. Ils avaient évité depuis plusieurs années de vraiment discuter de la question en théorie, Pierre
surtout, qui est beaucoup plus conformiste que Jeanne et
qui ne pouvait admettre qu'une personne mariée puisse
avoir des relations avec d'autres que son conjoint, sans les
considérer comme des erreurs de parcours ou comme quelque chose de répréhensible en soi, qui entre forcément en
rivalité avec le mariage.

Il s'est passé par la suite des choses assez importantes et
très révélatrices des autres dimensions que j'ai soulevées
précédemment. Premièrement, l'attitude de Pierre a été un
choc très dur pour Jeanne. Après un an, la blessure est encore vive et *ce n'est que par une réévaluation profonde de
leur vécu*, dialogue après dialogue, que Jeanne et Pierre
pourront transformer la blessure en source de plus grande
santé pour leur relation. Cette blessure est causée par le
fait que Pierre ait été prêt à rayer d'un trait leurs vingt
années de vie commune, alors même que Pierre avait clairement établi qu'il n'avait pas du tout mis les choses en
balance, consciemment, *et n'avait pas comparé les deux
relations qu'il disait de toute façon « incomparables parce
que pas du même ordre »*. Deuxièmement, cette réaction de
Jeanne n'a pas été atténuée par le fait que, trois mois après
son aveu, Pierre a mis fin à sa relation avec sa maîtresse.
Troisièmement, il est intéressant de savoir que l'un des
principaux facteurs de cette rupture a été la disparition du
contexte de rivalité et d'interdit qu'entraînait la compréhension de Jeanne ; l'aventure a alors, selon un mot de
Pierre, perdu de son « romantisme » et elle ne pouvait plus
être vécue comme un phénomène secret et unique. Quatriè-
mement, devant le comportement de Jeanne qui n'avait rien
de traditionnel, Pierre a été bouleversé de constater jusqu'à
quel point sa décision à lui de demander le divorce pour
cause d'adultère était un comportement culturel. Dès qu'il
s'est mis à l'approfondir, il s'est rendu compte surtout que
la culpabilité que son aventure lui avait fait éprouver en

regard de son mariage et de sa famille, lui était beaucoup plus dictée par sa culture que par ce qu'il ressentait lui-même comme personne. La rivalité entre ce qu'il avait vécu avec Jeanne depuis vingt ans et ce qu'il vivait avec Elsie depuis un an, n'existait pas, dans le sens où l'une remettait l'autre en question à ses yeux. Bien sûr il pouvait souhaiter que son mariage s'améliore sous tels ou tels points, se renouvelle de l'intérieur, s'intensifie, mais pas au point de le renier ni même de le remettre en cause comme quelque chose qui le limiterait dans son développement personnel et face à ses besoins les plus fondamentaux dans la vie. De même, il n'évaluait pas que son attachement à Elsie était tel qu'il se serait senti capable de mettre fin pour elle à son mariage. Ce qui devint plus clair pour lui, face à Elsie et à son mariage, en termes de besoins, c'est le besoin du changement, le besoin de vivre autre chose avec d'autres femmes, comme avec d'autres hommes, sur divers plans selon les personnes et les circonstances. Pierre a vu par là aussi l'importance qu'il y a à clarifier, non seulement pour soi mais pour autrui, le genre de relation qu'on sent le besoin de vivre en dehors du mariage ou de tout amour privilégié équivalent. Bien des aventures ne seraient pas vécues ou seraient vécues tout à fait autrement, si les personnes mariées qui les vivent, ou celles qui vivent un amour privilégié équivalent, situaient clairement une relation vis-à-vis de l'autre, sans mensonge, sans jeu, sans fuite. Je reviendrai plus loin sur cet aspect, parce qu'il pose également tout le problème du respect de la « troisième » personne, qui doit savoir ce qu'elle vient faire dans la vie de quelqu'un qui est marié ou qui vit déjà un amour privilégié.

Voilà donc le genre de questions que Pierre, Jeanne et Elsie en sont venus à se poser et qui les a amenés à se resituer d'une manière extrêmement positive, chacun face à lui-même et face aux autres, sans préjuger toutefois de l'évolution de leurs liens dans l'avenir. L'élément le plus clair de leur démarche, et le plus partagé aussi, est celui de « la prise en charge de leur destin personnel face aux conditionnements culturels » qui avaient si largement déterminé leurs comportements, surtout chez Pierre.

Le conditionnement majeur que soulève ce cas, et combien d'autres semblables qui aboutissent à des divorces pour cause d'infidélité (sexuelle), suscite l'interrogation fondamentale suivante : *est-ce que la sexualité est à ce point primordiale par rapport aux autres modes d'expres-*

sion et de communication d'un couple, qu'elle puisse orienter la fidélité conjugale et justifier l'exclusivité des relations sexuelles dans un mariage ou dans une union de fait ?

On trouvera autant de réponses à cette question qu'il y a de façons de vivre la sexualité et surtout de concevoir son rôle dans l'ensemble du développement de la personne. Le débat collectif et l'état des connaissances en cette matière en sont encore à des balbutiements. Mais, quel que soit le genre de réponse que l'on apporte, il y a une donnée qui s'impose de toute évidence et c'est celle de l'intégration de la sexualité à l'ensemble des modes d'expression et de communication de la personne. Ce qui fait, par exemple, que les relations sexuelles pour un couple acquièrent une valeur unique et incomparable au cours des années, c'est autant sinon plus la qualité de l'ensemble des langages et des rapports à laquelle le couple est parvenu dans sa communication quotidienne, que la qualité de l'échange sexuel comme tel. L'expérience des couples en difficulté démontre presque toujours que les problèmes sexuels sont étroitement reliés à des carences qui mettent en cause la qualité de leur relation affective, le degré de sensualité et de spiritualité que comprend leur vécu quotidien aussi bien que la qualité de leur dialogue. Les couples qui vivent des relations extra-conjugales, impliquant ou n'impliquant pas d'échanges sexuels, se rendent compte également que la dimension sexuelle n'est ni plus menaçante ni plus stimulante que les affinités de caractère et de tempérament, que la facilité de la communication verbale, que la tendresse qui peut émaner de l'ensemble des gestes et des manières d'être de quelqu'un. C'est donc en fonction de cette réalité et dans le prolongement de l'analyse antérieure sur les langages de l'amour, que je situerai les autres éléments de la fidélité de même que le problème des relations extra-conjugales.

Les autres éléments de la fidélité

La fidélité est active et créatrice. Il ne s'agit pas de « ne pas tromper », mais de « croire en quelqu'un ». Le premier sens de la fidélité, c'est vraiment « avoir la foi » en quelqu'un. Adhérer à quelqu'un.

Nombre de conjoints se croient fidèles parce qu'ils ne couchent pas avec d'autres, ou même parce qu'ils respectent les obligations matérielles et légales du mariage et de la famille. Mais comment voient-ils leur conjoint ? L'admirent-ils ? Qu'est-ce qui fait que leur relation est unique pour eux ? Il ne s'agit pas de ne pas trahir, mais de croire à tout ce qu'une personne peut être et devenir et à tout ce que l'on peut partager avec elle.

La fidélité repose autant sur l'admiration qui construit que sur le souvenir qui conserve. Ces deux dimensions lui donnent sa force et son pouvoir sur le temps.

Croire en quelqu'un à travers le quotidien qui nous unit dans le temps suppose qu'on assume et partage un devenir. La fidélité est autant tournée vers l'avenir et centrée sur le présent que gardienne du passé. On est fidèle à quelqu'un avec qui l'on se développe. Il faut toujours compter avec la CROISSANCE. Et c'est là encore le difficile. Etre fidèle à ce qui devient et qui par conséquent change, évolue. Une question presque brutale surgit alors ; un auteur l'a déjà exprimée en ces termes : « Comment continuer à aimer ce que l'on a démasqué ? » Ce que l'on a démasqué, c'est aussi ce que d'aucuns appellent « le pire », qui se mêle avec « le meilleur » quand on partage tout, au long du quotidien.

On retrouve à cet égard l'idée de plus en plus exprimée de « mariage-projet », par opposition au « mariage-contrat » ou « mariage-promesse » en vertu duquel on était voué à respecter un engagement indissoluble. Le mariage-projet, *qui bien sûr n'exclut pas la volonté de permanence et de durée au sein d'un couple*, met l'accent sur le possible, plutôt que sur l'assurance théorique et abstraite qu'on est uni à une autre personne à jamais, pour le meilleur et pour le pire. Il nous met en face de quelque chose qui est à construire, d'une relation entre des personnes qui est à découvrir, à négocier constamment, à re-choisir. Mais on aura beau mettre en valeur la négociation, le dialogue, le respect de l'autre, et combien d'autres moyens encore, il n'en demeure pas moins que le support indispensable à tout le reste, le propre de la fidélité, c'est la foi en quelqu'un, le goût de quelqu'un.

« Je suis fidèle, parce que j'ai le goût de ce que tu es, toi, et je l'ai assez fort, ce goût, pour vivre ma vie à tes côtés : c'est cela que je dis à mon homme pour exprimer ma fidélité ! » Voilà ce que répliquait une femme dans un colloque, récemment, pour faire comprendre à un juriste que « l'engagement entre personnes », qu'il y ait contrat ou pas, promesse religieuse ou pas, doit acquérir un poids social. Cela est fondamental dans le contexte d'une transformation sociologique où l'on tente de se libérer des rôles institutionnels pour accéder à une plus grande authenticité dans les rapports entre les personnes.

Goût d'une personne pour ce qu'elle est et devient, et assurance aussi qu'elle peut compter sur l'autre. Ce sont deux volets indissociables de l'engagement entre les personnes. Compter sur l'autre pour sentir en particulier que la relation que l'on assume avec lui ou avec elle, occupe une place privilégiée au cœur de tout ce que l'on vit. C'est facile de remettre en cause les rôles traditionnels, de dénoncer les conventions légales et les obligations religieuses institutionnelles, mais encore faut-il être cohérent et accepter de s'engager davantage sur le plan personnel de manière à rendre concrets et réels tous les plaidoyers qu'on entend en faveur du respect de la personne et de sa libération...

Être fidèle, c'est se rendre disponible à l'autre, c'est y mettre le temps, tout le temps qu'il faut, et il en faut beaucoup. Être fidèle, c'est croire à l'effort et au difficile qui est attaché à l'approfondissement d'une relation qu'on veut durable entre deux personnes. J'insiste à nouveau là-dessus, car il souffle actuellement sur notre civilisation en Occident un vent de facilité et de peur devant l'effort, qui entraîne, au moment même où l'on voudrait les valoriser, une démission devant les moindres difficultés dans les relations humaines. La séparation et le divorce deviennent trop souvent des démissions, des fuites, des échappatoires ; *on ne rompt pas seulement parce qu'il y a conflit et crise, mais parce qu'on évite d'y faire face.*

Peur de l'effort, facilité et valorisation effrénée du court terme, au détriment du long terme dans toutes sortes de secteurs. Au travail et en éducation, on vous répète que ce que vous savez aujourd'hui sera dépassé demain, qu'il faudra vous recycler et apprendre un nouveau métier. Les choses que l'on fabrique ne sont pas faites pour durer, mais pour être consommées rapidement et remplacées. Il y a une mystification du changement pour le changement, qui se fait au détriment d'un minimum d'ancrage psychologique et social dans des réalités qui peuvent résister à l'effritement. Le balancier culturel qui hier était accroché à l'extrême des valeurs de stabilité et de tradition, est accroché aujourd'hui à l'autre extrême des valeurs de changement et de nouveauté.

Ajoutons à ces facteurs, très modernes, le traditionnel

sous-développement de nos sociétés en matière de relations humaines, et l'on comprendra jusqu'à quel point l'approfondissement et la durabilité de la relation humaine qui sont au cœur de l'expérience de la fidélité, se trouvent en quelque sorte battus en brèche par des modèles sociaux d'un tout autre ordre. Il n'y a là qu'un autre de ces multiples conditionnements collectifs qui atteignent les couples et les familles. La fidélité n'y échappe pas.

Fidélité conjugale, fidélité entre parents et enfants, fidélité à soi

Le dernier point que je voudrais soulever à propos des éléments de la fidélité conjugale est aussi très frappant sur le plan culturel. On fait de la fidélité conjugale un cas isolé des autres expériences de fidélité, en particulier de la fidélité entre parents et enfants et de la fidélité à soi. Or les couples auraient tout avantage, sous maints aspects, à se poser les mêmes questions pour chacune de ces expériences et à les évaluer ensemble.

La tradition nous a certes habitués à insister sur la fidélité et le respect des enfants à l'endroit des parents, l'inverse est beaucoup moins vrai. Imaginons que nos enfants nous demandent : « Êtes-vous fidèles, vous, à vos enfants ? » Reprenant les questions que je viens de soulever à propos de la fidélité conjugale, que répondrions-nous ? « Quelle foi avons-nous en nos enfants ? » « Quelle est la mesure de notre admiration pour ce qu'ils sont comme individus, pour leur identité personnelle ? » « Quel genre de confiance avons-nous en eux ? » « Quelle est notre disponibilité, matérielle, mentale, psychologique, affective, à l'égard de ce qu'ils vivent et de ce qu'ils expriment ? » « Comment leur faisons-nous sentir que nous avons besoin d'eux et que nous pouvons partager notre croissance personnelle avec la leur ? » « Jusqu'où vont nos efforts pour nous adapter à leurs besoins ? » « Peuvent-ils compter sur nous de façon inconditionnelle ? »

Et que répondraient nos enfants, si nous les interrogions à notre tour sur leur fidélité ? « Quelle foi avez-vous en vos parents ? » « Avez-vous le goût de vos parents ? » « Qu'est-ce que vous pouvez partager avec eux ? » « Qu'est-ce que vous voulez partager ? » « Quelle est votre disponibilité à leur égard ? » « En quoi peuvent-ils compter sur vous ? » « Que diriez-vous à vos amis pour exprimer votre attachement à votre famille ? »

Les questions pourraient se multiplier et être reformulées selon les milieux et les langages. Se les poser, chacun pour soi et avec ses partenaires du milieu familial, est un exercice qui en vaut la peine. Au fond, il équivaut, pour les membres d'une famille, à être capable de se dire, comment et pourquoi ils s'aiment, comment et pourquoi il est difficile de bien s'aimer, et par quels moyens l'on pourrait mieux s'aimer. Il démontrerait aussi à bien des couples que ce qui peut garder des parents et des enfants dans une fidélité réciproque, n'est pas très différent de ce qui peut garder un couple dans la fidélité.

Il y a de toute manière un commun dénominateur à ce dialogue sur la fidélité à l'autre et auquel ce dialogue devrait précisément conduire, c'est la fidélité à soi. Quelle place occupe-t-elle dans le vécu des couples et des familles ? La question nous ramène à l'essentiel de ce livre et à son point de départ, sur la sécurité, qu'on la voie à travers cette image d'un bon « arrimage » entre soi et le monde ou tout simplement dans « la capacité de prendre soin de soi-même ». Être fidèle à soi, c'est croire en soi, en ses capacités. *C'est s'engager face à soi-même autant que face aux autres.* C'est devenir soi-même PROJET, projet de croissance, d'être, de faire, de communication avec les autres, de la même façon que l'on façonne un « mariage-projet ». La question nous ramène également à chacun des besoins fondamentaux, reliés à la formation du moi. Pour être fidèle à soi, encore faut-il avoir été habitué, ÉDUQUÉ, au besoin d'un MOI FORT. En un sens, la réponse aux besoins du je-moi est aussi vitale pour nous rendre fidèle à nous-mêmes, que la réponse aux besoins du je-toi l'est pour rendre fidèle à autrui.

Le problème me fut très bien posé un jour, par un père et son fils qui se débattaient dans un conflit extrêmement violent et où le vocabulaire du père était toujours dominé par le sentiment de la trahison. Le père répétait constamment à son fils qu'il trahissait la bonne éducation qu'il avait voulu lui donner, qu'il trahissait sa confiance, et ainsi de suite. Un jour, en ma présence d'ailleurs, le fils se vida le cœur et reprit le langage de son père pour lui dire que, lui, l'avait pour ainsi dire trahi constamment depuis sa naissance, « en n'étant pas disponible », « en ne jouant presque jamais avec lui », « en le méprisant pour des riens », « en communiquant l'aigreur à sa famille quand les autres avaient le goût de rire et de fêter », et surtout, je reprends textuellement l'expression sur laquelle il est revenu plus de dix fois, « en n'allant jamais chercher les bonnes choses que je faisais et qui me mettaient moi sur les bonnes pistes pour me sentir correct avec moi-même ». Bref, dans sa tirade le fils avait évoqué par la négative — mode sur lequel évoluait son père — l'essentiel de ce qu'on peut se représenter comme supports de fidélité et de relation chaleureuse entre deux êtres.

Une conclusion bien simple se dégage de ce commentaire sur les éléments de la fidélité : bien des choses changeraient pour le mieux-être des couples s'ils s'interrogeaient sur leur fidélité, en approfondissant de façon permanente la qualité de ce qui les unit l'un à l'autre et chacun à lui-même, et non pas seulement quand ils se sentent menacés par une tierce personne... C'est d'ailleurs l'une des grandes évidences qui se dégage de l'analyse des conflits conjugaux. Quand il y a rupture reliée à une tierce personne, la présence de la tierce personne est presque toujours l'effet du conflit plutôt que la cause. Nous ne saurions mieux amorcer le problème des relations extra-conjugales...

Les relations extra-conjugales

Ce qu'elles sont

Avant de dire quoi que ce soit sur les relations extra-conjugales, il importe de les définir, car il y a de multiples façons de les envisager.

J'en suis arrivé personnellement à retenir deux définitions. La première met en relief le critère sexuel qui préoccupe la majeure partie des gens. Ce serait « toute relation significative vécue avec d'autres personnes par l'un ou les deux partenaires d'un couple et impliquant, ou pouvant impliquer, des relations sexuelles ». La seconde englobe davantage et porte sur le fait qu'un amour privilégié n'est pas nécessairement exclusif. Ce serait « toute relation significative pouvant s'ajouter à un amour privilégié qui unit déjà un couple, mais qui n'est pas vécue à l'exclusion d'autres amours ». Ces définitions peuvent par ailleurs rester vagues, si l'on n'y ajoute pas un certain nombre de caractéristiques se référant au vécu de telles relations.

a) Il s'agit de relations dont le principe est accepté par les deux partenaires. Elles ne sont pas vécues comme un interdit.

b) Elles ne sont pas non plus vécues par opposition à une autre relation ou comme compensation à des carences d'un couple, mais comme une sorte de « plus », ou simplement, comme une expérience différente de celle du couple et répondant à des besoins naturels en matière de relations humaines. Elles peuvent être reliées aussi bien à la rencontre de tempéraments, d'intérêts communs, d'affinités de communication, qu'à des stimulations provenant d'événements chocs, de hasards. (Il ne faut pas oublier que nous savons encore très peu de chose sur le plan biologique pour expliquer ce qui amène des êtres humains à communiquer.)

c) Ce peut être des relations de camaraderie, d'amitié, d'amour, qui n'excluent pas les rapports sexuels par principe mais ne les impliquent pas nécessairement non plus. On doit se garder de vouloir à tout prix les étiqueter, notamment en vertu de catégories culturelles qui visent à départager l'amitié et l'amour, selon qu'une relation implique ou non des rapports sexuels. De toute manière, en général les couples ne s'autorisent pas facilement à ce que l'un des deux vive une amitié avec une personne de l'autre sexe. Et il y a un préjugé culturel dominant qui veut que ce genre d'amitié ne soit pas possible sans le lit...

d) On ne saurait non plus les étiqueter en fonction de critères de temps et de durée. Elles peuvent être le fait d'un moment ou d'une période privilégiée, elles peuvent être épisodiques ou continues. Il y a ainsi des gens mariés, et remariés, qui ont conservé des relations antérieures à leurs unions conjugales avec des personnes des deux sexes. Mais dans la plupart des cas encore se marier signifie que l'on renonce à ses relations antérieures et même avec des personnes du même sexe. On s'isole à deux ! Ou l'on ne tolère plus que les amis de couple...

e) Considérant les préoccupations d'ordre éthique qu'une foule de gens ont à l'endroit de ces relations, il y a lieu de préciser aussi que, d'une façon générale, elles ne sauraient répondre à beaucoup d'autres critères que : l'authenticité, la spontanéité, la franchise et la responsabilité à l'égard de ceux qui nous apprivoisent ou que l'on apprivoise. Il y a aussi un autre mot qui résume tout et qui révèle bien des dimensions de la fidélité, c'est la loyauté.

Admettre ou ne pas admettre ces relations dans la vie d'un couple

Le fait d'admettre ou de ne pas admettre des relations extra-conjugales pour un couple, est à la fois un problème de culture et de choix personnel. On trouve autant de façons de voir le problème qu'il y a d'attitudes à l'égard de ces relations chez les couples, qu'ils vivent un mariage institutionnel, une union de fait, une relation amant-maîtresse ou toute autre forme d'union. Pour les uns — la majorité encore — ces relations représentent l'interdit et sont assimilées à l'adultère, condamné par la tradition dans presque toutes les sociétés et condamnable en soi à leurs yeux. Pour d'autres, c'est aussi l'interdit, mais en raison du principe qui veut que lorsqu'un couple vit un amour privilégié, les deux partenaires devraient en être comblés et ne pas ressentir le besoin d'autres relations, surtout sur le plan sexuel.

Il y a ceux également qui ne les admettent pas en principe mais les tolèrent dans la pratique jusqu'à un certain degré — souvent pour sauver leur mariage — et qui, s'ils y cèdent eux-mêmes, les considèrent comme « un accident de parcours ». Pour certains encore, ces relations sont d'abord liées à la recherche d'expériences sexuelles diversifiées et pourvu qu'elles soient partagées entre plusieurs individus et plusieurs couples. Pour d'autres, elles sont comme d'autres gestes l'expression systématique de l'autonomie des individus dans un couple et en conséquence ne sont pas discutables ni négociables. Pour d'autres encore, si le principe de ces relations va de soi, la pratique, surtout dans un contexte de transformation culturelle profonde, signifie souvent des apprentissages fort délicats qui appellent une bonne dose de maturité de la part des personnes et des couples. C'est en fonction de cette dernière attitude que je veux poser le problème.

« Une » façon de les envisager

La théorie et la pratique

Quelles que soient les convictions que l'on ait comme individus et comme couples sur le bien-fondé des relations extra-conjugales, l'affirmation des principes est une chose, le vécu en est une autre, surtout lorsqu'on essaie de la façon la plus authentique possible d'ajuster ses besoins à ceux de son partenaire, à ceux du couple et à ceux des autres personnes impliquées. Situons dans ce contexte quelques principes majeurs et certaines dimensions bien concrètes du vécu, *en ayant surtout à l'esprit le cas de personnes vivant une relation de couple qu'ils veulent durable dans le cadre d'une famille.*

Les relations extra-conjugales peuvent être justifiées et valorisées à partir de nombreux principes. Il est difficile toutefois de distinguer ces principes les uns des autres, car ils représentent souvent des nuances dans la manière d'envisager ce qui est avant tout une expérience de liberté et d'autonomie de la personne. L'un des premiers principes est fréquemment formulé comme suit : « Le développement d'un amour privilégié pour un couple qui forme également une famille, ne devrait pas signifier que les deux individus renoncent du même coup, *pour toute la durée de leur union,* à vivre des relations significatives et importantes pour eux avec d'autres que leur partenaire dans le couple. » Le même principe est exprimé par cette autre formule : « On ne peut pas penser que deux êtres vivant ensemble pendant des années, quelle que soit la plénitude des liens qui les unissent, vont seuls répondre, en tout temps, à tous leurs besoins, à travers tous les langages de l'amour et de la communication avec autrui. » Dans la même perspective il faut reconnaître l'importance qu'il y a, aussi bien pour le couple que pour les individus, à ce que chacun puisse vivre son expérience propre dans *ses* relations humaines. Et ne faut-il pas aussi se délivrer du mythe du partenaire trop idéal à qui l'on demande en exclusivité d'être tout pour soi. On détruit facilement l'autre à trop attendre de lui ou d'elle, ou à vouloir changer sa personnalité pour le ou la mouler à la sienne. Et l'on s'ampute aussi soi-même à refouler des besoins et des goûts que son partenaire ne peut pas satisfaire.

Il est clair à cet égard que l'exclusivité traditionnelle régissant la fameuse « vie à deux » a amené une foule d'individus à vivre repliés sur eux-mêmes et sur leurs conjoints, en se privant de la richesse et de la vie qui sont attachées à une certaine pluralité de contacts humains. La possessivité, la mesquinerie, la jalousie, l'Instinct de propriété, qui ont dominé des couples et les ont conduits autant à assiéger leurs enfants qu'à s'envahir eux-mêmes, ne sont pas étrangers à ce repliement du couple sur lui-même. On en vient autant à se détruire et à ne plus pouvoir partager ni échanger, quand on est trop proche que lorsqu'on est trop éloigné. Notons par ailleurs que je ne veux nullement généraliser et laisser entendre que toute expérience excluant les relations extra-conjugales mène là. Il n'y a pas de formule unique et magique à imposer. C'est la pluralité des expériences et des choix qui nous renseignera le plus à long terme, pourvu que collectivement on partage la libéralité qui permet la pluralité. Pourvu aussi que l'on se rende compte enfin qu'à tout attendre du couple sur le plan des réponses sociales aux besoins des individus quant aux relations humaines et à l'amour, on affaiblit le couple. Si les jeunes étaient habitués à valoriser l'autonomie personnelle, les relations humaines en général et le sens communautaire, la fonction sociale du couple serait plus relativisée et plus saine. Nous vivons trop encore d'un système où la réussite de sa vie est basée sur deux conditions exclusives : trouver un travail payant et un(e) partenaire « rentable » à tous égards !

Si l'on tient compte que la fidélité embrasse infiniment plus que les échanges sexuels, la question suivante fait appel à un autre principe difficilement contestable : « Au nom de quoi l'un ou l'autre des individus dans le couple peut-il interdire à son partenaire d'avoir des relations sexuelles avec d'autres ? » Seuls, il me semble, les deux individus, ensemble, d'un commun accord, par un choix partagé à tel ou tel moment de leur vie, en situant leurs attentes l'un à l'endroit de l'autre, peuvent se donner telles ou telles limites. Une chose toutefois devrait être absolument bannie : le concept d'adultère et son règne juridique. Le moins qu'on puisse attendre, parmi quelques conquêtes nécessaires à l'évolution de la liberté dans le monde, c'est que le fait d'avoir des relations sexuelles avec d'autres que son conjoint ne soit pas punissable devant la loi et ne devienne pas, à la moindre occasion dans la vie d'un couple, facteur de rupture, au mépris de tous les autres facteurs qui font qu'une relation de couple est viable et authentique[1].

Parmi ces facteurs, il en est un que nous avons évoqué antérieurement dans une autre problématique en le qualifiant de « réflexe de santé » et qui représente en effet quelque chose d'indispensable pour la santé mentale d'un couple. Il s'agit de l'aptitude à savoir se ménager des temps d'« aération », de « ventilation », de « changement ». Être capable de prendre congé l'un de l'autre, pour retrouver d'autres personnes que son conjoint et ses enfants et vivre ce que l'on a le goût de vivre selon les circonstances, sans avoir la hantise que cela ne vienne insécuriser son conjoint ni menacer la relation du couple... qui doit de toute façon trouver en elle-même sa force et son dynamisme. On est rarement fort de ce que l'on s'interdit, mais plutôt de ce que l'on contrôle (contrôle étant entendu au sens de contrôle de soi et de sécurité). Cela rejoint aussi le besoin de relations humaines qui est nécessaire à l'épanouissement de chaque conjoint, et en regard duquel bien des couples manifestent encore beaucoup d'étroitesse. Leur comportement de couple reproduit leur comportement de parents et ils agissent comme si le monde extérieur au couple et à la famille était automatiquement menaçant.

Dans ce contexte d'ailleurs, et sans même parler comme telles des relations extra-conjugales, le travail des femmes à l'extérieur du foyer et les contacts humains auxquels il donne lieu, représentent une menace pour des hommes qui étaient habitués à voir les femmes comme «attachées» au milieu familial. *Menace à la pensée que les femmes puissent vivre les mêmes choses que les hommes, et surtout, qu'elles puissent se retrouver « dans les bras d'un autre »...* Si l'on veut poser honnêtement le problème des relations extra-conjugales, je crois qu'il faut bien voir toute la place qu'occupe la hantise de cette menace dans le monde masculin actuellement et dans la crise des relations hommes-femmes. Ne serait-ce pas pour camoufler leur peur devant la liberté sexuelle des femmes, que les hommes ont tout fait, dans la plupart des sociétés, pour maintenir des rôles où les femmes soient dans une situation sociale qui ne leur facilite pas des

1. Il faut avoir une étrange échelle de valeurs pour faire en sorte, par exemple, qu'il soit plus facile à des couples de se séparer sur le plan légal en fabriquant un adultère que pour des motifs de cruauté mentale ou physique...

initiatives et des contacts humains susceptibles de les amener à vivre la même liberté sexuelle qu'eux ?

Si je parle du « problème » des relations extra-conjugales, c'est surtout parce que, dans les faits, il semble extrêmement difficile pour les couples de vivre l'autonomie sexuelle. Encore une fois, c'est un problème autant pour des personnes non mariées et vivant toutes sortes d'amours privilégiés que pour les autres. Et il est très difficile pour les individus en dehors des facteurs culturels les plus connus, d'évaluer ce qui cause leur résistance. Il y a le cas, par exemple, de ceux qui prétendent que la sexualité est un mode d'union et de communication tel, qu'au moment où ils vivent une relation très intense et très intime ils ne sauraient concevoir, ni pour eux-mêmes ni pour leur partenaire, que cette relation ne soit pas exclusive. Nul ne saurait démontrer que cette prétention n'est pas fondée et, quoi qu'il en soit, c'est une question subjective qui dépend finalement de ce que deux personnes décident de vivre ensemble dans la liberté. Par ailleurs, il est certain que la pression des conditionnements culturels qui vont dans ce sens est très forte. Il est donc facile de s'en réclamer. *Le plus difficile consiste à s'assurer qu'on ne se sert pas des pressions culturelles pour masquer l'insécurité personnelle* que l'on ressent, à la pensée de voir la personne avec qui l'on vit un grand amour se retrouver dans les bras d'un autre ou d'une autre. La démarche exige beaucoup d'authenticité et de maîtrise de soi, car les pressions culturelles nous ont incroyablement conditionnés aussi à l'instinct de propriété en matière de relations humaines et dans les comportements sexuels. Il faut également prendre en considération le fait que des personnes vivent une pluralité de rapports sexuels et de relations humaines, sans que cela porte atteinte à la relation privilégiée qu'ils ont avec une personne en particulier. Au contraire même plusieurs d'entre elles ne vivent que d'autant plus positivement les unes et les autres.

Pour ceux qui vivent l'autonomie sexuelle, il est clair aussi que rien n'est tranché au couteau, que des principes à la pratique il y a une marge qui ne se réduit qu'avec de multiples apprentissages. On se rend compte, par exemple, que cette autonomie peut être vécue sous des modes tout à fait différents. Pour les uns, cela signifie des relations tout à fait ouvertes. « Je n'ai rien à cacher à mon conjoint », dira-t-on, « cela va de soi entre nous que nous vivions ce que nous voulons avec les autres » et que l'on s'en parle ouvertement. Pour d'autres, « vivre ce que l'on veut avec d'autres que son conjoint », signifie précisément « qu'on n'a pas de comptes à rendre sur ses allées et venues » et que par conséquent l'exercice de son autonomie signifie que les relations extra-conjugales vont de soi mais ne sont pas nécessairement ni toujours ouvertes et connues de son conjoint. La distinction est largement théorique car dans le concret, les choses se vivent souvent autrement. Il suffit de songer à ce qu'on peut se raconter dans un couple, hors de toute volonté de contrôle, à propos de l'emploi de son temps à tel moment de la journée, à l'occasion d'une sortie ; est-ce au nom de l'autonomie et du respect de sa vie privée que l'on cachera à son conjoint que l'on se trouvait avec telle personne, à tel moment ? Par ailleurs, si l'on se sent obligé de tout dire tout le temps, on retombe dans un autre extrême. Et il est certain que chacun a droit de vivre des choses qui n'appartiennent qu'à lui seul. Nous avons tous droit à des lieux secrets qui, même au conjoint avec qui l'on partage son quotidien pendant des années, peuvent rester inaccessibles. Respecter l'autonomie de quelqu'un, c'est compter avec cela, en principe et en pratique. C'est pourquoi aussi, comme l'a revendiqué Virginia Woolf, dans un couple, chacun devrait avoir sa « chambre à soi » !

L'expérience des relations extra-conjugales présente aussi des conflits fort réels de disponibilité. « On est responsable de ce que l'on apprivoise. » Il est facile de dire en théorie qu'on est disponible pour vivre telle relation et qu'on n'est pas à la remorque de son conjoint ni de sa famille, mais dans la pratique il peut se présenter une foule de situations où l'on ait à faire des choix. Ces choix peuvent être d'autant plus difficiles qu'on se sent responsable de ce que l'on vit avec les autres sans se servir d'une relation à des fins purement égocentriques pour satisfaire tel ou tel de ses besoins. Si une fin de semaine, par exemple, vous aviez projeté de partir avec un ami et que votre conjoint ou vos enfants vous réclament pour quelque chose d'exceptionnel et qui a une grande importance par rapport à ce que vous vivez avec eux, quel choix ferez-vous ? Rien n'est tracé à l'avance en ce domaine, surtout si l'on tient compte du cheminement d'une relation humaine et des attentes des autres à son endroit autant que des nôtres à leur endroit.

Les besoins qui découlent de relations extra-conjugales épisodiques sont aussi très différents de ceux qui découlent de relations soutenues. Quelqu'un avec qui l'on a partagé plein de choses pendant des années, doit pouvoir compter sur notre fidélité et la partager avec la fidélité qui nous relie à un conjoint et à des enfants. Mais il va de soi aussi que lorsqu'on vit une relation de couple permanente et tout ce qu'implique une famille, qu'elle soit de type nucléaire, monoparental, coopératif ou communal, on ne peut pas se comporter comme un célibataire. Si d'un côté il faut respecter « l'autonomie de la personne », d'un autre — et l'on est souvent porté à l'oublier dans la recherche de modèles plus libérateurs que les modèles traditionnels — il y a « l'autonomie du couple ». Il y a le cheminement d'un couple, avec ses temps forts et ses temps faibles. Et les relations extra-conjugales s'inscrivent forcément dans ce cheminement, avec tout ce que cela peut impliquer à certains moments de comparaisons entre ce que l'on vit avec un conjoint et avec une autre personne. Il y a des moments où les comparaisons peuvent être bénéfiques, dans les deux sens, et représenter ce qu'il y a de plus sain dans une vie ; il y en a d'autres où elles peuvent devenir insoutenables. « Ne doit-on pas admettre, demande-t-on alors, qu'une relation extra-conjugale puisse entraîner de soi le risque de mettre en péril la relation conjugale ? » « Bien sûr », faut-il répondre à cette question, « il y a des risques évidents » mais il serait naïf ou mensonger de croire que ce sont les interdits traditionnels et la mise entre parenthèses de l'autonomie et de la liberté qui sont préférables pour protéger *la qualité des liens intrinsèques* qui unissent les membres d'un couple et d'une famille. Et nous savons fort bien que les interdits traditionnels ont toujours été transgressés, et massivement, par les hommes d'abord, dans des conditions qui ne prouvent pas que les hommes ont « plus besoin de sexe » que les femmes, mais seulement que les femmes ont été assujetties à vivre de telle façon par les hommes. Je le re-souligne, parce que mon expérience de ce débat me confirme amplement que l'autonomie sexuelle pour un couple est loin d'être plus utopique que l'illusionnisme des principes traditionnels, qui n'ont qu'un fondement historique sérieux : le pouvoir des hommes.

Une écologie de l'amour et de la liberté

Comme c'est souvent le cas pour des sujets aussi graves — et c'en est un quoi qu'en disent les marchands de libertés trop faciles —, la question n'est pas de savoir si on est pour ou contre les relations extra-conjugales, mais si on est prêt à les vivre DANS CERTAINES CONDITIONS. Elles représentent pour le couple, la famille et la société tout entière, l'occasion de développer une nouvelle « écologie de la liberté et de l'amour ». Je parle d'écologie pour mettre l'accent sur la création d'un nouvel environnement de l'amour et de la liberté dans le monde du couple et de la famille, ce qui exige un ensemble de conditions qui ont en commun une certaine santé des relations humaines vécues à l'intérieur comme à l'extérieur du couple et de la famille.

L'une des premières conditions tient au sentiment qu'un couple a de sa propre vitalité, de ce qui l'unit, de ce qui fait qu'à l'instar d'un individu et d'une société, il a une personnalité propre et une identité. Un couple doit éprouver un minimum de sécurité et de sûreté comme couple. Autrement, il est sujet à la même dépendance vis-à-vis des tiers et du monde extérieur, que l'individu insécure dont nous avons essayé de tracer le portrait au premier chapitre. Cette sécurité signifie surtout que les deux individus ont non seulement gardé mais amplifié au cours des années le sentiment d'être amoureux l'un de l'autre, que chacun l'éprouve devant l'autre et qu'il peut en faire une fête au moment le plus inattendu, comme il peut s'y appuyer pour dire à l'autre ce qui lui est difficile dans leur amour.

Cela implique un corollaire quant aux relations extra-conjugales, qui est la *capacité de situer clairement ces relations par rapport à l'amour privilégié qui est vécu dans le couple et la famille*. Il faut avant tout être authentique et, si telle est sa conviction, se situer par rapport à cet amour privilégié comme devant quelque chose d'unique plutôt que d'exclusif, qui d'ailleurs ne saurait en soi être comparé à aucune autre relation d'amour ou d'amitié. C'est l'une des principales caractéristiques du « mariage ouvert » que de rompre avec la tradition des amours parallèles cachées et souvent vécues pour fuir et compenser les difficultés d'un mariage fermé. Les gens mariés qui jouent aux célibataires ont l'air ridicule... L'authenticité n'est-elle pas la grande règle, face à soi, face à ce que l'on vit dans le couple et face aux autres personnes avec lesquelles on engage des relations. Elle suppose surtout qu'on ne se serve pas de relations extra-conjugales comme de béquilles pour supporter son mariage de l'extérieur. Il peut arriver évidemment qu'on vive beaucoup plus facilement une chose avec un autre que son partenaire, mais alors il importe de le dire pour que les choses soient claires, surtout lorsqu'une relation extra-conjugale n'est pas purement épisodique.

L'authenticité peut également signifier qu'un couple, à telle ou telle phase de son évolution, fasse le choix de ne pas avoir de relations extra-conjugales, pour une foule de raisons. *Choisir d'en avoir n'est pas plus un absolu que choisir de ne pas en avoir* et ce choix peut surtout être révisé en fonction des cheminements des individus et du couple. Il est des temps où, à l'intérieur d'un couple, chacun a besoin de savoir que l'autre peut tout vivre avec lui seul. Il y a même dans ce contexte une saine jalousie que certains ont souvent besoin d'éprouver et dont l'absence leur ferait croire à un détachement qui ressemblerait trop peu à l'amour.

C'est dans la même authenticité que des couples en arrivent à réfléchir ensemble sur les relations qu'ils vivent avec d'autres que leur partenaire. C'est une occasion de se connaître et d'approfondir ses comportements avec autrui qui peut se révéler extrêmement précieuse. Nombre d'individus se rendent compte alors qu'une difficulté qu'ils imputaient à leur partenaire a plutôt sa source dans leur propre comportement, ou découvrent qu'ils sont sensibles à telle ou telle dimension que leur expérience de couple ne leur avait pas révélée. L'expérience des relations extra-conjugales vue sous cet angle représente une culture de soi et des autres, que bien des individus qui vivent repliés sur leur relation de couple n'éprouveront jamais. Et quand les relations sont vécues à un niveau compensatoire, comme des fuites, des évasions, des aventures cachées qui représentent l'interdit, elles ne permettent pas le plus souvent de rejoindre cette culture de soi et des autres.

Enfin, l'expérience des relations extra-conjugales peut avoir une fonction proprement familiale et être très bénéfique pour les enfants si ces relations ne sont pas vécues à leur insu. Mon point de vue sur cet aspect majeur, et qui tient autant à l'expérience que nous vivons comme d'autres avec nos enfants qu'à une approche professionnelle, peut se résumer comme suit.

Si les enfants voient leurs parents vivre sainement des relations extra-conjugales, en sachant que cela comprend aussi « faire l'amour », ils sont amenés alors à constater que ce qui unit leurs parents et qui fonde leur fidélité, n'est pas dans « l'exclusion » de telles et telles dimensions notamment dans les échanges sexuels, mais dans quelque chose de beaucoup plus profond, de plus vaste, d'« unique » à leurs parents et à leur famille, qui tient à ce qu'ils sont comme personnes, à ce qu'ils partagent ensemble dans le quotidien et qui n'appartient qu'à eux seuls. Ce constat est capital pour le vécu immédiat des enfants et des adolescents, mais aussi et surtout pour leur propre avenir de parents et d'adultes responsables de relations amoureuses. CE SONT LES JEUNES QUI SONT LES PREMIERS AGENTS DE TRANSMISSION DES CULTURES. Or c'est par le constat souvent stéréotypé et simplifié à outrance de mariages fermés, et à travers le mythe de l'exclusivité sexuelle entretenue dans l'ombre de la chambre à coucher des parents, que les enfants et les adolescents ont en général assimilé une certaine culture du mariage traditionnel.

Il est essentiel que les enfants se rendent compte que ce qui unit leurs parents est « unique » plutôt qu'« exclusif » — je le répète à dessein —, que cela dépend d'un ensemble de valeurs rattachées à tous les langages de l'amour plutôt qu'à la survalorisation d'un langage sexuel par ailleurs sous-développé ; que ce ne sont pas les rôles ni les stéréotypes qui orientent la qualité des relations de leurs parents, mais les choix personnels que ceux-ci font dans le quotidien et en particulier celui qui consiste à se re-choisir soi-même et réciproquement comme personnes. Je ne laisse pas entendre par là que le mariage ouvert et les relations extra-conjugales sont indispensables à tous pour s'inscrire dans cette vision qualitative, mais que, contrairement à ce que la majorité des gens pensent encore, loin d'être un obstacle à la qualité d'une relation conjugale, ils peuvent être un stimulus.

Mariages ouverts. Familles ouvertes. Un cas est particulièrement intéressant à observer actuellement. C'est celui des familles où les couples vivent entre eux des relations extra-conjugales et pour qui les relations d'individu à individu peuvent acquérir autant de valeur que leurs relations de couples. On peut l'observer dans des coopératives et dans des communes, mais aussi chez des familles qui vivent dans le cadre traditionnel de la famille nucléaire. Ils font l'expérience de partager d'une famille à l'autre ce qu'ils partagent entre eux à l'intérieur de leur famille ou de leur couple. Ce qui se passe alors n'est que l'extension à deux ou trois familles, par exemple, de ce que je décrivais pour une famille et un couple dans les paragraphes précédents, mais c'est immense. *C'est l'occasion pour des enfants de voir s'agrandir un réseau de communications privilégiées habituellement limité à un couple et à leurs enfants, et aussi de voir intégrer les relations sexuelles à l'ensemble des langages et des moyens de communication inter-personnels, tout en demeurant dans un univers de valeurs familiales.* C'est finalement tous les membres de la famille qui peuvent en tirer profit, en INTENSIFIANT et en REVITALISANT à la fois l'expérience du mariage et de la famille, à des niveaux de partage et de solidarité qui ne connaissent peut-être pas d'équivalents dans quelque autre milieu où il soit possible de prendre charge de la condition humaine.

C'est pourquoi j'ai situé ces différentes facettes de l'apprentissage des relations extra-conjugales dans le contexte d'une écologie de l'amour et de la liberté. Le développement de modèles de regroupement familial de plus en plus diversifiés, ne peut que favoriser cette écologie, surtout si les sociétés sont capables d'accueillir la pluralité qui est la richesse de ces modèles diversifiés.

Aussi est-ce dans le même contexte d'une écologie de l'amour et de la liberté, que je vais aborder dans le dernier chapitre ces besoins tournés vers l'autre que sont l'interdépendance, l'admiration, le goût des êtres humains et l'égalité.

L'analyse y est réduite au minimum pour transmettre ce qui est avant tout un souffle affectif.

9.

La passion de l'être humain et le goût de l'autre au cœur de l'amour de soi

Voici quatre médaillons exposés dans la pièce qu'on aura choisie au-dedans de soi pour loger son univers de famille. Formes et motivations du vouloir-aimer, ils représentent les besoins de croissance de la personne tournée vers autrui. Compléments naturels des besoins du moi analysés dans la première partie, ils réfléchissent par ailleurs la culture collective de l'amour à laquelle ils sont également exposés.

L'interdépendance, alliée de l'autonomie, nous rend au pouvoir « d'être avec ».

L'admiration a pour autrui le même effet que l'identité personnelle a pour soi-même : elle rend l'autre à sa valeur personnelle.

Le goût de l'être humain universalise le sens de l'appartenance sociale et des relations interpersonnelles, puisqu'il fait aimer l'autre simplement parce qu'il est un être humain, un « parent » au sens le plus fondamental.

L'égalité — le vieil idéal — est en arrimage parfait avec la sécurité, car dans sa plus noble conquête elle est la capacité de considérer les autres comme des partenaires et non comme des rivaux, tandis que la sécurité nous met en accord avec nous-même dans le sentiment que l'on a d'être quelqu'un qui est relié positivement au monde et à sa propre existence.

Et comme je l'indiquais à la fin du chapitre précédent je ne voudrais les saisir que dans leur substance affective, là où l'amour et la connaissance se confondent et modèlent en conséquence le langage, même le langage de l'essayiste. De toute manière, ce qui importe avant tout dans cette dernière phase de notre exploration, c'est la tentative de représentation intérieure.

L'interdépendance

Un jour dans une discussion de groupe, quelqu'un qui croyait beaucoup en l'amour de soi et qui savait particulièrement traduire les nuances de l'amour, a ainsi posé le problème, fort actuel, des rapports entre autonomie et interdépendance. « Est-ce que nous n'allons pas une fois de plus aux extrêmes en présentant le plus souvent l'autonomie en opposition avec l'amour des autres ? Ne risque-t-on pas, à parler exagérément d'amour de soi, de devenir comme des îles, en éliminant les ponts pour rejoindre les autres ? Or un facteur évident explique cet excès : trop de gens confondent autonomie et indépendance en les opposant à la dépendance. Ils oublient l'essentiel, c'est-à-dire l'interdépendance qui est peut-être l'un des besoins les plus naturels de l'être humain. Et tandis que dépendance et indépendance s'excluent, autonomie et interdépendance au contraire se conjuguent ensemble. » La distinction est majeure et non seulement il se trouve trop de gens qui confondent autonomie et indépendance, mais il y a une mode qui est en train de s'étendre et qui devient un obstacle majeur au développement de l'interdépendance.

C'est la mode du « chacun pour soi », vécu en réaction au « chacun pour autrui » que certaines morales ont traditionnellement mis en avant en faisant abstraction de l'autonomie et de l'amour de soi. D'un extrême où l'on a souvent exagéré la part du sacrifice, de la résignation et du don de soi — en particulier pour les groupes sociaux dominés —, la mode du chacun pour soi nous amène à un autre extrême, où la générosité et le simple souci de l'autre ne comptent presque plus.

Cela prend toutes sortes de formes. Ici on dira que « la charité est une façon déguisée de mépriser les autres et de les dominer », que « la générosité est une forme de paternalisme ». Là on prétendra que le fait de dire à quelqu'un qu'on a besoin de lui pour vivre, est un signe de faiblesse. Au dire de certains, être fort et autonome, ce serait pouvoir se passer de tout le monde. Souvent même on a l'impression que des êtres, pour se protéger, se retiennent de paraître chaleureux et communicatifs. Je suis frappé de rencontrer de plus en plus de jeunes, dans la vingtaine, qui transmettent le froid... Et bien sûr, l'une des expressions les plus répandues de cette mode est celle qui consiste à jeter son mépris, plus ou moins subtilement, sur le couple et sur la famille nucléaire. Pour les uns le couple tient d'un romantisme attardé, pour les autres il est le symbole des rapports de domination, et la famille est classée comme une réalité de « droite ». Vous voyez le tableau ? Tout se tient...

Heureusement — et c'est là-dessus qu'il faut miser parce que cela ressemble davantage à la vie — une multitude d'expériences de mûrissement personnel auxquelles nous avons fait écho dans les chapitres précédents, nous invitent à approfondir ce qu'il y a de plus précieux et d'unique dans une belle vieille relation entre un homme et une femme, dans une belle histoire vraie de famille : la croissance partagée. La « raison d'être amoureuse » d'un mariage et d'une famille : croire que l'autre est la mesure de sa croissance à soi et réciproquement, parce que l'on devient au long des années des témoins privilégiés et uniques les uns des autres.

N'est-ce pas là le grand choix lucide que l'on fait, ou que l'on devrait faire, en s'engageant dans le mariage et la famille, et qui est à l'origine de tout, avec l'élan passionnel : choisir de devenir soi-même avec l'autre, dans une relation quotidienne ? On ne le redira jamais trop. Choisir de vivre avec un conjoint et avec des enfants qui vont nous critiquer, nous mettre en question, nous interpeller, nous résister, nous rappeler à travers leur présence quotidienne qu'ils sont l'AUTRE et qu'on doit en tenir compte. Pouvoir se dire et se faire dire qu'on empiète sur la vie de l'autre, ou qu'on se dissimule, qu'on échappe au partage. Car avec les années, on peut apprendre à s'abandonner, à être disponible sans s'imposer, mais on peut aussi apprendre à s'éviter subtilement. « Ne pas s'endormir sur un reproche non formulé », la formule est d'un chansonnier philosophe. Elle est profonde. Nous sommes loin de la conception romantique du mariage où l'on apprend à des fiancés qu'ils vont consommer le fameux « nous-deux » comme un philtre ! Il vaudrait mieux les prévenir qu'ils s'engagent dans un processus de croissance, où l'autre, souvent comme dans la fonction d'un thérapeute, exerce par ses réactions à nos comportements un pouvoir de résonance et de rebondissement qui aide à se saisir soi-même et à se prendre en charge.

En choisissant cela, on choisit en même temps de conjuguer l'autonomie personnelle avec l'autonomie du couple et l'autonomie de la famille. Car cela existe l'autonomie du

couple et de la famille, et elles se protègent, comme l'autonomie personnelle. Elles se façonnent jour après jour. Un
mot simple de l'écrivain de l'amitié dit comment : « C'est
le temps que tu as perdu pour ta rose qui fait ta rose si
importante. » C'est le temps qu'on prend pour chacun des
êtres avec qui l'on vit dans sa famille qui les rend importants. Le temps, avec le vouloir, l'effort, la foi et la tendresse. Pour créer un milieu de vie où l'on sente la vie,
où l'on mange la vie. C'est un peu de cette qualité de vie
que j'ai tenté d'évoquer tout au long de ce livre, qui fait
qu'une famille est autonome et qu'elle a une identité, comme
les personnes qui la composent.

C'est le goût de l'autre autant que le besoin d'être soi-
même qui crée le milieu familial, qui lui donne sa vie et
qui n'en fait pas un lieu de compétition stérile mais de
partage pour l'autonomie de chacun et donc, d'interdépendance. Aucune recette ne peut remplacer cette volonté des
personnes pour vivre l'essentiel. Il faut bien sûr de l'information substantielle et abondante sur le développement de
l'être humain, des supports sociaux nombreux, des forces
d'appui dans l'organisation communautaire des groupes de
familles, et, au besoin, une aide professionnelle spéciale en
cas de difficultés, mais tout cela risque de demeurer stérile
s'il n'y a pas d'abord au cœur du couple et de la famille
la passion de l'autre. « C'est le temps que l'on prend chaque
jour... » Le temps et l'effort, pour façonner le difficile mais
réel bonheur de « la conscience de croître », ENSEMBLE. « Cent
fois sur le métier remettez votre ouvrage », dit-on à l'artisan,
et pour faire ce qu'il y a de plus difficile au monde, une
famille et même un amour qui dure entre un homme et
une femme, on s'étonne qu'il faille reprendre et reprendre,
attendre, vivre des crises, se sentir dépaysé, étouffé, brimé,
coincé, en arriver même à croire à l'usure de ce qui fait,
pourtant, qu'on a vécu dans la plénitude tant de fois en
se donnant des souvenirs qu'on hésiterait à changer pour
ses plus beaux rêves.

Cette culture de l'amour est comme la culture de l'esprit
ou celle de la terre : elle se fait dans le labeur, dans l'effort
et la patience douce. Je crains que sans une conscience aiguë
de cette nécessité, on n'ait de plus en plus de difficulté à
développer l'humain sur notre planète.

Je crains surtout la brutalité et la facilité avec lesquelles
on s'attaque de plus en plus, sans même s'en rendre compte
souvent, à la fragilité de cette culture. C'est tellement FRA-

GILE, être avec. La croissance d'un couple, ça ressemble étrangement à la croissance d'un enfant. On apprend à marcher avec dans un couple, à écouter, à parler, à respecter le tempérament de l'autre, ses goûts, ses besoins, son rythme. On franchit des périodes sensibles, sensibles à des acquisitions, à des réajustements, à des pauses, à de nouveaux départs. On traverse des âges qui ne sont pas sans relation d'ailleurs avec les âges de l'enfant et de l'adolescent qui, de toute manière, ont une influence sur la croissance d'un couple. Le tout petit enfant exerce une influence bien différente sur la vie de ses parents de celle de l'enfant de cinq ans, de dix ans et ainsi de suite. On en sait bien peu en 1984 sur la croissance de l'adulte — et l'idée même de cette croissance est nouvelle puisqu'on a toujours fait comme si les adultes étaient des gens arrivés — ; mais l'attention à la croissance du couple pourrait nous en apprendre beaucoup, surtout si l'on devenait davantage conscient de cette parenté entre la croissance du couple et celle de l'enfant.

La fragilité, on la ressent presque tout le temps quand il s'agit d'être attentif au développement de quelqu'un, que ce soit son enfant, son conjoint, ses parents, ses grands-parents. Mais il y a un point où on la ressent presque de la même façon dans la relation du couple et dans la relation que l'on vit avec ses enfants. On se rend compte, au long des années, que plus on partage de choses avec un conjoint ou avec un enfant, plus on éprouve la fragilité de la mesure qu'il faut donner à son amour : comment aimer juste assez ? Aimer trop peut être aussi néfaste que de ne pas aimer assez. Etre trop présent auprès de l'autre peut être aussi risqué que de ne l'être pas assez. Comment, par exemple, devenir un conjoint ou un parent-ressource, une sorte de consultant privilégié, face aux décisions de l'autre, sans trop l'influencer du poids de son amour, de son intérêt, de son autorité ? Etre avec, sans dominer, sans assiéger, mais être là, intensément disponible.

Ce sixième sens de fragilité, cette quête de mesure et d'harmonie, au sens musical et existentiel, sont du domaine de l'interdépendance. Faut-il les emprunter au jardinier pour le soin des êtres humains ? Car le jardinier, le vrai, l'amoureux de ses plantes, celui qui les connaît, sait leurs problèmes de croissance, et surtout de mesure. Il sait tout le soin qu'il faut donner à chacune de ses plantes, que trop d'eau ou trop de soleil ferait mourir celle-ci tandis que celle-là n'en aura jamais assez ; il sait qu'à telle phase de la croissance il faut faire ceci mais ne pas le faire à telle autre, et ainsi de suite. Il sait surtout que c'est le temps qu'il prend pour son jardin qui fait vivre celui-ci. C'est le temps de tendresse.

Au-dessus de tout l'arsenal de nos principes, de nos règles, de nos études de cas, de nos thérapies, de nos méthodes et de nos échantillonnages scientifiques, il n'y a que la tendresse pour nous donner la mesure de la fragilité de notre vécu avec les autres et du temps que l'on prend au long des jours et des années.

Mais j'ai peur, moi aussi, qu'on ait peur de la tendresse. J'ai peur qu'on ait peur de l'amour.

L'admiration

Tout récemment encore, j'ai ressaisi l'effet d'un regard d'admiration, grâce à une amie qui travaille avec les enfants et qui m'a donné l'image merveilleuse de l'enfant qui joue à la corde à sauter devant ses parents. Elle m'a dit : « Tu vois, quand l'enfant demande à ses parents de le regarder sauter à la corde, c'est parce qu'il a besoin de leur regard admiratif et de leur présence pour bien sauter et danser. » Situation on ne peut plus simple qui nous replace devant l'essentiel de la vie.

Car n'est-il pas vrai que l'on devient beau et habile, quand on se fait dire qu'on est beau et habile ? A tout âge. Et si l'on donne à ce principe toute son extension, il signifie que lorsqu'on est aimé, admiré, valorisé, pour ce que l'on est et à travers ce que l'on fait, on devient aimable, admirable et précieux à ses propres yeux et aux yeux des autres. Pour reprendre un concept clé du premier chapitre, « quand on est valorisé comme personne, on devient compétent comme personne ». C'est visible. Il n'y a qu'à regarder s'illuminer le visage de quelqu'un à qui l'on dit « qu'il est bon », « qu'il est beau », « qu'il est habile », « qu'il est capable », « qu'il fait bien une chose ». C'est simple, faire de tels compliments, mais ça stimule l'énergie de celui qui les reçoit, ça le pousse à être davantage. Quand on croit en quelqu'un, non seulement on lui fait confiance, mais en lui faisant confiance on l'amène à avoir de plus en plus confiance en lui. La confiance en l'autre crée chez l'autre la confiance en soi. C'est un cycle créateur d'énergie.

L'éducation des enfants et la relation entre conjoints

puisent à cette source. Les compliments, la valorisation des situations où l'autre manifeste ses capacités, ses goûts, c'est aussi nécessaire pour faire croître un couple qu'un enfant. Ce sont les premières nourritures de la sécurité et de l'amour en même temps. C'est comme des caresses qui nous viendraient de l'intérieur et qui se mêlent aux caresses charnelles et aux gestes physiques de la tendresse.

Etre admiré fait briller, rayonner. La fonction la plus spécifique de l'admiration est de produire la lumière chez l'autre, surtout en éducation. Etre parents, être éducateur, c'est faire éclore chez l'être humain le droit d'être soleil. Cela dit sans poétique et sans utopie, mais dans la stricte observation du fonctionnement de l'organisme humain au cœur des relations interpersonnelles.

Cela peut commencer par une toute petite flamme, par une lueur, que l'attention à l'autre fait jaillir, que l'enveloppement affectif, à la manière d'un climat pour les plantes, fait germer. Que d'amours, de relations chaleureuses, de démarches éducatives, de progrès dans la croissance, de réussites thérapeutiques même, s'opèrent à partir du moment où vous remarquez chez un autre ce que d'autres n'avaient jamais vu, où vous vous attardez à mettre en valeur ce qui est positif chez un être. Et souvent aussi, c'est ce qu'on appelle « le coup de foudre » qui déclenche tout. On est ébloui par quelqu'un ou par le geste de quelqu'un. C'est comme la naissance d'un enfant : ça ÉTONNE. L'étonnement est le premier pas de l'admiration. Le dernier est la contemplation. On les confond souvent toutefois, à la manière de l'expression populaire où l'on évoque autant la contemplation que l'étonnement, lorsqu'on dit, par exemple « On voudrait qu'il reste toujours comme cela » (d'un tout jeune enfant), « on ne se lasse pas de le regarder dans ces moments-là »... Pourtant il y a tout un monde entre ce premier mouvement de l'admiration qu'est l'étonnement et la contemplation qui vient bien plus tard. Il y a tout un monde de maturation que des vieux amants et des parents en particulier peuvent décrire minutieusement et avec l'éclat qui convient.

On ne le dit pas assez, on ne le chante pas assez ce privilège extraordinaire que nous avons, nous les parents, d'assister jour après jour à la croissance d'un enfant. Il n'a d'égal que le cheminement d'un couple qui vieillit bien, où l'on en vient à se regarder l'un l'autre comme ces paysages inépuisables vers lesquels on retourne toujours, qu'on connaît sans connaître et qui se renouvellent sans cesse pour celui-là seul qui sait les regarder. Je parle de paysage pour évoquer une image familière apte à refléter l'immensité et l'infinitude de ce qu'un être humain peut contenir dans un seul geste qui nous est devenu familier, mais au fond les symboles ne sont pas nécessaires. Il s'agit essentiellement de « quelqu'un » qui regarde « quelqu'un » dans des gestes quotidiens constamment refaits mais que la vie, la croissance et l'attention amoureuse donnent à voir à travers une sorte de CLAIRVOYANCE qui fait qu'on voit en même temps, de l'intérieur et de l'extérieur, dans l'instant et dans la continuité d'une relation, le geste, la personne aimée et l'amour qui nous fait vibrer à ce geste.

J'essaie ainsi de décrire le plus minutieusement possible ce que l'on vit quand, par exemple, s'arrêtant pour regarder son enfant, son mari ou sa femme poser un geste quotidien, on se dit, en dedans de soi, sans nécessairement l'exprimer par une caresse physique, « que je l'aime », « c'est bien elle », « qu'il est beau ». On peut certes vivre cela au début d'une vie de couple et le répéter — combien de fois ! — avec ses enfants quand ils sont en bas âge, mais c'est particulièrement l'expression du mûrissement de l'amour. Il s'agit de quelque chose qui est tout le contraire de l'usure, cette usure que d'aucuns voient comme une fatalité du mariage... avec l'aliénation. Quelque chose qui tient de la même ardeur de vivre, de la même passion grâce à laquelle il est plein de vieillards de par le monde qui meurent à la fois en pleine jeunesse et en pleine sagesse.

On ne le redira jamais assez : ce ne sont pas les relations qui s'usent ; ce ne sont pas les personnes qui s'abîment et pâlissent ; c'est notre regard qui renonce au pouvoir de s'étonner et de cultiver la passion à l'égard des êtres. Écoutez les gens qui s'étonnent à la naissance d'un enfant dire déjà en même temps, avec désenchantement : « Malheureusement, il va grandir » (sous-entendu « il va se gâter, entrer dans la machine à usure et à nivellement »...). Et l'on a le même réflexe devant des fiancés, leur souhaitant beaucoup de bonheur mais les prévenant de telle façon des embûches qui les guettent, des difficultés avec les enfants qui vieillissent, de la routine qui mettra leur passion à la raison, qu'au lieu de cultiver leur ardeur on les prépare à y renoncer. Même réflexe encore devant les parents qui ont de jeunes enfants et pour qui l'on brandit le spectre des implacables difficultés de l'adolescence. Et ainsi de suite face à combien d'autres situations et d'étapes dans la vie, où l'on vous incite à renoncer au pouvoir que procurent la passion des êtres et le goût de la vie.

Au cœur de l'admiration, entre le pouvoir de s'étonner et le pouvoir de contempler, il y a cette passion des êtres et ce goût de la vie qui font sa fonction lumineuse. Elle fait rayonner et briller, avons-nous dit. En fait, elle nous rend simplement à l'EXPRESSION de nous-même. Quand j'admire quelqu'un et que je le lui montre, je l'amène à s'exprimer, à sortir de lui-même ce qu'il est, à développer ses capacités, ses ressources, ses talents.

Comment éduquer un enfant et l'aimer surtout, si on ne recommence pas tout le temps à croire en lui et à le lui montrer ? Après avoir choisi de reconduire la vie, nous n'avons pas le droit de ne pas donner avec la vie le goût de la vie et la passion des êtres. Notre plus chère liberté est de nous trouver à tous les carrefours de croissance de nos enfants, pour leur faire tirer le maximum de leurs apprentissages et renouveler notre propre ferveur de vivre avec eux. Multiplier les « oui à la vie » que nous avons dénombrés au troisième chapitre de ce livre. Et par-dessus tout, être attentif à ce qui fait que lui, distinctement de son frère, de sa sœur, de nous, peut croire en lui-même, se sentir valorisé, s'affirmer, être admirable. Nous n'avons pas le droit d'éduquer des enfants qui ne voient pas dans notre regard et dans la façon dont nous prenons soin d'eux, que nous les admirons. Ce n'est pas vrai que les enfants perdent en vieillissant cette beauté et cette fragilité qui nous émeuvent tant quand nous les regardons au berceau. C'est notre regard qui pâlit, c'est notre ferveur qui cède. Nous pouvons certes manquer de patience et de passion en les accompagnant dans leur lutte de chaque instant pour la vie et pour leur moi. Ils peuvent eux-mêmes devenir antisociaux, cruels à l'occasion, pour se faire une place au soleil, mais s'ils sentent que nous nous gardons nous-mêmes au cœur de leur croissance dans l'amour de la vie et la passion de l'autre, ils se garderont eux-mêmes dans la tendresse.

Que nos enfants puissent nous reprocher d'avoir été gauches, d'avoir trop cru en nos idées ou à celles d'une génération, qu'ils nous soumettent à leurs plus farouches critiques, mais qu'ils ne puissent pas nous dire que nous n'avons pas cru assez en eux, que nous avons manqué de ferveur à leur endroit, non ! Ne pas être des parents tièdes ni éteignoirs, ne pas être un conjoint tiède ni éteignoir cela va ensemble. Ce qui compte le plus, ce n'est pas ce que nous demandons à nos enfants d'être, c'est ce que nous sommes devant eux. Comment maintenir une union entre un homme et une femme sans la puissance fragile de l'admiration réciproque ? Que l'autre puisse nous reprocher toutes sortes d'écarts, d'insuffisances, d'abus, mais qu'il ne puisse pas nous dire que nous n'avons pas cru assez en lui, en elle, qu'en allant avec nous sur les chemins d'un quotidien mal partagé, il a presque perdu la trace du chemin qui le menait au bout de lui-même, au bout d'elle-même.

Le temps d'aimer est jeune sur la terre et ceux qui ont le goût de la vie et la passion des êtres ont bien de quoi s'étonner encore.

Tandis que certains, par exemple, continueront de lutter pour l'égalité des classes, d'autres n'auront pas moins à faire dans les familles pour l'égalité des êtres. Tous les combats pour la liberté ne peuvent pas se mener dans la même arène. Mais la révolution pour l'amour de l'être humain ne s'accomplira jamais, si elle ne commence pas dans l'engagement des familles. Il faut le crier bien haut à ceux et à celles qui veulent associer aux familles et aux couples l'aliénation, l'usure et l'emprisonnement à deux, à trois, à quatre, à cinq...

Le goût des êtres humains, simplement parce qu'ils sont des êtres humains

L'admiration d'un individu ne se sépare pas du goût que l'on éprouve pour les êtres humains simplement parce qu'ils sont des êtres humains. Tout comme une famille individuelle ne se sépare pas de la famille humaine. Comment s'engager dans l'une sans croire passionnément à l'autre ? N'est-ce pas pour rejoindre la grande que l'on met tant de soin à se comprendre dans la petite ? N'est-ce pas le même esprit de famille qui crée des maisons ouvertes, où l'on peut entrer sans s'y sentir étranger, parce qu'on sait montrer dans une maison ouverte, dans une famille ouverte, qu'un être humain n'est pas un étranger pour un autre être humain ? Parce qu'on n'exige pas de cartes d'identité, ni de lettres de référence, ni de diplômes. Parce qu'on peut se donner la main, se toucher, s'embrasser, sans se demander sa généalogie, son certificat de citoyenneté ou sa fiche médicale.

Parce qu'il y a un voisin avec qui on peut partager autre chose que la météo et faire mieux que de se renvoyer les balles perdues des enfants qui jouent de chaque côté de nos clôtures de voisins. Parce qu'on peut se parler, vraiment, de ce que l'on vit, entre hommes et femmes, entre adultes et enfants, et faire éclater le mur des familles « citadelles de la vie privée ». Parce que l'on est devenu conscient que chaque jour on est confronté à des problèmes et à des joies du même ordre, humain, familial, personnel et collectif, et qu'on peut les partager. Parce que tout au long de l'année, on vit des fêtes, des fêtes de congés, des fêtes de saisons, des fêtes d'anniversaires, des fêtes pour le simple plaisir de fêter, et qu'on peut en faire des fêtes de voisins et même des fêtes de quartier, comme on le voit dans certaines villes lorsqu'on ferme des rues entières et qu'on décore ses balcons pour aller danser sur le pavé avec des voisins, des amis, des camarades et des inconnus. Les maisons ouvertes vont avec les quartiers ouverts, avec les villes ouvertes, avec les pays ouverts.

Parce qu'entre voisins, on peut s'organiser ensemble pour ne pas être toujours à la merci des grands vendeurs, des grands publicistes et de l'État. On peut même démontrer qu'on a assez l'esprit de famille — de la grande et de la petite —, pour ne plus rejeter nos vieux, nos délinquants et nos handicapés en les remettant à l'État qui les cache et les isole de la majorité des bien-portants...

Beau rêve ! dira-t-on. Et je suis d'accord, mais pour un temps seulement. Le temps où les familles fermées, les maisons fermées, les quartiers fermés, les villes fermées, les nations et les régimes fermés seront encore la règle générale.

Le temps où l'on continuera d'apprendre aux enfants à se méfier des étrangers (ceux qui ne sont pas de la famille — la petite), à dire « bonjour » sous conditions et à n'embrasser que les gens de l'autre sexe.

Le temps où les adultes seront des modèles fermés pour les jeunes, excluant de leur entourage et de leurs intérêts ceux qui n'ont pas les mêmes revenus, la même scolarisation, les mêmes convictions politiques, les mêmes convictions religieuses, les mêmes manières de vivre, de penser, de s'habiller... (La discrimination n'est pas innée, ce sont des adultes qui l'apprennent aux jeunes.)

Le temps où les religions et les systèmes politiques resteront fermés sur leurs « CROIS OU MEURS » respectifs, tuant, torturant, méprisant ceux et celles qui n'ont commis d'autre crime que celui d'être DIFFÉRENTS, en partageant d'autres convictions que celles de qui les écrase, et souvent qui les écrase au nom même des droits de l'homme ! Les droits de l'homme défigurés, utilisés, exploités par le plus fort contre le plus faible. Les droits de l'homme qui ne sont pas les droits de la femme.

Parce que nous sommes toujours, malgré de légers progrès, dans le temps où les hommes et les femmes restent isolés dans leurs rôles et leurs tâches séparés et que cet isolement est l'étrange clé de voûte du système de discrimination entourant soigneusement la planète, de l'Orient à l'Occident. La clef de voûte de la discrimination est le premier des murs de la culture primitive derrière lequel on apprend aux enfants du monde entier à percevoir les hommes et les femmes à travers le préjugé. Songeons à la masse incroyable de préjugés et de valeurs stéréotypées dans laquelle on pétrit littéralement les garçons et les filles. Songeons à tout ce qui changerait si on se voyait, hommes et femmes, comme des êtres humains d'abord.

Songeons à tout ce qui changerait encore si le temps des écoles fermées, où l'on ne prend pas le temps qui rend les enfants importants, devenait le temps des écoles ouvertes où la connaissance de l'être humain, de l'être concret et présent en chaque enfant, avec son vécu à lui et partagé avec le vécu de ses camarades, devenait aussi important que les programmes de connaissance des autres savoirs. De connaissance et d'amour. N'est-ce pas étrange que dans les écoles, où j'ai vécu moi-même jusqu'ici plus des deux tiers de ma vie, on parle si peu de la passion des êtres ? Il n'est pas surprenant alors que le temps des écoles fermées et des universités fermées engendre le temps des spécialistes fermés, des fonctionnaires fermés, des professionnels fermés. Avec le temps des bureaux et des usines fermés, ce n'est pas le travailleur qui est important, mais le boulon qu'il fixe ou le dossier qu'il classe.

Et quand on rentre chez soi, ou même que l'on va se détendre au cinéma, pour bien boucler ce cycle infernal du temps des sociétés fermées, on est pris par le temps des images fermées, où l'écran de télévision et de cinéma nous gave à ce point de violence et d'horreur sur l'être humain, qu'on en perd le goût, jusqu'à ne plus reconnaître ni chercher autour de soi d'autres images de dignité et de tendresse.

Si, une fois de plus, je suis retourné à cette problématique globale, c'est pour la rappeler au regard des détracteurs acharnés et sans nuances du couple et de la famille, et qui veulent à tout prix les rendre responsables d'une aliénation de l'être humain dont les sources jaillissent presque de partout dans la société actuelle. Si la famille fermée est facteur d'aliénation, c'est qu'elle est elle-même tributaire de la société fermée. Et il ne sera jamais facile de développer des familles ouvertes dans des sociétés fermées. C'est de partout qu'il faut abattre des murs entre les êtres — des murs qui ont souvent des fondations millénaires — pour jeter des ponts et ouvrir des passages. La tâche est d'envergure. *Elle est politique.* Elle suppose de grandes équipées de tendresse collective qui appareillent dans tous les milieux de vie. Pour l'amour de l'être humain. On a mobilisé tant d'armées pour l'amour des dieux, des rois et des souverainetés nationales ! Il est peut-être temps de se mobiliser, directement, sans intermédiaire, pour l'amour de l'être humain.

Que de familles sont prêtes à partir, à continuer, à chercher, à lutter, à aller plus loin, parce qu'elles savent que la croissance partagée d'un seul adulte avec un seul enfant, peut apporter plus de vie chaque jour que l'on n'est capable d'en recevoir. Manifestement, ce qui rend la vie de couple et la vie de famille extraordinaires, c'est l'emploi que l'on peut faire du quotidien, au long des années, POUR NOUS ABANDONNER A CETTE PASSION DES ÊTRES HUMAINS. Au fond, une famille, un couple, des vies rassemblées sous un même toit au rythme des jours et des années multipliées les unes par les autres, des grands-parents jusqu'au dernier-né des petits-enfants, c'est une petite galaxie humaine.

Une même ÉNERGIE y circule et les rassemble. Elle est physique, spirituelle, affective. Elle est constituée de tout ce qui fait qu'un être humain est un être humain, mais sur lequel nous en savons hélas beaucoup moins que sur ce qui fait briller les étoiles. C'est pourquoi l'expression des besoins par chaque individu et la manière dont ils sont satisfaits chaque jour par le milieu familial ont tellement à nous apprendre. Peut-être même jusqu'au sens de l'amour... Si ce sens était d'abord celui de la passion des êtres ?

L'égalité

On ne sera pas surpris, sans doute, que le dernier mot sur les besoins de la personne et ceux d'une société plus humaine, porte sur l'égalité.

Il est finalement bien peu de choses, dans un livre comme celui-ci, que l'on puisse affirmer avec une certaine sûreté. L'égalité en est une pour moi. C'est pourquoi elle est le sujet de ce dernier mot. L'égalité est l'une des conquêtes humaines les plus difficiles. Elle dépend de tous les autres besoins, mais en particulier de la sécurité. Aussi ce dernier mot rejoint-il le premier, qui portait sur la sécurité, et dont j'ai osé « affirmer » qu'elle était le premier de tous les besoins humains. Mieux on est dans sa peau, moins on craint les autres et moins on a envie de les dominer, plus on est capable d'entrer en contact avec les autres comme avec des égaux et non des inférieurs ou des supérieurs, des dominants ou des dominés. C'est une disposition beaucoup plus rare qu'on ne le croit, aussi rare peut-être que la paix dans le monde. D'où l'extrême importance de réviser fondamentalement le concept d'égalité et les théories qui prétendent connaître tous les moyens de la réaliser. Aussi longtemps que ces moyens ne viseront pas spécifiquement la formation des personnes au sens de l'égalité et que l'on définira la problématique en termes socio-économiques seulement, l'égalité risque d'être une denrée bien rare.

L'égalité dont je parle dépend de l'éducation que l'on reçoit dans la famille et à l'école. Elle est une disposition de la personne qui oriente nos comportements et nos rapports avec les autres, entre hommes et femmes d'abord, entre adultes et enfants ensuite, puis entre professeurs et étudiants, entre professionnels et clientèles, entre patrons et employés... Je ne parle pas de l'égalité entre les classes, sur le plan économique, ni entre les nations. Bien que l'une et l'autre soient liées et qu'on ne se rende pas compte — ou qu'on se refuse à voir — jusqu'à quel point l'aptitude personnelle des individus à entrer en contact d'égal à égal avec autrui, est une des premières conditions de l'égalité sociale, politique, économique. C'est pourquoi j'ai montré, dans l'étude sur la sécurité, comment on peut précisément se servir de situations de pouvoirs politiques, professionnels, économiques, et même de son autorité de parents, pour compenser des difficultés personnelles à entrer en contact d'égal à égal avec autrui. C'est pourquoi aussi je dis qu'il faut souvent se méfier des beaux discours à portée universelle sur l'égalité et sur la solidarité avec l'humanité à distance. L'expérience authentique de l'égalité, c'est dans le contact avec nos proches que nous pouvons la vivre, entre conjoints, entre parents et enfants, à l'école, au travail.

Je ne parle pas non plus de l'égalité que l'on assimile à l'uniformité des comportements et au nivellement des différences entre les êtres. Il est étrange qu'à notre époque encore on doive tellement lutter pour démontrer qu'être égal ce n'est pas être pareil. L'enjeu extraordinaire de l'égalité, c'est la différence. Pouvoir se compléter, s'ajouter les uns aux autres, s'enrichir, atteindre toutes les nuances possibles de la vie, à travers les différences individuelles. Mais la différence dérange, autant dans les sociétés dites de la libre entreprise que dans les régimes totalitaires. La différence fait peur à l'ordre établi. Elle fait peur aux régimes fermés, aux bureaucraties fermées, aux écoles fermées, aux partis fermés, aux générations fermées, aux idéologies fermées, aux intelligences fermées, aux cœurs fermés, aux corps fermés. Aussi, les publicistes et les tenants de tous les pouvoirs fermés veillent-ils à l'uniformité des majorités silencieuses et voient-ils à ce que partout, il n'y ait pas trop d'individus qui lèvent la tête plus haut que la moyenne, qui aient des convictions personnelles et les affirment, qui revendiquent leur autonomie et qui refusent de se faire assimiler par un parti, un clan ou un milieu. Rien n'est moins toléré peut-être que le droit à la dissidence. Et l'on en vient à une telle panique, et à un tel mépris de la liberté permise par l'affirmation des différences, qu'il se trouve de plus en plus de beaux esprits, scientifiques par ailleurs, pour rêver de contrôler les différences individuelles par la sélection des gènes ! Quel beau couronnement ce serait pour la vieille gérance mâle de contrôler, à partir de « ses » bébés éprouvettes, l'égalité et l'inégalité, la capacité des uns et l'incapacité des autres, et toutes les moyennes acceptables de souffrance, de dépendance et même, pour que cela reflète bien le génie de l'espèce, les marges d'erreur admissibles à l'ordinateur du bien commun. Génie de l'espèce et grandeur même, puisque déjà les avantages de la lobotomie, bien pratiquée sur les délinquants les plus dangereux, rendent presque futile le débat sur la peine de mort...

Non, l'égalité dont je parle est autre. Elle se forme à même la croissance personnelle de chaque individu au rythme de son apprentissage du social. Il n'est pas de dimension où une famille peut jouer avec une aussi grande intensité son rôle de charnière entre l'individuel et le collectif, entre le personnel et le social, en apprenant à être capable, spontanément, de se percevoir comme égal aux autres et de percevoir les autres comme des égaux. C'est dans cet apprentissage que la relation entre conjoints et la relation parents-enfants deviennent pour l'enfant les premiers modèles de rapports d'égalité. Quelle responsabilité, mais quelle tâche fantastique ! Il me semble que c'est suffisant pour donner la ferveur de la vie de famille à ceux qui la cherchent.

Les conditions de la formation au sens de l'égalité entre les êtres humains, elles sont ici entre les mains des parents qui doivent se faire assez grandes et assez pleines pour contenir les nourritures nécessaires aux autres besoins et d'où l'égalité tire petit à petit sa substance. Il s'agit d'alimenter par l'éducation la capacité d'adhérer progressivement à la plus haute conquête des êtres humains.

D'abord, pouvoir se situer par rapport à soi. Etre soi-même un bon point de référence pour soi-même. Compter sur soi et sur son vouloir-vivre. Cela implique rien de moins que le minimum vital nécessaire à la formation de la sécurité, de l'identité personnelle et de l'autonomie.

Pouvoir situer les autres comme des êtres différents. C'est l'accès à l'interdépendance fondée sur la reconnaissance de l'autre dans son identité propre.

Pouvoir considérer les autres comme des partenaires plutôt que comme des rivaux. Non seulement ne pas craindre les autres, mais pouvoir rechercher la collaboration des personnes que l'on perçoit comme fortes et sûres d'elles-mêmes. C'est la recherche d'autrui pour lui-même et la capacité d'admirer l'autre.

Pouvoir éprouver le besoin aigu de l'appartenance sociale à travers des formes concrètes d'engagement social, de service social, de civisme, de vie d'équipe, de vie de groupe, d'intérêt aux dimensions collectives de l'existence. De besoin, l'appartenance sociale est devenue une capacité, un intérêt, une forme de dynamisme personnel. L'énergie individuelle a trouvé son « emploi » social, sans être compensatoire de carences sur le plan de l'identité personnelle et de l'autonomie.

Pouvoir accéder au sens du pluralisme, c'est-à-dire au respect de la pluralité des possibles humains, en regard desquels chaque être humain peut être considéré pour lui-même, apprécié, valorisé, parce qu'il est un être humain différent de tous les autres et unique. Ici, le personnel et le social se rejoignent à travers le goût des êtres humains et le vouloir-aimer, qui atteignent indistinctement nos proches et l'humanité à distance. On s'identifie à la « famille humaine », à laquelle on se sent fier d'appartenir. C'est l'accès au sens le plus profond et le plus universel à la fois de la parenté.

La parenté ! J'aime mieux cela que la solidarité et que la fraternité même, pour évoquer les liens universels qui nous unissent aux autres. C'est plus complet, c'est plus biologique, c'est plus congénital. Qui que l'on soit, où que ce soit sur la planète, quels que soient ses croyances et le régime politique de son pays, nous sommes parents, nous sommes de la même famille, humaine. Nous sommes parents, simplement parce que nous sommes des êtres humains. Nous sommes frères et sœurs à travers la même époque, mais nous sommes fils et filles à travers l'histoire, dans la continuité de la lignée humaine.

Il n'y a que le sens de cette parenté pour stériliser toutes les formes de l'inégalité, de l'exploitation à la guerre, de la domination au racisme. Stériliser le racisme surtout qui empoisonne notre goût de parenté toujours de la même façon : en niant les différences. Pas seulement les différences de races, mais les différences de convictions, de croyances, d'idéologies, de générations, de manières de vivre, d'être soi-même, unique, et parent de tous les autres qui sont aussi uniques en eux-mêmes.

Il n'y a que la parenté pour nous rendre à l'abondance de la vie que prodigue la reconnaissance des différences. Je reviens au mot fameux de Saint-Exupéry : « Si je diffère de toi, loin de te léser, je t'augmente », et à la leçon que le scientifique Albert Jacquard nous invite à tirer de la biologie après avoir lui-même repris le mot de Saint-Exupéry : « Je souhaite, dit-il, que mon lecteur retienne de la biologie cette leçon : notre richesse collective est faite de diversité. L'autre, individu ou société, nous est précieux dans la mesure où il nous est dissemblable[1]. »

Serait-ce par peur, une peur primitive encore, que l'on choisit la simplification, l'appauvrissement, le « moins-être », en recherchant, sur le plan intellectuel surtout, ce qui est

---

1. Albert Jacquard, *L'Eloge de la différence, op. cit.*

pareil, et en combattant les différences ! On sait pourtant, d'instinct, que la richesse de la vie n'est pas dans l'opposition irréductible des différences d'opinions, de convictions, de manières d'être, de tempéraments, mais dans leur conjugaison. Quand on rassemble des opinions différentes sur une question, on arrive au même résultat qu'en mêlant des couleurs différentes : on rejoint l'abondance de la vie à travers les contrastes, les nuances, les raffinements de la pensée. Quand on accepte d'écouter ceux qui pensent différemment de nous, qu'on les laisse aller le plus loin possible dans leur exploration d'une question, on se donne à soi-même autant qu'à l'autre la chance d'approfondir la vie, de s'enrichir ensemble. C'est l'ABC de la connaissance, et aussi de la vie en société, qui n'est possible que si, à travers les différences, on arrive à dégager des consensus. Mais à voir l'utilisation que la culture guerrière fait de l'intelligence, s'en servant bien davantage pour opposer et dissocier ce qui est différent, plutôt que pour le rassembler et le conjuguer, on a l'impression qu'on a peur, non seulement de l'amour, mais de la vie, de l'abondance de la vie.

Il nous faut apprendre à mettre l'intelligence au service de l'amour

La culture guerrière fait trop tourner notre intelligence à vide, sur elle-même, comme Narcisse qui ne se quitte pas du regard, fixé sur la fontaine où il cherche désespérément son image. On dirait qu'on ne lui a pas encore appris à vraiment aimer l'être humain.

Elle a besoin d'un corps à aimer, l'intelligence : le corps de l'humanité.

Développer le sens de la parenté entre les êtres, simplement parce qu'ils sont des êtres humains, est une façon privilégiée de lui donner ce corps à aimer.

C'est la première chose qu'on devrait enseigner aux enfants à l'école : mettre leur intelligence au service de l'amour. Leur faire marier la vie à la vie. Les faire travailler avec leurs idées comme s'ils avaient des saisons à produire, en s'attardant minutieusement aux contrastes, aux nuances, aux mélanges que l'on obtient quand on dépasse les oppositions entre les théories et les idéologies pour rassembler ce qui fait la vie et l'équilibre dans les unes et dans les autres.

Ne pas leur donner l'illusion, en opposant systématiquement le progrès aux traditions, la nouvelle génération à l'ancienne, qu'on peut devenir un arbre sans racines. Et pis encore, ne pas les garder dans des forêts sélectives et dépeuplées, où l'on entretiendrait une seule variété d'arbres qu'on croirait supérieure à toutes les autres. Si différents qu'ils soient, le chêne et le roseau sont égaux, et la nature a besoin de l'un et de l'autre pour garder son équilibre et son abondance. C'est cela qu'il faut montrer aux enfants, en leur apprenant à se méfier de ceux qui veulent leur enseigner « la » vérité, « l'infaillible » vérité... Qu'on leur donne plutôt la confiance en eux, avec un bon coffre d'outils et le goût de l'inquiétude pour chercher et partager avec d'autres qui cherchent et qui n'ont ni vérité catholique à vendre, ni vérité marxiste, ni recette pour devenir heureux en quelques jours à la condition d'avoir versé la bonne obole au bon gourou...

Mon projet est politique et pédagogique.

Un jour, à la fin d'une session de groupe qui avait été d'une grande ferveur, une femme prit la parole pour raconter ce qu'elle vivait avec ses deux fils, deux jeunes adolescents. Situation on ne peut plus classique, qui se répète à une multitude d'exemplaires, et qui est susceptible d'avoir des effets destructeurs permanents dans la vie de l'adulte et en particulier sur ses contacts sociaux ; l'un des deux adolescents réussissait à l'école sans trop d'effort, tandis que l'autre n'y arrivait que difficilement avec beaucoup d'efforts. Il s'en est suivi des conflits à la fois latents et manifestes entre les deux adolescents, au point que la mère avait l'impression d'avoir donné naissance à « des frères ennemis ». Notons qu'avant l'âge scolaire, des conflits reliés aux différences d'habiletés et d'intérêts entre les deux enfants s'étaient manifestés mais sans atteindre l'état critique d'alors. Notons également que s'il n'est question que de la mère, dans ce résumé, c'est que son mari, lui, « ne croyait pas beaucoup à ces sessions de groupe » et considérait comme fatale l'animosité entre ses fils ; par ailleurs, il n'avait pas beaucoup le temps de les voir étant donné que son travail l'appelait à voyager.

Dans ces circonstances la mère, qui ne comprenait pas que l'amour qui aurait dû « naturellement » rapprocher deux frères et les amener à s'aider plutôt qu'à vivre constamment en rivaux, avait décidé de demander de l'aide. C'est ainsi que l'intervention d'un travailleur social, qui n'avait pas de « vérité thérapeutique » à imposer à la famille, mais seulement un support technique et humain intelligent à offrir, eut sur la relation des deux frères et sur l'ensemble de la vie familiale des effets bénéfiques (en étant accompagnée bien sûr d'autres supports de la part d'enseignants, de conseillers en orientation, et même d'amis de la famille). Les principaux problèmes identifiés avaient le commun dénominateur suivant : on avait éduqué les deux frères comme s'ils devaient être pareils du point de vue de leurs aptitudes et de leurs centres d'intérêt, les comparant, souvent même sans s'en rendre compte, et oubliant surtout de voir dans le détail de leur évolution que l'un n'était pas inférieur à l'autre, mais qu'*ils avaient besoin d'être valorisés par des activités et des stimulations tout à fait différentes* dans l'ensemble de leurs comportements.

Cela apparaissait aux yeux de la mère comme quelque chose de simple, mais en même temps prenait l'allure d'une véritable révélation à ses yeux. C'est pour en témoigner qu'elle avait décidé de confier son expérience au groupe à la fin de cette session. Elle insistait également pour montrer jusqu'à quel point elle était devenue consciente que, de la qualité de la relation vécue entre ses deux fils, allait dépendre une grande partie de leur existence et de leurs contacts avec les autres. Elle voyait clairement toutes les conséquences sociales et existentielles pour ses fils qui découlaient, dans une bonne mesure, de sa capacité à elle et à son mari de valoriser leurs fils, distinctement, à travers leurs différences individuelles. Elle conclut son intervention en disant, dans ses termes à elles, que, d'une part, elle se rendait compte que l'amour ne pouvait pas grand-chose s'il n'était pas soutenu par un minimum d'information sur le développement de la personne, et que d'autre part, si elle avait à rendre un service à la société elle s'engagerait dans la mise sur pied d'écoles de parents...

Il serait superflu que j'ajoute quelque commentaire afin d'expliquer pourquoi j'ai choisi de terminer cette « lettre du dernier mot » par cet exemple... Il résume de façon assez évidente le pourquoi de ce livre.

A la fin de cette session de groupe, à un étudiant qui exigeait une réponse « courte, directe et simple » à la question de savoir ce qui serait « le plus nécessaire pour s'engager dans une vie de couple et de famille », je répondis : « Aimes-tu les êtres humains passionnément ? Au point de vouloir en mettre au monde et, surtout, de t'en rendre responsable avec tout ce que cela exige de quêtes, d'apprentissages, de supports et de luttes avec toi-même autant qu'avec autrui ? »

Ainsi s'achève le cycle des besoins de croissance

Ainsi s'achève l'évocation du cycle des besoins de croissance que j'ai identifiés comme ceux du « je-toi ». Avec ceux du « je-moi », abordés dans la première partie, ils forment l'ensemble des besoins de croissance qu'une famille peut stimuler, pour permettre à chacun des individus qui la composent de se développer comme personne et de s'épanouir dans une société où d'autres milieux de vie que la famille, l'école en tête, soient également sensibles à ces besoins. C'est finalement le sentiment d'appartenance à la famille humaine qui en dépend.

Le tableau qui suit résume cette vision d'ensemble des besoins qui s'est élaborée tout au long de ce livre. Le je-moi et le je-toi s'y conjuguent pour engendrer, à travers un long processus de maturation personnelle et sociale, le je-il, incarnation de notre identification à l'humanité.

Ce tableau répond aussi aux autres fonctions suivantes : a) Greffer, sur l'image combinée de l'arbre et du « Y » comme symbole de la croissance de l'être humain, l'ensemble des besoins fondamentaux (que nous désignerons dorénavant comme les besoins de croissance) ; b) Nous représenter qu'on prend racine dans le milieu de vie où l'on croît (la famille ou un milieu équivalent) et que la qualité du rapport entre ces stimuli et nos besoins personnels fait qu'en devenant adulte, on aura des comportements en conséquence avec les autres et face à soi-même. C'est comme si nos gestes d'adultes étaient la projection extérieure de nos racines d'enfants et d'adolescents, et que ces gestes et ces attitudes devenaient nos racines à nous, à mesure qu'on se fait une place dans la société. Devenir adulte, c'est pouvoir prendre la mesure de ses racines et pour ainsi dire se « replanter » dans la vie, en s'assumant à travers les différents cycles que l'on franchit. On a souvent à se replanter plus d'une fois... Si j'ai placé l'égalité au sommet du tableau, c'est qu'elle représente un sommet de développement personnel et social, où l'on ne voit plus les autres comme des rivaux mais comme des partenaires, même dans l'expression de leurs DIFFÉRENCES. Elle représente l'enracinement dans « le sens de l'humanité », par une démarche consciente

LES BESOINS DE CROISSANCE DE LA PERSONNE

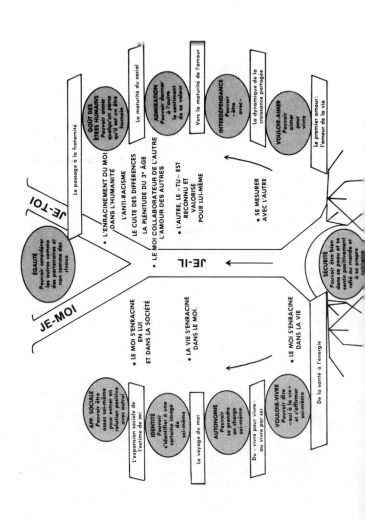

et choisie. La sécurité est à la souche de l'arbre, où nos premières racines nous viennent au contraire, en grande partie, de l'action parentale.

C'est la saisie de l'ensemble qui importe le plus dans ce tableau. La structure est là pour évoquer les lignes de force de la vie qui est en nous et à travers laquelle on entre en relation de croissance avec le milieu. Les textes ne visent qu'à « suggérer » des éléments de résumé sur l'essentiel. Ils comprennent : une définition de chacun des besoins, dans laquelle figure toujours le mot « pouvoir » pour symboliser le « possible humain » et la dimension énergétique sur lesquels j'ai particulièrement insisté ; entre les modules circulaires contenant ces définitions, un élément suggérant la démarche de croissance qui caractérise le passage d'un besoin à l'autre (exemple : de la sécurité au vouloir-vivre, on passe « de la santé à l'énergie ») ; vers le centre, touchant le « Y », quelques formulations évoquant la maturation propre au développement de tel ou tel besoin (exemple : « la vie s'enracine dans le moi » pour marquer ce qui est spécifique au développement de l'identité personnelle et de l'autonomie ; « le culte des différences » et « la plénitude du troisième âge » pour caractériser le sens de l'égalité et le goût des êtres humains qui marquent la maturation du social).

Ces éléments ne sont donnés que pour éclairer des nuances, des temps forts et des mouvements d'une dynamique de croissance. Ils sont pertinents dans la mesure où l'on ne les enferme pas dans un système rigide. Il est certain, par exemple, que le cycle du je-moi correspond davantage, du point de vue des âges de la vie, aux apprentissages de l'enfance et de l'adolescence, tandis que le cycle du je-toi est relié aux premiers apprentissages proprement adultes ; mais ce sont des cycles complémentaires qui s'entremêlent et qui, selon les âges, les individus et quelquefois même des événements-chocs, se vivent autant simultanément que successivement. Il peut arriver, par exemple, qu'un grand amour, un travail dans un milieu qui nous permet de nous affirmer et de nous sentir valorisé, nous apporte la sécurité dont on aura été privé dans l'enfance. Il en va de même, et fréquemment, pour l'autonomie ; que d'individus après une séparation ou un divorce découvrent pour la première fois de leur vie qu'ils peuvent être autonomes.

Par-dessus tout la vision d'ensemble évoque *une constellation des forces de la vie en nous* et entre lesquelles il y a un ordre de croissance et des processus de maturation. En être conscient et pouvoir se dire à soi-même *voilà seulement une partie du monde qui est en moi et que je peux animer*, peut être une source extraordinaire de bien-être et — Lowen a raison — de bonheur. Avec tout le difficile et le merveilleux qui en jaillissent en même temps, à tout âge.

Avoir trente ans ne signifie pas qu'on est socialisé. Le « tu » n'est pas le « il ». Aller de soi à l'autre en tant qu'individu n'est pas la même démarche ni la même conquête que d'aller aux autres à travers un groupe, une communauté. La vieillesse est à la mesure de ce qui l'a précédée. Pour les uns elle est aboutissement, carrefour, somme ; pour les autres elle est l'espoir à peine secret que ce qui n'a jamais été beaucoup s'arrête. Pour les uns et les autres, s'identifier à l'humanité ne fait pas nécessairement d'eux des frères. Il y a des différences qu'il faut rechercher, mais il y en a d'autres qu'il faut combattre... Où donc est la bonne mesure de l'amour ?

Tous ces chemins ont-ils été explorés dans les familles ? Dans les écoles ?

Ce qu'il faut voir enfin dans ce cycle du je-moi et du je-toi, c'est l'échange entre l'apprentissage des jeunes et celui des adultes, comme si l'âge du je-moi pour les jeunes et celui du je-toi pour les adultes pouvaient se donner la vie l'un à l'autre. Deux temps forts qui se rencontrent dans l'espace d'une famille et d'une école, pour donner envie de vivre.

Conclusion

Un monde d'hommes sans pères nous a menés jusqu'à la folie du péril nucléaire

Il y a, certes, bien des façons de se représenter l'avenir de la famille et d'envisager les remèdes à la crise qu'elle traverse depuis quelques années et que l'on ne saurait dissocier au premier chef de la remise en question des rôles traditionnels séparant les hommes et les femmes. Pourtant, chaque fois que l'on me demande d'indiquer un remède en particulier, ou un facteur de mutation tout à fait indispensable, je fais toujours la même réponse, sans aucune hésitation : LA TRANSFORMATION DE LA CONDITION MASCULINE.

Je fais d'ailleurs la même réponse quand on me pose la même question au sujet de la crise de la civilisation, vue notamment dans le cadre de la course aux armements et du péril nucléaire. C'est que je suis de plus en plus convaincu que les hommes éprouvent beaucoup de difficulté à se situer devant la vie et à l'administrer comme un bien... Nous sommes de très piètres administrateurs de la vie. Et la séparation des rôles entre les hommes et les femmes a même rendu notre sexe malade, malade surtout de comportements de perpétuelle confrontation et de violence sous toutes ses formes. Il ne faut pas hésiter devant ce diagnostic. Et c'est parce que nous refusons de travailler sur nous-mêmes en fonction d'un tel diagnostic et des innombrables constats d'évidence sur lesquels il s'appuie que, d'une part, nous continuons entre hommes à nous affliger de comportements malsains et violents et, d'autre part, nous résistons de toutes les façons possibles au changement humain que la révolution féminine réclame, pour les femmes, pour les hommes et pour l'administration de la vie sur la planète.

Ce sujet en lui-même vaut bien des recherches et des

livres. J'y consacrerai un prochain ouvrage. Mais j'ai d'abord choisi de poser le problème dans cette étude sur la famille, pour nous resensibiliser à ce premier[1] moyen de transformation de la condition masculine que représente la redécouverte de la paternité et pour souligner que cette voie n'est pas moins importante que celle qui consiste à nous remettre en question sur le strict plan de nos rapports avec les femmes.

Voici donc, pour conclure, sous quel angle je pose ce problème de la condition masculine, suite aux observations faites dans de nombreux chapitres et relativement à l'orientation privilégiée dans l'introduction.

Ce que le maintien de la séparation primitive des rôles entre l'homme et la femme à travers l'histoire semble avoir produit de pire, c'est un affreux troc entre les forces de la vie et celles de la mort. En me servant de la division freudienne, je dirais que le monde masculin a fait de la mort son « principe de plaisir » et de la vie son « principe de devoir ». Or, comme l'un des plaisirs suprêmes et les plus érotisants est la transgression du devoir, ce sont la mort, la violence et le combat qui sont devenus des plaisirs mâles types. Et plus nous avons poursuivi la mort, plus nous avons demandé aux femmes de préserver la vie. Ce n'est pas un hasard si au cœur du XXe siècle, siècle meurtrier s'il en est, la révolution féminine coïncide avec le péril nucléaire.

Il n'y a pas de hasard non plus dans l'enchaînement des formes de violence masculine les unes aux autres[2]. Du péril

1. Je dis bien « premier » moyen et, à mes yeux, privilégié, mais non le seul évidemment.

2. Je ne dis pas que la violence est masculine. Elle n'est pas plus masculine que la tendresse n'est féminine. Ni l'une ni l'autre n'a de sexe et l'on peut les retrouver aussi développées l'une que l'autre chez un homme ou chez une femme. Mais la culture, et en particulier le rôle que les hommes se sont donné par rapport à celui qu'ils ont imposé aux femmes, les a tellement exposés à la violence qu'on aurait souvent la tentation de dire, en généralisant aux deux sexes d'ailleurs : « l'être humain est violent ». La réalité est que l'homme s'est fabriqué une culture de violence.

Les femmes ont été plus exposées par cette culture à en être les victimes que les exploitantes. Quand elles se retrouvent dans le même rôle que les hommes, elles adoptent facilement les mêmes comportements surtout quand elles découvrent — ce qui peut être un processus inconscient — que pour rivaliser avec les hommes elles doivent utiliser les mêmes procédés et les mêmes armes.

Exposés à des conditions saines, autant d'hommes que de femmes auront des comportements sains. La première condition d'éducation à la non-violence est d'être exposé à un milieu qui fait appel à ce que l'être humain a de meilleur en lui. L'éducation des enfants devrait fournir cette exposition privilégiée de même que toutes les situations qui font appel à la valorisation d'un être humain par un autre.

nucléaire à la violence familiale qui atteint les femmes et les enfants en passant par la guerre, le viol, la torture, les jeux de violence et jusqu'à la complaisance maladive pour le sadisme dans le monde de l'art, n'y a-t-il pas un même fil conducteur ?

Ah ! qu'il est instructif le péril nucléaire ! Observez bien l'escalade des grandes puissances à partir de la menace des missiles. Quelle est la grande arme de l'escalade ? Les missiles, oui, mais comme arme possible. L'arme réelle, immédiate, c'est LA PEUR. *Les combattants tiennent le même langage de chaque côté : plus on fera peur à l'autre, plus on maintiendra l'équilibre de la guerre froide qui nous sert de paix ! La course aux armements alors devient le support de la peur. Plus on sera armé, plus on fera peur à l'autre et plus les populations seront à l'abri.*

Il peut bien y avoir de temps à autre un petit accident, parce que quelque part un fou moins patient que les autres donne l'ordre de descendre un avion civil avec ses petits missiles. Et à travers le monde on a l'air étonné. On en fait un incident majeur. Mais qu'est-ce donc que la vie de ces deux cent soixante-neuf personnes de l'avion sud-coréen abattu en 1983, à côté des populations civiles entières que l'on a pris l'habitude de massacrer, en commençant par les femmes et les enfants ? Et je ne sais plus moi-même si je dois me scandaliser particulièrement de tel ou tel de ces jeux de massacre, quand je vois les enfants partout s'amuser à descendre des avions et à faire exploser des missiles sur nos jeux électroniques. Jadis, ils apprenaient à jouer avec des frondes pour imiter les premiers hommes, ensuite ils ont appris à jouer avec des fusils pour imiter les cowboys et maintenant ils apprennent à jouer avec les missiles pour imiter les plus évolués de l'espèce. Mais tous imitent leurs pères, d'un âge à l'autre. Jeux de guerre. Jeux de pères et jeux de garçons.

Car, nous sommes bel et bien dans l'univers du JEU qui se mêle à l'univers de la PEUR. Peur de la guerre et jeu de la guerre. La confusion est parfaite. Nous sommes en plein délire universel, dans un monde authentiquement autistique. La confusion des sentiments est si totale qu'on accuse les pacifistes de favoriser la guerre (cela dit sans préjuger de la pureté de tous les mouvements pacifistes et sans confondre pacifisme et paix).

Le XXe siècle, à son paroxysme de violence, nous révèle les raffinements du jeu de la peur et du jeu de la guerre. Le masque du POUVOIR serait-il en train de tomber ?

Serions-nous à la veille de découvrir, de mettre à nu, la véritable cause du troc initial des forces de la vie contre les forces de la mort ?

La peur de la vie déguisée en pouvoir ?

La peur de la vie qui a remplacé le goût de la vie par le goût de la mort.

Quand je dis que nous avons perdu le goût de la vie, je ne parle pas du dynamisme vital, je parle proprement du goût de la vie humaine là où elle existe en plénitude : dans l'être humain.

La peur mâle, c'est une peur de l'être humain.

Là-dessus, la violence familiale et le viol sont aussi révélateurs que le péril nucléaire et la course aux armements. C'est parce qu'il a peur des êtres que l'homme mâle lève la main sur eux et les attaque. Il est bien connu que le violeur classique est un mâle qui a peur, de la femme et de lui-même. Et le mâle qui bat sa femme et ses enfants, c'est avant tout un impuissant de l'affectivité. S'il n'était pas un impuissant, il parlerait, il discuterait, il réfléchirait, il négocierait. La violence masque l'impuissance et l'insécurité, comme la possession des autres masque la non-possession de soi.

Voilà aussi où nous a conduits l'éducation des petits mâles à la virilité masculine, allant de l'entraînement à ne pas pleurer et à s'affirmer avec ses poings à tous les autres comportements reproduisant ceux des pères et des autres hommes, massivement uniformisés. Et, devenu père à son tour, ou fécondeur, au moment où il allait prendre son premier enfant dans ses bras, de toutes parts autour de lui, il a reçu le coup de grâce : « Attention, ne le prends pas, tu vas l'échapper... Ne parle pas, ta grosse voix va l'effrayer... Ne mets pas ta grosse main sur lui, tu vas lui faire peur... » *Alors il n'a pas pris son enfant ni ceux des autres, il ne les a pas touchés, il ne les a pas serrés contre lui de peur de les briser — ne se rendant pas compte que c'est précisément là que tout se brisait et qu'à des millénaires de distance il consacrait sa solidarité dans la peur avec son frère le primitif.* Il s'enlevait à nouveau le goût de la vie avec le goût de l'enfant.

Et il s'en est allé avec sa peur, qu'il n'a pas osé dire, non pas toujours parce qu'il ne la ressentait pas, mais faute de parole pour se raconter lui-même. Car lui aussi peut prendre la parole pour célébrer la vie. A preuve, pour se consoler de cet avortement personnel entre lui et son enfant, il lui arrive d'écrire des chants extraordinaires sur « l'enfance », comme il en a écrit de merveilleux sur « l'éternel féminin » ! Et il en écrit régulièrement sur la haute idée qu'il a de l'homme. Mais ces chants ne le délivrent pas de sa peur. C'est trop abstrait. C'est trop théorique. C'est trop sublime, cela ressemble aux nuages qui passent et qui s'évaporent. Et c'est pourquoi le mâle nourri de peur continue d'allier ses chants à ses comportements de domination de l'homme sur l'homme, sur la femme et sur les enfants. Voici même que sa peur atteint les vieillards. Il ne veut plus les voir même. Il les cache...[1].

Cela semble être le tragique destin du mâle parvenu à cette époque qui est la nôtre. Il a peur de se regarder aux sources et aux confins de sa vie, enfant et vieillard. Et il a peur de regarder la femme à ses côtés, sur un même plan de vie. Ses peurs sont à l'horizontale, ce qui est le plan de la fraternité. Ses fuites et ses fugues à la verticale. Vers la Lune, vers les extra-terrestres, qu'il se représente, comme les hommes, à travers la violence et la peur. Vers les missiles. Et pour cela il organise la société comme une pyramide ou comme une fusée, prête à partir. Il concentre tout le pouvoir, c'est-à-dire le pouvoir des mâles — et de quelques femmes de service — entre les mains d'individus super-scolarisés et brillants techniciens recrutés idéalement dans l'élite biologique et intellectuelle de ceux qui ont entre trente-cinq et quarante-cinq ans. Les choses se passent déjà comme si le sommet de la pyramide ou le dernier étage de la fusée étaient détachés du reste, en bas, là où le bon peuple se dispute les services sociaux et où quelques jeunes se demandent si on doit être pour ou contre le pacifisme.

Le troc des forces de la vie pour les forces de la mort a fait son œuvre à l'échelle de la planète. Que faire pour changer cela ?

1. Ce qui n'exclut pas bien sûr que les troupes de l'élite mâle acceptent de se donner des leaders qui soient d'un âge avancé. Mais je ne sais pas, par exemple, quelle serait la réaction du Président Reagan s'il se consacrait pendant un mois seulement à ne visiter que ses congénères qui sont exclus de la société parce qu'ils vieillissent.

Il y a autant de réponses qu'il y a de façons d'envisager les changements à la condition masculine. Je retiens pour ma part la redécouverte de la paternité, qui est d'ailleurs vécue en ce moment dans plusieurs sociétés par quelques millions d'hommes que l'on appelle souvent « les nouveaux pères ». Il ne s'agit pas de vouloir faire de tous les hommes des pères, comme on a voulu faire de toutes les femmes des mères au nom de leur condition biologique à l'égard de la maternité. Il s'agit que les hommes, comme moitié de l'humanité, réassument une grande part des fonctions parentales qu'ils ont cédées aux femmes et vivent plus intensément la paternité.

Ceux que l'on appelle les nouveaux pères et que l'on retrouve dans presque tous les âges, de la vingtaine à la cinquantaine, ne sont ni des super-hommes ni des hommes meilleurs que leurs pères ne l'étaient. Ils ont simplement décidé de ne pas vivre de l'aliénation qui a atteint leurs pères. Comme des femmes ont décidé de ne pas vivre de l'aliénation qui a atteint leurs mères.

Ils sont encore une sorte de « tiers monde » parmi nous et la plupart d'entre eux ont beaucoup de difficulté à faire respecter leur choix, notamment dans le monde du travail. Ils se font dire par exemple, par leurs camarades, qu'ils font du « maternage », qu'ils sont en train de « changer de sexe » ou qu'ils sont à la merci d'une féministe. Aux plus vieux qui refont leur vie avec une nouvelle compagne et qui — cette fois — consacrent beaucoup de temps à leurs nouveaux enfants, on dira avec ironie « qu'il n'est jamais trop tard pour être grand-père » !

Ce sont ces hommes qui peuvent peut-être le plus contribuer à redonner à notre sexe le goût de la vie.

Le monde mâle que je viens d'évoquer est un monde marqué par la continuité des forces de la violence et de la mort entre les générations, parce que c'est UN MONDE D'HOMMES SANS PÈRES. Ou un monde de pères aliénés.

Si les hommes, nombreux, devenaient des pères en plénitude, comme les femmes ont été mères en plénitude, s'ils laissaient leur sentiment paternel se développer (parce qu'il existe et peut être aussi intense que le sentiment maternel), s'ils attendaient leurs enfants et partageaient la grossesse de leur compagne, si, de tout leur être, ils étaient complices de la naissance, s'ils prenaient le nourrisson et s'ils s'en laissaient prendre (car un nourrisson vous prend autant que vous le prenez), s'ils touchaient leurs enfants, s'ils les embrassaient, s'ils les caressaient, s'ils les massaient, s'ils leur disaient leur amour, s'ils partageaient leur croissance, s'ils ne jouaient plus aux surhommes, s'ils pouvaient arriver à se faire prendre à leur tour dans les bras de leurs enfants adolescents, la vie et la tendresse se remettraient à passer d'une génération à l'autre[1]. Il y aurait une sorte de transmission charnelle, entre les hommes, de la sensation de la fragilité de l'être humain que procure la croissance partagée d'un adulte avec celle d'un enfant. Les fils et les filles pourraient identifier les forces de la vie et de la tendresse à leurs pères et aux hommes en général, autant qu'aux femmes et aux mères.

Les filles dans cette nouvelle culture vivraient moins de rivalité avec leur mère, qui a la plupart du temps été contrainte de jouer aussi le rôle de père... et les fils vivraient plus de fraternité et d'amitié avec leur père, tout en étant moins dépendants de leur mère et par voie de conséquence des femmes en général, surtout sur le plan affectif. Les maris ne sentiraient plus le besoin d'appeler leur femme « maman »[2].

Les hommes retrouveraient davantage le sens du contact intellectuel et spirituel avec les femmes, car il est évident que la surenchère des rapports de séduction sexuelle est une conséquence de la séparation des rôles et qu'elle tient en grande part à la rareté des échanges intellectuels profonds entre hommes et femmes, de même qu'au sous-développement affectif de notre sexe. Bref, nous ne séparerions plus les valeurs humaines en fonction des sexes et nous pourrions nous retrouver comme individus et comme êtres

---

1. Faites enquête vous-même. Interrogez les gens de votre entourage pour savoir combien de fois dans leur jeunesse leur père les a pris dans ses bras, leur a dit qu'il les aimait, les a caressés ?

2. On pourrait appeler cette transformation « la victoire sur la culture maladive d'Œdipe et de Jocaste ». Nous vivons depuis des siècles sous l'emprise de cette culture maladive. C'est là un des facteurs majeurs qu'il faut examiner pour analyser la condition masculine. Il est certain que les comportements de pouvoir dans le monde masculin ne sont pas étrangers au manque d'identification positive des fils à leur père dans la culture œdipienne. D'une génération à l'autre les fils se vengent de leur père plutôt que de progresser en avançant avec eux dans la vie. Cela marque beaucoup leurs relations avec les autres hommes, autant sinon plus que leurs relations avec les femmes. L'agressivité à l'égard du père et la dépendance à l'égard de la mère ne constituent pas non plus les origines d'une race forte ! N'oublions pas les cinq gestes du mythe : 1. Œdipe tue son père ; 2. Il épouse sa mère, Jocaste ; 3. Jocaste se pend ; 4. Œdipe s'arrache les yeux ; 5. Œdipe marche en tenant la main de sa fille, Antigone...

humains d'abord. Le partage des tâches familiales, du travail, des responsabilités de l'organisation sociale et du leadership politique s'ensuivrait. Et l'on pourrait enfin construire la société et croire à la même vie, ensemble, hommes et femmes.

Nous retrouvons les principes fondamentaux de developpement de la personne et de relations inter personnelles qui sont à la source de ce livre.

Fin

BIBLIOGRAPHIE

Les principaux critères de sélection que j'ai finalement retenus sont les suivants : recouvrir l'ensemble des sujets, privilégier des ouvrages marquants et accessibles, refléter le plus fidèlement possible l'univers culturel dans lequel ce livre a trouvé ses parentés et, bien sûr, être fidèle à des ouvrages dont plusieurs correspondent à des préférences toutes subjectives.

ADLER, Alfred, *L'Enfant difficile*, Paris, Payot, 1949.

ALLPORT, Gordon W., *Structures et développements de la personnalité*, Neuchâtel, Delachaux et Niestlé, 1970.

ANNÉE INTERNATIONALE DE L'ENFANT, *Et après*, témoignages d'enfants déposés par des jeunes devant les membres de l'Assemblée nationale, Québec, 1979.

ARIÈS, Philippe, *L'Enfant et la vie familiale sous l'Ancien Régime*, Paris, Seuil, 1973.

BEAUVOIR, Simone de, *Le Deuxième Sexe*, Paris, Gallimard, 1948, 2 vol.

BEAUVOIR, Simone de, *La Vieillesse*, I et II, Paris, Gallimard, coll., « Idées », 1970.

BELOTTI, Elena Glanini, *Du côté des petites filles*, Paris, Ed. des Femmes, 1977.

BECK, Joan, *How to Rise a Brighter Child*, New York, Trident Press, 1967.

BERNE, Eric, *Des jeux et des hommes*, Paris, Stock, 1975.

BERNHARDT, Karl S., *Being a Parent : Unchanging values in a Changing World*, (Canada) U.T.P., 1970.

BETTELHEIM, Bruno, *Dialogue avec les mères*, Paris, Laffont, 1973.

BETTELHEIM, Bruno, *Psychanalyse des contes de fées*, Paris, Laffont, 1976.

BIRCH, Margaret, *Une politique sociale axée sur la famille*, Secrétariat du gouvernement de l'Ontario aux Affaires sociales, Toronto, 1979.

BISSONIER, Henri, *Psychopédagogie de la conscience morale*, Paris, Fleurus, 1969.

BLOCH, H. et NIEDERHOFFER, A., *Les Bandes d'adolescents*, Paris, Payot, 1969.

BOUCHER, Denise, *Les fées ont soif*, Montréal, Intermède, 1978.

BROWNMILLER, Susan, *Le Viol*, Paris, Stock et Montréal, l'Etincelle, 1976.

BUBER, Martin, *Je et Tu*, Paris, Aubier Montaigne, 1969.

CARISSE, Colette, *La Famille, mythe et réalité*, éditeur officiel du Québec, dossier du Conseil des Affaires sociales et de la Famille, 1976.

CENTRE D'ÉTUDE ET DE PROMOTION DE LA LECTURE, *L'Adolescence*, Paris, C.E.P.L., 1970.

CHASSEGUET-SMIRGEL, J., *La Sexualité féminine*, Paris, Payot, 1970.

CHOISIR, *Avortement : une loi en procès* (L'affaire de Bobigny). Paris, Gallimard, 1973.

CHOISY, Maryse, *Le Scandale de l'amour*, Paris, Aubier Montaigne, 1954.

CHOISY, Maryse, *La Guerre des sexes*, Paris, Publications premières, 1970.

CHOMBART DE LAUWE, P.H., *Image de la femme dans la société*, Paris, Centre national de la recherche scientifique, 1963.

COLLECTIF DE BOSTON POUR LA SANTÉ DES FEMMES, *Notre corps, nous-mêmes*, Paris, Albin Michel, 1977.

COLLECTIF DE BOSTON POUR LA SANTÉ DES FEMMES, *Nos enfants, nous-mêmes*, Paris, Albin Michel, 1980.

COLLECTIF ITALIEN, *Etre exploitées*, Paris, Edition des Femmes, 1974.

COMMISSARIAT GÉNÉRAL AU PLAN, *La Famille*, Paris, Hachette 1975.

COMMISSION ROYALE D'ENQUÊTE SUR LA SITUATION DE LA FEMME AU CANADA, *Rapport Bird*, Ottawa, 1970.

COMMISSION SUR L'ÉTUDE DES TROUBLES DE L'AFFECTIVITÉ CHEZ L'ENFANT, *Un million d'enfants*, Toronto, 1970.

CONFERENCE ON « WOMEN, WORK AND THE FAMILY », patronnée par la Fondation Rockefeller, Documents de la conférence, *Journal to Family History*, vol. IV, n° 2, été 1979.

CONSEIL DES AFFAIRES SOCIALES ET DE LA FAMILLE, *La Situation des familles québécoises*, Etudes et avis du Conseil, Québec, 1978.

CONSEIL CANADIEN DE DÉVELOPPEMENT SOCIAL, *Pauvre et seule*, Ottawa, 1976.

CONSEIL CANADIEN DE L'ENFANCE ET DE LA JEUNESSE, *Interdit aux mineurs — La place de l'enfant dans la société canadienne*, Ottawa, 1978.

CONSEIL DU STATUT DE LA FEMME, *Pour les Québécoises, égalité et indépendance*, Québec, 1978.

COOPER, David, *Mort de la famille*, Paris, Seuil, coll. « Points », 1975.

DANINOS, Pierre, *Le Pouvoir aux enfants*, Paris, Denoël-Gonthier, 1969.

DODSON, Fitzhugh, *Tout se joue avant six ans*, Paris, Laffont, coll. « Réponses », 1972.

DODSON, Fitzhugh, *Le Père et son enfant*, Paris, Laffont, coll. « Réponses », 1977.

DONOVAN, Frank R., *Education stricte ou éducation libérale*, Paris, Laffont, 1970.

DOURLEN-ROLLIER, Anne-Marie, *Le Planning familial dans le monde*, Paris, Payot, 1969, 2 vol.

ERIKSON, E.H., *Enfance et société*, Neuchâtel, Delachaux et Niestlé, 1959.

ERIKSON, Erik H., *Adolescence et crise*, Paris, Flammarion, 1972.

FIRESTONE Shulamith, *La Dialectique du sexe*, Paris, Stock, 1972.

FREUD, Sigmund, *Introduction à la psychanalyse*, Paris, Payot, 1963.

FREUD, Sigmund, *Essais de psychanalyse*, Paris, Payot, 1967.

FRIEDAN, Betty, *Les Recherches d'une quatrième dimension*, Paris, Denoël-Gonthier, 1969.

FROMM, Erich, *L'Art d'aimer*, Paris, Editions de l'Epi, 1968.

FROMM, Erich, *L'Homme pour lui-même*, Paris, E.S.F., 1967.

FROMM, Erich, *Société aliénée et société saine*, Paris, Le Courrier du Livre, 1971.

GIBRAN, Khalil, *Le Prophète*, Tournai (Belgique), Casterman, 1956.

GIROUD, Françoise, *Cent Mesures pour les femmes*, Paris, Documentation française, 1976.

GOLDSTEIN, Kurt, *La Structure de l'organisme*, Paris, Gallimard, 1957.

GESELL et ILG, Arnold et Frances, *Le Jeune Enfant dans la civilisation moderne*, Paris, P.U.F., 1943.

GRAND'MAISON, Jacques, *Le Privé et le Public*, Montréal, Leméac, 1974, 2 vol.

GREER, Germaine, *La Femme eunuque*, Paris, Laffont, 1971.

GROULT, Benoîte, *Ainsi soit-elle*, Paris, Grasset, 1975.

GROULT, Benoîte, *Le Féminisme au masculin*, Paris, Denoël-Gonthier, 1977.

GUILLEMARD, Anne-Marie, *Ma retraite, une mort sociale*, Paris, Mouton De Gangster, 1973.

GUILLEMARD, Anne-Marie, *La Vieillesse et l'Etat*, Paris, P.U.F., 1980.

GUITTON, Jean, *L'Amour humain*, Paris, Livre de vie, 1963.

HITE, Shere, *Le Rapport Hite*, Paris, Laffont, coll. « Réponses », 1979.

HITE, Shere, *The Hite Report on Male Sexuality*, New York, A.A. Knopf, Onc., 1981. Traductions Robert Laffont, coll. « Réponses », Paris, 1983.

HORNEY, K., *Neurosis and Human Growth*, Norton, 1950.

ILLICH, Ivan, *Une société sans école*, Paris, Seuil, 1971.

ILLICH, Ivan, *La Convivialité*, Paris, Seuil, 1973.

ILLICH, Ivan, *Némésis médicale, L'expropriation de la santé*, Paris, Seuil, 1975.

JACQUARD, Albert, *Eloge de la différence*, Paris, Seuil, 1978.

JANOV, Arthur, *L'Amour et l'Enfant*, Paris, Flammarion, 1977.

JAMES, Muriel et JONGEWARD, Dorothy, *Naître gagnant*, Paris, InterEditions, 1978.

JAMES, W., *L'Expérience religieuse, essai de psychologie descriptive*, Paris, Plon, 1931.

JEAN, Michèle, *Québécoises du XXᵉ siècle*, Montréal, Jour, 1974.

JUNG, C.G., *Les Métamorphoses de l'âme et ses symboles*, Genève, Ed. Georg et Cⁱᵉ, 1957.

JUNG, C.G., *L'Homme à la découverte de son âme. Structure de l'inconscient*, Paris, Payot, 1963.

KERR, Carmen, *Le Sexe au féminin*, Montréal, Ed. de l'Homme, 1979.

KLEIN, Mélanie, et RIVIÈRE, Joan, *L'Amour et la Haine*, Paris, Payot, 1969.

KUBLER-ROSS, *La Mort*, Montréal, Québec-Amérique, 1977.

LABORIT, Henri, *Eloge de la fuite*, Paris, Laffont, 1976.

LAING, R.D., *Le Moi divisé*, Paris, Stock, 1970.

LA LIGUE DES DROITS DE L'HOMME, *La Société québécoise face à l'avortement*, Montréal, Leméac, 1974.

LAZURE, Jacques, *Le Jeune Couple non marié*, Montréal, P.U.F., 1975.

LECLERC, Annie, *Parole de femme*, Paris, Grasset, 1974.

LECLERC, Jacques, *Vers une famille nouvelle*, Paris, Editions universitaires, 1962.

LEFEBVRE, Henri, *Structures familiales et comparées : villes et campagnes*, Paris, Colin, 1953.

LEMAIRE, Jean G., *Le couple ; sa vie, sa mort — La structuration du couple humain*, Paris, Payot, 1979.

LEMAY, Michel, *Les Groupes de jeunes inadaptés*, Paris, P.U.F., 1961.

LORENZ, Konrad, *L'Agression, une histoire naturelle du mal*, Paris, Flammarion, coll. « Champs », 20, 1969.

LOWEN, Alexander, *La Bio-énergie*, Paris, Tchou, 1977.

LOWEN, Alexander, *Le Plaisir*, Paris, Tchou, 1977.

MASLOW, A.H., *Motivation and Personality*, Harper, 1954.

MASLOW, A.H., *New Knowledge in human values*, New York, Harper, 1959.

MASLOW, A.H., *Vers une psychologie de l'être*, Paris, Fayard, 1972.

MAY, Rollo, *Amour et Volonté*, Paris, Stock, 1971.

MEAD, Margaret, *Le Fossé des générations*, Paris, Denoël-Gonthier, 1972.

MEAD, Margaret, *L'un et l'autre sexe*, Paris, Denoël-Gonthier, 1975.

MENDEL, Gérard, *Pour décoloniser l'enfant — Sociopsychanalyse de l'autorité*, Paris, Payot, 1971.

MICHELET, J., *La Femme*, Paris, Calmann-Lévy, 1879.

MILL, John Stuart, *L'Assujettissement des femmes*, Paris, Guillaumin, 1869.

MILLET, Kate, *La Politique du mâle*, Paris, Stock, 1971.

MILLET, Kate, *La Prostitution*, Paris, Denoël-Gonthier, 1972.

MIRON, Gaston, *L'Homme rapaillé*, Paris, Maspero, 1981.

MORIN, Edgar, *Le Paradigme perdu : la nature humaine*, Paris, Seuil, 1973.

MOUNIER, Emmanuel, Œuvres, Tome II : Traité du caractère, Paris, Seuil, 1947.

MOUSTAKAS, C. (éd.), The Self, Harper, 1956.

MUCCHIELLI, Roger, La Personnalité de l'enfant, Paris, Les Editions sociales françaises, 1966.

MUCHIELLI, Roger, Comment ils deviennent délinquants, Paris, Les Editions sociales françaises, 1968.

MURPHY, G., Human Potentialities, Basic Books, 1958.

NATIONAL ACADEMY OF SCIENCES, ADVISORY COMMITTEE ON CHILDREN DEVELOPMENT, Toward a National Policy for Children and Families, Washington, c.c., 1976.

NEILL, A.S., La Liberté et non l'anarchie, Paris, Payot, 1967.

NEILL, A.S., Libres enfants de Summerhill., Paris, Maspero, 1974.

OLIVIER, Christiane, Les Enfants de Jocaste, Paris, Denoël-Gonthier, 1980.

ONIMUS, Jean, Face au monde actuel, Bruges, Desclée De Brouwer, 1962.

O'NEILL, Nena and George, Le Mariage open, Paris, Hachette, 1972.

ORAISON, Marc, Etre avec..., Paris, Ed. du Centurion, 1969.

ORIGLIA, D. et OUILLON, H., L'Adolescent, Paris, Les Editions sociales françaises, 1966.

OSTERRIETH, Paul, Introduction à la psychologie de l'enfant, Paris, P.U.F., 1969.

PARIZEAU, Alice et DELISLE, Marc-André, Les Jeunes qui nous font peur, Montréal, Ferron éditeur Inc., 1974.

PIAGET, Jean, La Construction du réel chez l'enfant, Genève, Delachaux et Niestlé, 1937.

PIAGET, Jean, Psychologie de l'intelligence, Paris, Collin, 1947.

PIETROPINTO, Anthony, Rapport sur la sexualité de l'homme, Paris, Belfond, 1978.

PLECK, Joseph H., Men's New Roles in the Family : Housework and Childcare, Michigan, Ed. of Institute for Social Research, University of Michigan, 1976.

PROULX, Monique, Cinq millions de femmes, Etude de la femme canadienne au foyer pour le Conseil consultatif sur la situation de la femme, Ottawa, 1978.

QUARTI, Cornelia, Profession : parent, Paris, Stock, 1978.

RANK, Otto, La Volonté du bonheur, Paris, Stock, 1975.

RAPAPORT, David, The Theory of Ego Autonomy, in GIU, M.M., (éd.), The collected papers of David Rapaport, New York, Basic Books, Inc., 1967.

RAPOPORT, Rhona et RAPOPORT, Robert, *Une famille, deux carrières, Un nouveau modèle familial*, Paris, Denoël-Gonthier, 1973.

RAPPORT DU COMITÉ SPÉCIAL SUR LES POLITIQUES RELATIVES A L'AGE DE LA RETRAITE, *Retraite sans douleur*, Centre d'édition du Gouvernement du Canada, Hull, 1979.

RAVINEL, Hubert de, *L'Age démasqué*, Montréal, Editions de l'Homme, 1980.

REICH, Charles, *Le Regain américain*, Paris, Laffont, 1971.

REICH, Wilhelm, *La Révolution sexuelle*, Paris, Union générale des éditeurs, 10/18, 1970.

ROCHEFORT, Christiane, *Le Repos du guerrier*, Paris, Grasset Poche, 1958.

ROGERS, Carl, *Liberté pour apprendre*, Paris, Dunod, 1971.

ROGERS, Carl, *Le Développement de la personne*, Paris, Dunod, 1972.

ROGERS, Carl, *Réinventer le couple*, Paris, Laffont, coll. « Réponses », 1974.

ROUGEMONT, Denis de, *L'Amour et l'Occident*, Paris, Union générale des éditeurs, 10/18, 1962.

SATIR, Virginia, *Thérapie du couple et de la famille*, Paris, EPI, 1971.

SHORTER, Edward, *Naissance de la famille moderne*, Paris, Seuil, 1977.

SPOCK, Benjamin, *Comment soigner et éduquer son enfant*, Paris Marabout, 1976.

STERN, Karl, *Refus de la femme*, Montréal, HMH, 1968.

SULLEROT, Evelyne, *Le Fait féminin*, sous la direction de Evelyne Sullerot et du Centre Royaumont. Paris, Fayard, 1978.

TILLICH, P., *Amour, pouvoir et justice*, Paris, 1964.

WEKSLER, Malka et GUEDJ, Evelyne, *Quand les femmes se disent*, Paris, Seuil, 1975.

WHITE, Burton L., *Les Trois Premières Années de la vie*, Paris, Buchet-Chastel, 1978.

WOODWORTH, R., *Dynamics of Behavior*, Holt, 1958.

Table

**Déjà parus
dans la collection
Poche / Québec**

Achevé d'imprimer sur les presses
de l'Imprimerie l'Éclaireur
0300887